法商架构师的兴起
案例分析

THE ORIGINATION OF THE
LEGALITY–BUSINESS LEADERS
CASE ANALYSIS

孙选中◎主编

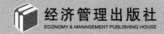

经济管理出版社
ECONOMY & MANAGEMENT PUBLISHING HOUSE

图书在版编目（CIP）数据

法商架构师的兴起：案例分析/孙选中主编 . —北京：经济管理出版社，2017.10
ISBN 978-7-5096-5263-3

Ⅰ.①法… Ⅱ.①孙… Ⅲ.①公司法—案例—中国 Ⅳ.①D922.291.91

中国版本图书馆 CIP 数据核字（2017）第 183538 号

组稿编辑：郭丽娟
责任编辑：郑　亮
责任印制：黄章平
责任校对：张晓燕

出版发行：经济管理出版社
　　　　　（北京市海淀区北蜂窝 8 号中雅大厦 A 座 11 层　100038）
网　　　址：www.E-mp.com.cn
电　　　话：(010) 51915602
印　　　刷：北京玺诚印务有限公司
经　　　销：新华书店
开　　　本：787mm×1092mm/16
印　　　张：19.75
字　　　数：343 千字
版　　　次：2017 年 10 月第 1 版　　2017 年 10 月第 1 次印刷
书　　　号：ISBN 978-7-5096-5263-3
定　　　价：65.00 元

本书联合出版人名单

（按姓氏笔画排序）

丁　涛　北京市普贤律师事务所主任

马子伟　瀛和律师机构贵州瀛黔律师事务所主任

马　超　邯郸市农业科技贸易有限责任公司总经理

王　伟　招商银行 HR-BP

王　宇　安徽省亳州市谯城区中小企业服务中心主任

王利明　道道国际传媒总裁

王松娜　中科联君（北京）科技有限公司总经理

王振东　海尔集团投资孵化平台河南分公司总经理

王基丞　洛阳民商法哲学研究会会长

方跃华　安徽星美集团董事长

计静怡　中国留学人才发展基金会创投引导中心副主任

孔　庆　中国政法大学首届 MBA、经济学博士

甘艳玲　湖北诚信拍卖有限公司创始人

田宏伟　山西省晋神能源有限公司副董事长

付媛媛　保定市莲池区人民政府法制办公室副主任

吕　燕　安徽花园温泉酒店有限公司董事长

刘一慧　深圳市法商管理研究会秘书长

刘庆健　中国政法大学法商管理研究中心副主任

刘建辉　民盟郑州市委员会经济科技处

孙　月　中建汇金（北京）科技发展中心董事长

孙宏斌　《金律良言》法制栏目创始人

孙　焰　EU 商学院北京校区校长

李小雷　北京绕梁音文化有限公司创始、CEO

李仁耀　纳通医疗集团 注册与法规事务总经理

李会玲	北部湾旅游股份有限公司战略绩效总监
李旭海	香港日升农业有限公司总裁
李　超	凯德思达（北京）医药控股集团董事长
杨志永	北京仁创科技集团大区经理
肖富荣	中国政法大学法商管理研究中心常务副主任
闵齐双	广东嘉得信律师事务所主任、执行合伙人
张文郡	西宁博奥房地产开发有限公司董事长
张江涛	巨汇财富（北京）投资管理有限公司副总裁
张和辉	厦门鹭达眼镜集团有限公司董事长
张雄伟	北京炜衡（杭州）律师事务所高级合伙人
张璞媚	中国政法大学商学院讲师
陆　雁	（北京 马达加斯加）知仁律师事务所主任
陈万林	BEPSUN 创始人兼总裁
陈丽然	华泰证券股份有限公司高级投资顾问
陈博君	台湾时代艺术基金首席文化顾问
武　闯	中国政法大学法商管理研究中心主任助理
罗　旭	中宇建投控股有限公司董事长
岳运生	北京岳成律师事务所主任
赵晓月	鑫惠金融服务有限责任公司董事长
钟正松	北京浩腾科技股份有限公司 CTO
耿法强	河南华豫启德教育咨询有限公司总经理
耿颖强	郑州公共住宅建设投资有限公司总经理
桂艳顺	晋美工商管理学院副院长
贾洪雷	人社部国家职业技能鉴定专家
高建涛	北京和道律师事务所主任
梁永刚	中国建筑第六工程局有限公司北京区域总部总经理
董文君	华夏大数据法商联合会创始人、秘书长
敬云川	华夏大数据法商联合会创始人、会长
喻　梅	国网信通产业集团中电启明星公司工会主席
程松岩	北京蓝色光标电子商务股份有限公司高级副总裁
潘陈铭	对外经济贸易大学法学院研究生教务主管

经济新常态需要"法商架构师"
(代序)①
——访中国政法大学法商管理研究中心主任孙选中教授

记者：我国经济面临新的转型，你提出企业经营要从单纯的商业管理转变为"法商管理"，为什么提出这样的转变？

孙选中：大家都已经认识到我国经济和社会发展正在转向"新常态"，在这种转型背景下，我们企业管理者曾经熟悉的行为方式、运行规则和价值理念都将随之发生根本改变，因为我们过去在经济改革"浅水区"的做法已经不能够简单运用于今天全面深化改革"深水区"的环境了，今天企业管理者的思维方式和经营模式必须转变。否则，必然使企业经营屡屡发生问题、甚至被新常态的游戏规则逐出市场。

记者：你提出现在的企业管理要转向"法商管理"，能否简单介绍法商管理的基本含义和特点？

孙选中：我想先从典型案例或一些数据来说明：例如，为什么阿里系的淘宝频繁出事？因为淘宝当初的架构设计是"让天下没有难做的生意"，从其理念的确立和经营模式上就可能有意无意地以追求"高效率交易"为宗旨，从而在开始的时候就可能放松或忽略对网络交易过程的诚信、公平的风险把控。后来淘宝暴露的很多不诚信或违规销售的问题都是由此而引发的，马云曾经推出"提高保证金制度"，力图遏制这种现象，但是未能顺利实施。由此看到，要重新调整对淘宝的管控不仅要付出很高成本而且也是很艰难的。

---

① 这是 2016 年 12 月 27 日发表在人民网（山东频道）的采访，其中较为详细地阐释了"法商架构师"的基本内涵、思维方式及管理职能，权且当做本书的"代序"。

再如，经调查统计我国绝大多数企业的寿命平均只有不到三年，其中很多短命企业的致命问题并不是资源、产品或市场问题，而是没有在各种参与者或利益相关者之间的"权益规则"方面进行合理安排，从而未能奠定其持续发展的经营架构。

这里列举的案例和数据说明我们熟悉的商业管理思维方式和理念已经暴露出很多问题，这些问题恰恰是"法商管理"能够解决的。所谓"法商管理"就是指基于效率与公平均衡的价值观和方法论进行有效的主体权益安排，以实现组织健康持续增长的目标。①

今天我们企业经营的很多问题都与单纯地追求"效益最大化"有关，如果用经济学的思维来看，效益最大化必然有可能带来"外部效应"最大化，这需要有相应的规则来调整，然而，我们传统管理在经营理念和模式中是很难做到"效率与公平均衡"发展的。

记者：如果要使企业转向法商管理，你认为应该怎样转变？

孙选中：我认为企业从传统的商业管理转向法商管理，企业的高层管理者特别是决策的制定者要具备"法商架构师"的思维和能力。所谓"法商架构师"就是能够用法商管理思想及方法从战略高度和操作层面设计并驾驭企业运行过程的高层管理者。当然，企业也可以安排或设立"法商架构师"的岗位。

记者：你现在呼吁经济新常态需要"法商架构师"，你认为法商架构师的管理思维和能力与传统管理者有哪些区别？

孙选中："法商架构师"应该是通过法商管理系统学习并结合自己丰富的经营经验，使其管理理念和能力从传统管理升级到一个新的境界。在这里，我对法商架构师的界定有如下含义：

法商架构师的管理原点是从"主体权益均衡"出发进行经营战略和管理体系的设计，而传统管理往往是基于"效益最大化"作为其管理的原点。由此可以明显区分出两种管理导向：传统管理追求经济的"利益"，法商管理要实现主

① 我曾经对法商管理进行如下定义："所谓法商管理就是指经济价值观主导的'追求效率'的思维及方法同法治价值观主导的'追求公平'的思维及方法的有机结合，以实现主体权益均衡发展的管理过程。"将其与本书这里的定义比较，两者的核心内涵基本一致，但在本书定义中又强调了"组织健康持续增长的目标"，因此本书的定义相对更完整地表达了"法商管理"的思想，应该是更准确的定义。在以后的理论研究和管理指导中，除非有特别说明外都采用本书的定义。

体的"权益"。从根本上来说，"法商"的内涵对应的就是"权益"，直白地说："法"主要强调的是"权"，"商"主要强调的是"益"，而"法商"则是强调"权益"。今天很多企业的经营困境，主要就是源于内部的权益安排或外部的权益分享如何进行合理架构，这是法商架构师超越传统管理者的主要职能。

记者：这样看来法商架构师从"权益"管理出发的确不同于传统经营管理的"效益最大化"，那么要具体改变过去的管理还应该怎么去变革？

孙选中：法商架构师除了管理的出发点要重新设置，还需要在决策思维和战略安排方面进行变革。

先谈谈法商架构师的决策思维问题，他是把曾经分离的"效率思维"与"公平思维"有机结合，而传统管理思维则是偏执于追求效益最大化的效率思维。事实上，我们今天不论是企业的经济活动还是政府的经济决策，在"效率与公平"如何实现均衡发展方面都存在值得反思的深刻问题：例如，今天恶劣环境的雾霾是否与我们片面追求高效快速发展有关？反过来，我们曾经存在生产力低下或人员出工不出力是否与片面追求"平均分配"有关？总之，只要片面地追求效率或公平、甚至极端地使两者脱离而行，这都会导致经济活动和社会发展失控，企业是这样、国家也同样是这样。

法商架构师就是要超越极端效率或片面公平的决策思维，直白地说，在决策思维中既要考虑高效地"赚钱"，同时要布局公平地"分钱"；要清晰地认识到赚钱是聚集财富，分钱是分担风险。

另外，再谈谈法商架构师的战略能力问题，这要求法商架构师既要能够"整合资源"，还要能够"驾驭规则"，而传统管理者的战略驾驭能力主要体现在运筹资源的层面上。今天不论是在理论上还是实践上，谈及战略管理能力一定是与整合资源的能力"对标"，也就是看谁能够获得或占有更多更好的资源，甚至导致不择手段地攫取稀缺资源。事实上，我们今天很多企业或管理者在资源层面上的运筹能力的确是"超凡脱俗"的，但是很多是"来也匆匆、去也匆匆"，究其原因，他们有意无意践踏或超越了相关"规则"。

可以说对企业带来的最大风险不完全是资源问题，而是运筹的规则问题。因此，在新常态背景下需要我们的管理者既要升级整合资源的能力，更要修炼驾驭规则的能力，也就是必须具备法商架构师的战略能力。

　　记者：这里从理论上谈了很多关于法商架构师的管理角色问题，能否简单总结一下？

　　孙选中：我非常感谢你的采访和提问。如果简单归纳一下，我认为上面提及的阿里系的淘宝、我国大多数企业的短命等问题，不同程度上已成为今天我们企业经营过程中的致命问题，其病根都是与缺乏"法商管理"的思想和方法密切相关，也就是缺乏"参与主体权益"的合理安排、"效率与公平均衡"的决策思维、"整合资源与驾驭规则"的战略能力。因此，今天企业面临新常态的必然选择就是用法商架构师的思维和能力去变革升级我们的管理理念及经营模式，以保证和实现企业健康持续创造财富。

2017 年 8 月 16 日

目 录

Contents

第一章 专 论

法商透视：契约理论的"法商思维"逻辑

孙选中

北京时间 2016 年 10 月 10 日下午 5 点 45 分，诺贝尔委员会宣布，将 2016 年诺贝尔经济学奖授予奥利弗·哈特和本特·霍姆斯特姆，以表彰他们对契约理论做出的贡献。从昨天到今天各种媒体上最热的关键词当属"契约理论"，这种热度当然直接来自 2016 年备受关注的两位学者对契约理论的新贡献，他们由此摘取了诺贝尔奖皇冠上的经济学奖宝珠，也预示着在理论上作为经济学研究前沿分支的"契约理论"将成为主流的研究领域。同时，我们还应该感悟到这有着更深层次的意义，那就是借此可以更广泛地传播契约理论的思想和思维方式，真正推动在我们社会中塑造契约精神和诚信原则。

关于"契约问题"的研究实际上早在霍布斯、洛克和卢梭的经典著作中已经成为社会关系理论的核心问题，然而他们更多是从"社会契约"的角度进行分析，由此奠定了"社会契约论"的理论大厦基石。继之而来的研究更多地来自美国和英国的一些学者，他们更主要是从法哲学或契约法的视角研究"关系契约"问题。因为经济活动从本质上也就是一系列对资源和权利进行合理安排的契约问题，因此，对经济活动进行契约理论研究也就顺理成章地成为近 30 年来重要的经济学研究分支。

从经济学视角来研究的"契约理论"，主要是针对特定交易环境下分析不同的参与者通过建立合同关系产生的经济行为和结果。事实上，当今社会的生活和工作都是基于经济活动而存在并产生变化的，可以说契约与合同无处不在，关键是如何设计和安排直接涉及参与者的"权益"问题，以实现经济资源的最佳使用和保障各参与者的基本利益。"良好的契约关系"设计和安排能够最大限度地降低交易的关系性或制度性成本，同时实现资源使用效率的相对最优。社会经济活动千变万化，各种协调合同人关系的契约不尽相同，怎样设计和安排"良好的契约"？这从根本上来说，需要把握契约理论的思维逻辑。

如果我们从"法商思维"的角度深入剖析"契约理论"的思维逻辑，可以揭示出其内在的思维脉络。所谓法商思维指的是经济价值观主导的追求效率的思维方式同法治价值观主导的追求公平的思维方式的有机结合，以实现主体权益均衡发展的决策思维。[①] 而契约理论分析的特定交易环境下合同人之间产生的经济行为和结果，应该是基于如何使合同人的互动产生最优的合作效果——追求效率，以及如何使合同人的合作产生合理的利益分配——追求公平，因此可以说契约理论的思维逻辑就是法商思维强调的实现"主体权益的效率与公平均衡"的思维逻辑。

如果我们用契约理论的"法商思维"透视或分析我国宏观层面的某些现实问题（关于微观层面问题将另文分析），也许能够启发我们如何突破现实发展的瓶颈问题或如何推进全面深化改革的决策思维。

比如，我国中小企业融资难的问题。谈及我国中小企业融资难的问题，这个问题实际上已经不知谈了多少年了，但是为什么一直都解决不了？站在中小企业的角度看这个问题，更多的观点集中在应该为中小企业融资创造良好的公平竞争环境；站在银行等金融机构的角度，他们认为中小企业资源使用效率低、风险大，所以不愿意输送金融资源。如果从契约理论的法商思维逻辑来看，在中小企业融资问题上我们的现状是把"效率与公平"内在统一的契约关系撕裂了，问题的根本是什么？是因为我们的资源配置没有形成市场机制的契约关系。

在真正的市场机制中，经济资源是充分流动和开放的，通过拥有和使用资源的合同各方遵循效率与公平均衡的原则对合同人做出选择，产生的经济行为和结果由合同各方自己负责，就不会出现一方抱怨"不公平"，另一方强调"效率低"的怪现象。因此，我国中小企业融资难问题只有通过建立市场机制让契约关系发挥作用才能够真正解决。

又比如，我国房地产市场的波折或扭曲发展问题。当前，我国房地产市场的跌宕起伏不仅直接影响我国经济的发展，也已经成为世界经济振荡甚至危机的主要致因。尽管影响我国房地产市场变化有许多经济、政治、社会、文化的因素，但是如果通过契约理论的法商思维分析，可以看到我国房地产市场在宏观层面上是缺乏市场机制的契约关系的，参与各方的行为和结果都存在极大的不确定性；

---

① 孙选中. 法商管理评论（第二辑）[M]. 北京：经济管理出版社，2016.

同时因为政府的政策主要是在"效率"或"公平"两个极端点上来回跳跃的决策思维,一次次加剧了我国房地产市场的振荡!也即,要么推出"一揽子"措施刺激房地产快速发展,要么"一刀切"把所有的权利收归政府。也就是一会儿要追求房地产市场的"效率",一会儿又要强调房地产市场的"公平",但是归根结底在我们政府的房地产政策决策中缺乏"效率与公平均衡"的思维,这必然导致我们的房地产市场很难均衡地发展。

再比如,关于如何管理网约车的新政问题。在 2016 年 7 月 28 日国务院新闻办举行的新闻发布会上发布的酝酿已久的出租车改革及网约车新政方案,终于使网约车的合法地位得以明确,对此我发表了《法商透视:网约车新政破解"深水区"改革密码》的短评文章。该文借网约车新政的发布指出,我国全面深化改革进入"深水区"的关键难点是"破立规则问题"和"主体权益问题",但是要解决好这两个问题就必须形成"效率与公平均衡"的契约关系。

然而,近日来围绕数个城市出台的网约车实施细则的征求意见稿,又把网约车新政问题的讨论推上了舆论尖顶,因为多个城市的网约车实施细则的规则是否经得起"效率与公平均衡"的推敲?事实上,网约车的出现是新经济中的重要模式之一——"共享经济"的具体表现形式,对于网约车这种共享经济模式如何实现效率与公平均衡,从理论和实践上都应该基于"方便、安全、共享"的原则来制定相应的规则,然而现在的征求意见稿中某些细则很难形成方便、安全、共享的市场契约关系。在这里提醒有关网约车政策的具体制定者,能否用"效率与公平均衡"的思维,利用市场机制的契约关系真正发挥网约车"共享经济"的积极作用。

基于以上的透视和思考,可以说,深刻领悟契约理论中的法商思维逻辑,可以拓展我们分析我国转型发展中诸多问题的新思路,这将有助于我们在解决现实问题过程中调整和安排"效率与公平均衡"的契约关系及相应的规则。

法商透视：万科股权之争的警示

孙选中

这几天尽管有英国脱欧、夏季达沃斯论坛等新鲜话题，但是沸沸扬扬已有大半年之久的万科股权之争还是成为各种媒体关注的焦点问题，充分说明这一问题蕴含着深刻的谈资价值。我认为，除了要关注万科股权之争跌宕起伏的博弈较量的演变情节，更重要的是我们还应该由此反思：万科股权之争对我们的经营管理者有哪些警示？

谈及今天的万科股权之争，我回想起在 2012 年 11 月 9～10 日，我与王石及其他 10 多位企业家和学者应邀参加在英国伦敦商学院主办的"中国商业的未来：机会与挑战"论坛，当时王石是直接从美国哈佛商学院赶到了伦敦商学院。在伦敦商学院院长举行的家宴欢迎仪式上，我与王石进行了简短交流，我向他提出我多年的思考，中国企业正处于从传统管理向"法商管理"的转型，因此企业经营者的能力修炼不仅是玩转资源，更重要的是驾驭规则。王石当时回答认为，法商思想与中国文化和现实还有很长距离，中国的企业问题还需要从企业伦理上寻求新的提升，并说明他到哈佛商学院选择的课程主要是文明史、哲学和伦理类的课程。这是否可以窥见到王石更相信并坚持用伦理价值观维护和延续万科公司生命的战略之道？

我相信人们对王石及其管理团队成就了当今万科公司的卓越标杆是不可否认的。现在的问题是还需不需要王石及其管理团队继续万科 30 年左右的辉煌卓越？当然，我们现在很难断定王石及其管理团队留任或不留任，万科能否继续创造辉煌，但是从法商思维来看，万科的股权之争给我们所有企业经营者都上了一堂生动的公司经营的法商管理课，从中我们可以深刻地感悟到法商智慧透视出的重要警示。

警示之一：公司战略需要高瞻远瞩的"愿景"，更需要"权益为本"的战略安排。

在公司战略管理中，怀揣梦想的创业者或企业家都会不辱使命地架构其高瞻远瞩的"愿景"，由此凝练成企业的价值观和文化体系。可以说王石建立万科之初就深谙公司愿景的价值引导作用，由此建立的"健康发展"和"诚信经营"的万科文化体系的确使万科公司的经营业绩很快超越了竞争对手。在2015年"宝万股权之争"时我在一次论坛上就谈到，王石为什么坚决抵制"野蛮人"的进入，因为他的价值观容忍不了在"健康"和"诚信"方面存在质疑的宝能系。

如果按照传统的企业管理理论解读王石的万科经营战略几乎是无可指责的，特别是事实说明他的战略初心是正能量的，他及其团队的经营是成功的。然而，现在反思王石的战略理念，由于他超强的公司愿景信仰使其忽视或淡化了公众公司的"权益战略"。需要说明的是王石并不缺乏权益意识，从他在20世纪90年代中期主动请缨进行的股份制改革，以及前几年进行的合伙人制度改革等都是在进行权益的安排。但是从法商视角透视可以发现，今天股权之争反映出来的争议在于他偏重于"内部人"的权益安排，而忽视或偏离了公众公司应该从开放的环境下设计或制定"权益战略"。正因如此，才有许多人直戳当下万科的核心痛点并问道，王石及其管理团队为什么几年前要放弃那么大比例的股权？

事实上，不管万科股权之争的结局如何，对我们其他企业特别是一心追求上市的企业都需要深度思考一个问题：你们做好了"权益博弈"的战略准备吗？据一家调查公司曾经对美国上市公司CEO的调查，他们有效工作时间中至少50%的精力要投入到在公开市场的"收购或反收购"，特别是防止"恶意收购"的博弈中，而这也就是德国及日本很多优秀公司不愿上市的主要动机。今天，在我们国家很多企业被一些聒噪者忽悠成了见面就问"你上市了吗"，这样非理性的甚至以圈钱为上市动机的企业相比于"王石"们的上市公司还差得很远，你们切记需要三思而行！

警示之二：企业领袖不仅要能够"整合资源"，更需要"驾驭规则"的超强能力。

在我们的企业经营中，"整合资源"成为诸多企业领袖们比拼的核心竞争力标准，因为今天企业经营所需的资源越来越稀缺，因此，谁能够抢占并有效利用稀缺资源，谁就是该领域难以逾越的王者。客观说来，王石及其管理团队领导下的万科，不仅在中国甚至在世界上都已经在房地产领域确立了王者风范！然而，今天的国际、国内市场竞争正在从"整合资源"的竞争升级为"整合规则"的竞争。特别是行业中的企业领袖们，无论你们构筑了多么强大的资源堡垒都有可能留下破绽，关键是最容易导致企业领袖决策失败的破绽是什么？怎么识别和防范这样的风险？

事实上，在企业经营的各种领域中都存在和演绎着"各领风骚十来年"甚至更短的"山头变换大王旗"的故事：曾经不可一世的柯达和富士退场了；占据世界通信霸主地位的诺基亚下台了；宝洁公司、沃尔玛公司等这些资源竞技场上强大到不可比拟的公司都深陷于新的岌岌可危的境地？是什么因素使这些领袖们也演绎着来去匆匆？

用法商智慧的新战略剖析就会发现：单纯用资源竞争很难战胜这些大佬企业，但是他们往往在维护资源堡垒过程中留下了与之相应的"整合规则"的破绽！道理很简单，任何资源的价值都受到一定的规则约束，拥有资源越多，驾驭规则的能力就必须越强，因为一切整合资源的过程都是建立在规则之上的契约关系，而维护这样的契约关系的成本也必然会越高。如果柯达、富士、诺基亚等主要是因为技术规则的改变导致其失败，那么宝洁、沃尔玛等可能会因为今天平台组织的新规则致使其深陷窘境；我国的公司经营最容易因为公司治理规则的破绽导致其受挫。过去国美的黄光裕是如此，万科今天面临的也是因为驾驭公司治理规则成为软肋而被撕破。

以上两个方面的警示都赫然昭示：对公司的管理运作不能仅用经济组织的思维方式，片面以追求资源效率最大化进行愿景设计和资源整合，而要认识到公司的本质既是有效配置资源的特定机制，又是权益安排的"法商组织"。因此，万科股权之争对我们所有企业经营者最根本的启示就是：必须以法商思维指导企业坚持"权益为本"的愿景，通过"整合资源和驾驭规则"的法商智慧的战略制定及实施，为企业铺就真正安全和持续的发展之道！

法商透视：网约车管理折射出
"深水区"改革困境

孙选中

2016 年 7 月，国务院新闻办举行的新闻发布会正式发布了出租车改革及网约车新政方案，我就此写了一篇文章《法商透视：网约车新政破解"深水区"改革密码》。在此文章里指出：如今我国全面深化改革已经步入"深水区"，碰到的都是"老大难""硬骨头"问题，这些问题既躲不过也绕不开，如何克服和解决这些问题？关键是能否把脉深水区改革的真正症结！今天看来，当时提出的破解"深水区"改革的几个关键问题，现在仍然困扰着网约车管理问题。

其一，深水区改革的关键难点是规则的"破旧立新"。在我国网约车出现后，最大的争议就是这种满足市场需求的打车方式是否"合法"？曾经有一种观点认为网约车不合法应该取缔；另一种观点认为网约车能够满足打车的特定需求，尽管不合法但是合理。这一争议问题的症结就在于用什么样的"法定规则"来评判网约车这样的新生事物？如果我们用曾经管理出租车的管理办法来评判网约车，当然会得到"不合法"的结论，然而新生事物的出现往往就是要扬弃或者否定过去的"法定规则"。国务院 2016 年 7 月发布的网约车新政不是削足适履地改变网约车这一新生事物去适应过去的出租车管理规定，而是正视和引导网约车的市场创新，去建立新的出租车和网约车规则，所以当时赢得了"真改革"赞叹！

但是国务院发布的新政仅是一种原则性的指导方案，具体实施细则是根据不同城市的具体情况出台相应的执行方案。紧接着北京、上海等城市出台了实施细则，从 2017 年 4 月开始将陆续实施。近来各方都对这些实施细则产生怀疑或担忧，主要源于这些城市都制定了诸多限制性的措施。为了加强网约车管理而出台限制性措施是无可厚非的，但是许多城市推出了"户籍限制"的条款，并且都对为什么要采用户籍限制从安全、管理等方面进行了说明。这些说明尽管振振有词，但是其产生的网约车供需失衡导致的打车不方便、价格提高等可能使网约车的发展陷入困境。

户籍限制是我们计划经济时代社会管理和资源分配的"撒手锏"，今天祭出用于在市场机制起决定作用甚至共享经济逐步形成的社会转型时期，尽管是在网约车管理中的应用，但是这给人们带来的改革预期很难与"真改革"相匹配。事实上，"户籍限制"的规则已经成为我们深化改革的拦路虎，接下来涉及民生问题的如教育、医疗、税收等都可能因为户籍限制而止步于过去的管理，这样怎么进行全面深化改革？

其二，深水区改革的核心问题是参与各方"主体权益"的合理安排。关于什么是深水区改革的核心问题，我在多次论坛上曾提出：如果改革开放在前30年更多是围绕"主体利益"的改革，也就是主要以解决生存问题为主题；那么现在及将延续的几十年，我们的深化改革必然围绕"主体权益"的改革，将主要以解放人的创造力为主题。

今天诸多棘手的社会问题的源头不是简单的"利益"问题引发，而是深刻的"权益"问题导致，利益和权益一字之差，但是问题的实质却根本不同。特别是在今天"互联网+"和"共享经济"的大背景下，不能够简单地把权益问题当做一般经济利益来处理，需要清晰地认识到，今天所有规则的建设必须以对参与者的主体权益的高度尊重和有效整合为"本"。

但是，在我们很多城市主管部门出台的网约车实施细则中，似乎还是更多考虑的是"利益"问题，如车型、轴距、车牌属地等客观条件的限制，这些限制性措施都是涉及网约车经营的"利益"问题。而恰恰是这些客观因素的限制，极大地限制了参与网约车服务的提供者和消费者的"权益"。因为这些客观限制，使很多有能力提供服务的网约车司机"无权"提供服务，同样使很多能够接受服务的消费者"无权"选择服务。

尽管这仅是不同地方政府对网约车的实施细则制订出的方案，但是由此可以看出，我们很多政策的制定者和决策者的改革思维还是停留在对"利益"的改革问题上，而不是全面深化改革必须触及的对"权益"的改革决策和合理安排，实际上，不进行主体权益的改革，那么全面深化改革也就只是一句空话。

其三，深水区改革的决策必须坚持"效率与公平均衡"。深化改革难以拿捏的问题从根本上来看往往是效率与公平冲突的问题。今天我们全面深化改革的规则重建和权益安排的思维决策，既不能极端强调追求效率，也不能片面强调追求公平，而是应该全面推广和采用法商管理的思维决策。"法商管理"指的就是追求效率的经济价值观与方法论同追求公平的法治价值观与方法论的有机结合，以实现"主体权益"均衡发展的管理过程。

现在许多地方出台的网约车实施细则，更多考虑的是主管部门的管理"效率"问题，如户籍限制、车型选择、车牌属地等都是以规范管理为由而推出的监管措施，殊不知这些措施很多都是以牺牲参与者的"公平"的权益为代价的片面的管理效率的安排。事实上，网约车的核心价值就是给使用者带来方便和安全的服务，而上述的种种措施偏向于监管部门在管理过程中的"方便和安全"。也就是说，一系列的限制性措施使主要的管理部门在网约车管理中更加方便和有效了，但是用户在使用过程中却增加了成本、牺牲了方便。

"效率与公平均衡"是深化改革的决策必须坚持的原则，一方面，这是保证一项决策既要有效，又要使人们能够自觉地践行；另一方面，这是对一项决策或政策的文明程度和持续性的检验。可以肯定地说，如果失去了效率与公平的均衡，任何政策或规则都是很难持续下去的。

法商透视：中兴通讯巨额受罚的真正"病根"

孙选中

《证券市场周刊》2017年3月9日以《中兴通讯认罪，支付8.92亿美元罚款，风险几何？》为题，报道了中兴通讯的这条令人痛心和震惊的重磅新闻！据报道，在中兴通讯于2017年3月8日的公告里提到：鉴于本公司违反了美国出口管制法律，并在调查过程中因提供信息及其他行为违反了相关美国法律法规，本公司已同意认罪并支付合计892360064美元罚款（注：按6.9的汇率为人民币61.57亿元）。

国人皆知，中兴通讯是多年来我们以"中兴华为"而自豪并称的我国最成功的高科技跨国企业，从他们在全球经营所向披靡的成功经历来看，很难把中兴通讯因"违反了美国出口管制法律，并在调查过程中因提供信息及其他行为违反了相关美国法律法规"而受罚这样的"小儿科"失误联系起来？然而，确实是他们真的犯了小儿科的"愚蠢"错误。

人们不禁会问，中兴通讯是我国企业中少有的具有丰富国际化经营经验的跨国企业，难道不知道一个国家进出口的相关管制法律？特别像美国这样的国家，其相关法律规定是相对稳定的，并且还几乎是公开可以查询到的，为什么还要犯这样低级的错误？（暂且不对美国相关法律设限做分析）退一步说，我们很多企业已经高度重视经营活动中的法律问题，并且很多企业设立了法规部或法务部，像中兴通讯这样的大型跨国企业应该早已设立了风控管理的法规部，难道法规部中这些专业的法律专家也没有注意到这些明显的法律问题？

关于这样的一些问题，我相信中兴通讯都能够给予正面的回答，并且由此检视到自己在处理这些法律事务中的不足，正如中兴通讯董事长兼CEO赵先明博士所表示的："中兴通讯承认违反美国出口管制相关法律法规，愿意承担相应的责任。公司将继续积极致力于变革，并且制定了新的合规流程及重大人事调整。我们从这次经历中吸取了很多经验教训，将努力成为出口管制合规治理的典范，致力于打造一个合规、健康、值得信赖的新中兴通讯。"从赵董事长的诚恳表态和立志变革的决心,我们相信中兴通讯将从这次重大失误中力争"吃一堑,长一智";由此也可以推断,如今的中兴通讯一定是管理层甚至全员动员从这次重大失误中进行梳理和排查问题,使公司积极致力于变革。

但是,基于我20多年积累的法商理论研究和法商思维独特视角分析,从赵董事长提到的"致力于变革"和"制定了新的合规流程及重大人事调整"来看,我认为中兴通讯不一定真正找到了这次重大失误的"病根"。因为中兴通讯的这次重大失误是我们今天的企业决策者普遍存在的"致命通病"。然而,我们现在已有的管理学理论和经济学知识都很难发现这种失误的真正"病根"。

"病根"之一:这是我们企业只会运用单纯的"管理思维"埋下的隐患。

关于"管理思维",我相信只要是从事经营管理的决策者,不管是从书本上学到的还是自己在经营实践中悟到的,都有一种"资源价值最大化"的思维,也就是如何使自己投入的有限资源产生最大化的产出,凡是基于这样的思维进行决策就是典型的管理思维。可以说,我们今天的绝大多数企业决策者对这样的思维深信不疑,事实上,这也是现在已有的管理学和经济学的思维精髓。

然而,现在我们所熟练掌握的管理学和经济学主要是在"资源"层面上揭示了资源价值最大化可能承担或付出的成本,所以我们在进行决策分析时自然就绞尽脑汁地进行有限资源投入产出最大化的计算,然后根据哪一种实现"资源价值最大化"的方案相对最优即做出管理决策的选择。

实际上,我们从最朴实的道理"天上不会掉馅饼"就可以推断:"资源价值最大化"可能会存在最大化的风险,也就是我们通常理解的"福祸相依"!关键问题是基于现有管理学或经济学的思维,只能够在"资源"层面上分辨"祸"的成本。然而,现在许多企业频频发生类似这次中兴通讯的"祸",即付出的高昂的成本,可不是直接来自资源层面的巨额成本。

关于这个问题,已有的管理或经济思维因为仅聚焦在"资源"层面分析,当然很难甚至无法解答,唯有法商理论提出的"法商思维"才能够给予其合理的解释:在法商思维看来,企业追求"价值最大化"必须付出"资源成本"和"规则成本";也就是说,"法商思维"强调任何管理或经济活动都是"资源+规则"的活动。因此,我多年前就提出:企业经营不仅要"整合资源",而且还要"驾驭规则"。由此可以判断:中兴通讯在进行决策时有意无意在思维中降低或者忽略了"规则成本"的分析和决策,因此解决这个问题必须从"根"上治愈,也就是必须从单纯的"管理思维"转变为"法商思维"。

"病根"之二：这是我们企业所掌握的战略架构存在的根本"缺陷"。

现在企业所掌握和运用的战略，从理论上说，尽管有愿景或使命的引领，然而在实际的运行中都是在"盈利目标"的引导下进行的运作。为了实现盈利目标，企业必须要对相关的资源、业务、组织等进行战略安排。由于我对上述"病根"之一所揭示的单纯"管理思维"的决策隐患，使很多企业往往在进行资源、业务、组织安排时，必然有意无意忽略战略中"规则成本"对"盈利目标"的制约，或有意无意放弃了对"规则成本"进行谨慎的战略论证及安排。可以肯定地说："盈利"战略使我们今天的企业存在根本的"缺陷"。

说实话，我参加过多次企业战略论证，包括一些上市公司的战略论证，都是在资源层面对盈利战略论证，很少有主动把"规则成本"置入战略变量进行的战略论证。实际上，我们现在企业家及所谓管理专家、咨询师等所熟悉的战略理论和操作实践，几乎没有系统地架构"资源+规则"的企业战略体系及能力。

关于企业战略存在的根本缺陷现在已经被法商理论所发现，基于此已经重新构建了适应今天大变革时代的"法商战略"分析体系，破译了企业不仅"盈利"而且"赢道"的密码。

如果结合中兴通讯的巨额赔偿的案例可以判断，当初该公司在美国市场的战略布局很大程度上是基于眼前"盈利"的目的追逐市场产品的竞争力，而不是基于"赢道"的战略布局追求在美国市场健康持续创造财富的发展。因为"盈利"的战略一定是通过"玩术"来占有市场，甚至敢于践踏任何规则的"术"来盈利，我们很多企业今天仍然在通过这样的"术"经营赚钱，中兴通讯的重大失误应该引起我们其他企业的警醒。

现在我们高兴地看到，中兴通讯将积极地进行变革。然而，如果从法商战略视角来分析，中兴通讯通过"制定了新的合规流程及重大人事调整"来进行的改革，实际上还没有真正进行"赢道"的变革。也就是说，"合规流程"或"人事调整"还仅是战略要素部分变量的改变，很难真正从"愿景与使命—资源安全—业务持续—组织创新"的战略格局上进行"赢道"的战略变革。

总之，我们今天所面临的"新经济"和"新常态"的变革，就是要使企业从"粗放经营"转向"文明经营"，而企业文明经营的核心必须是具备"玩规则"的新思维和新战略。基于我们现在的企业频繁地出现类似中兴通讯在"玩规则"方面的失误，我们真的需要"换思维、换模式、换结局"的全新法商管理体系。

法商透视：从福耀玻璃折戟美国 看中国企业"走出去"为何频频受挫

武闯 田舟

2014 年，福耀集团在美国投资 4 亿美元生产汽车玻璃。

2016 年 10 月 7 日，由福耀集团投资的全球最大的汽车玻璃单体工厂正式在美国俄亥俄州投产。至此福耀集团在美国投资已经超过 10 亿美元，引发社会舆论对曹德旺"跑路"的猜测。

然而近日《纽约时代》报道，福耀玻璃在美国的投资之路并不是一帆风顺的，受到诸多监管投诉和纠纷。福耀集团作为国内优秀的企业之一，在国内一直经营有道，为何"走出国门"就步履维艰？甚至触犯工厂所在地的法律，难道福耀如此之大的一个集团的法务部门竟然连这点基本的风险控制意识都没有？显然不是这样的，其背后真正的原因还是没有转变经营思维，缺乏"法商意识"。

一、"老思路"遭遇"新规则"冲击——单纯 "管理思维"的困境

福耀集团在美国公司的经营过程中遭遇重重阻力，发现原先在中国普遍适用的经营思路到美国就行不通了，遇到了极大的问题。

首先，体现在问题经理人的任免上。美国向来重视反歧视法，除了《民权法案》第七条的基础性规定，还有大量的单独立法。2016 年福耀工厂的一次内部重组，原来的美国籍副总经理 David Burrows 被解雇，David 随后起诉福耀工厂，其中一个理由就是歧视。他认为，工厂最近几个月增加了中国籍的管理人员，而自己被解雇的原因可能部分与此有关。

其次，冲突还发生于福耀与一般员工的关系上。美国员工曾抱怨说，即使工

作区域里的机器排放烟雾，车间也没有合适的排风设备。如该厂的人力资源经理 Eric Vanetti 所说，福耀强调高效的劳动生产率，但是美国员工习惯于多角度考虑问题。报道中提到了一个例子，当美国员工发现机器有问题并要求关掉机器时，中国籍经理却告诉雇员没有必要关掉，然后在机器仍在运转时就跳上传送带修理。2016 年 11 月，福耀工厂还因为多种原因（如当员工修理或者维护机器时，员工无法足够靠近电闸来关闭电源）被劳工部职业安全与健康管理局罚款 22.5 万美元，经过调解后，罚款数额被降低到 10 万美元，福耀工厂同时承诺了补救措施。

上面提到的两个问题：解聘员工和劳动者工作环境安全卫生，在国内"劳动者权益意识"普遍缺失的情况下是很普遍的问题，大部分经营者忽视了其背后的风险因素。显而易见的是，福耀集团还是按照经营中国公司的思维来经营在美国的公司，面对不同的经营环境没能及时转变思维，在美国重视"权益"的环境下仍然套用"老思维"，之前被忽视的风险一一显露出来，结局自然不会一样。

从上面福耀公司的经历中我们可以看到，福耀集团在美国公司的经营过程中仍然是单纯的"管理思维"，所以才像是得了美国法律不适症一样。在法商思维看来，企业追求"价值最大化"必须同时考虑"资源成本"和"规则成本"；也就是"法商思维"强调任何管理或经济活动都是"资源+规则"的活动。因此，孙选中教授多年前就提出：企业经营不仅要"整合资源"，而且还要"驾驭规则"，用规则创造价值！而福耀在进行决策时有意无意地在思维中降低或者忽略了"规则成本"，这样的分析和决策，难免为企业带来很大一笔损失。因此解决这个问题必须从单纯的"管理思维"转变为"法商思维"。

二、遭遇成熟的"社会"力量——工会

经营不仅要能够"整合资源"，更需要实现"主体权益均衡安排"。福耀美国工厂面临的另一个问题是工会。美国的工会组织虽然日渐势微，特别是在美国的南部，工会覆盖率低，但是在中西部，由于历史原因，依然存在比较强的工会组织。报道中提到的美国汽车工会（United Automobile Workers）就是一例，现在它正在动员福耀玻璃的员工成立工会，而福耀公司感到很不适应，毕竟在中国没有经历过这样的情况。美国法律虽然不强制企业成立工会，但是当员工筹建工会时，根据《劳动关系法》（National Labor Relation Act），公司不得阻挠和干涉

工会的筹建，更不能报复主张建立工会的员工。

密歇根大学 Mary Gallagher 教授对此曾有分析说，像福耀这样的企业，在国内主要雇佣农民工，农民工相对来说比较顺从，不像美国员工，比较期待共享式的管理方式，因此，福耀公司恐怕从来没有感受过来自劳动者的这种压力。

美国工会的一个主要职责就是维护"劳动者权益"，然而"权益"一词在国内被忽视由来已久。国内经营者在公司治理过程中大部分只考虑"员工利益"而漠视"员工权利"，由此带来的问题在美国这种重视"权利"的国家就暴露出来了，给公司的经营带来困扰。

不仅在美国，中国现今的《劳动法》也经过了多次修订，日趋完善，对劳动者权益的维护组织也在不断努力发挥更大的作用，关于企业战略存在的根本缺陷现在已经被法商理论发现，基于此已经重新构建了适应今天大变革时代的"法商战略"分析体系，破译了企业不仅"盈利"而且"赢道"的密码！福耀公司仅以盈利为目标，则不可避免地会和员工的利益产生碰撞和冲突，这样的思维不可取，只有充分考虑员工主体权益的方式，才能让福耀走在赢道之上，去收获管理经营的成功。

2016 年，中国企业在美国直接投资达到了创纪录的 465 亿美元，是 2015 年的 3 倍。在这场轰轰烈烈的"走出去"和"国际化"浪潮中，中国最优秀的企业家们似乎遇到了很大的困惑。

比亚迪方面称，从中国暂时借调经验丰富的工程师和专家来美国，主要是为了促进技术交流，并不会取代当地员工。且中国专家的薪资水平为每月 2200 美元，低于加州每小时 8 美元的最低工资标准，加州监管当局调查后，比亚迪被罚 10 万美元。

中兴通讯公司与美国政府就美国政府出口管制调查案件达成和解，中兴通讯同意支付约 8.9 亿美元的刑事和民事罚金。此外，还有给美国商务部工业与安全局 3 亿美元罚金被暂缓，是否支付，取决于未来 7 年公司对协议的遵守并继续接受独立的合规监管和审计。

为什么中国这些最为优秀、最具备创新思维和能力、最具有开拓精神的企业家们，在国内经营顺风顺水，一旦走出国门就屡屡受挫？归根结底就是没能转变经营思维，还是单纯的"管理思维"。走出国门转型升级难以拿捏的问题，从根本上来看往往是"效率与公平"及"主体权益均衡安排"的问题。今天我们走出国门转型升级的规则重建和权益安排的思维决策，既不能极端强调追求效率，也不能片面强调追求公平，而是应该全面推广和采用法商管理的思维决策。所谓"法商管理"指的就是追求效率的经济价值观与方法论同追求公平的法治价值观与方法论的有机结合，以实现"主体权益"均衡发展的管理过程。

公司经营者身处法制成熟、社会体系日渐完善的环境中，对公司经营者而言，这就是他们的深水区，需要面对大量的挑战和压力。不可否认，我们国家的法制改革已经让社会进入更加讲求规则的时代，这也正是我国企业家们需要共同面对的深水区，从福耀的例子里，我们可以发现很多将来必须面对的问题，以此为鉴，思之有备，实为良策。福耀的案例也提醒我们，企业越来越需要"法商思维"的学习和演练，越来越需要法商新思路在新的时代挑战面前披荆斩棘，为企业的"赢道"保驾护航！

法商透视：Uber 公司生命体征的法商健康诊断

——以 Uber 创始人辞职事件为切入

武闯　田舟

2017 年 6 月 20 日，40 岁的特拉维斯·卡兰尼克（Travis Kalanick）正式递交了辞呈，与 Uber——这家他一手创立、改变了全球人们出行方式的公司分道扬镳，一时成为街头巷尾热议的新闻。

一、Uber 创始人为何辞职？Uber 公司似乎陷入了一种群体无规则意识的境地

（一）在员工权益上对规则的漠视

Uber 创始人卡兰尼克是个愿意打破规则、激进的人，甚至可以说他就是个带有"侵略性"的人，而员工也很愿意模仿他那种偏激行为，据说卡兰尼克本人就曾在 Uber 专车上和专车司机吵过架，而且还被录成了视频。他创造的 Uber 遵循一种"增长至上"的企业文化，遵循这种文化本来非常好，能让公司有效率地运营，追求增长实现投资人利益的最大化，因而一开始，这种公司文化也备受投资人推崇。大伙儿都盯着"增长"这个目标往前奔，最高峰时 Uber 已经号称估值 700 亿美元了。但这种"增长至上"的文化也在不知不觉中给 Uber 公司的发展设置了层层阻力，或者说植入了一种"负资产"。因为对"增长"、对"效率"的绝对追求导致其在发展过程中往往以牺牲"规则"为代价，进而衍生为对"员工权益"的漠视，如城市级主管者把咖啡杯甩在下属身上这样的事最后不了了之，只因该城市正在强势增长；Uber 内部的性别歧视和性骚扰事件屡

屡发生，却一直没有得到重视。试问在这种违规成本如此之低的环境下员工该如何自处？人的尊严和性安全等基本权益得不到有效保障，员工该如何为公司尽心尽力工作？

（二）在用户权益上对规则的漠视

Uber 为了防止用户刷单，在 Uber 软件里植入了一种侵犯用户隐私的反刷单程序，这个行为表面上是在维护公平试图建立一个有良好秩序的用户规则体系，事实上在美国这样一个非常重视个人隐私的国家，Uber 直接采取侵犯用户隐私这种简单粗暴的方式来反刷单，恰恰体现出其对"效率"的简单追求和对"规则"的漠视。在一个过分强调效率的环境中，Uber 渐渐在瓦解规则意识，这种肆无忌惮的任性显然会给 Uber 带来惨重的打击。为了提高出行效率，Uber 整合了大量的社会资源，同时也创造了一个极其复杂的系统，在这个复杂系统中，Uber 必须充分考虑各个权益主体的权益的均衡安排，需要针对各个主体设计不同的规则，然而 Uber 在单纯管理思维的指引下，从纯粹追求效率出发设计的规则难免有失公平，这样的未能考量公平因素的规则给 Uber 带来了麻烦。比如考核司机，有些司机会通过非正常途径把自己的评分和信誉度刷得很高，这样用户由于从众心理依然会给高评分，考核机制就出了毛病，丧失了真实性。Uber 连接资源的优势也造成了层出不穷的问题，如 Uber 的司机在对外交往时如何配置权利义务？如果 Uber 司机的权益受到了乘客的侵害那 Uber 会为此负责吗？这都是存在争议的。Uber 似乎把资源一层层联系起来，打造共享经济的平台，可是摆放的却不怎么样，Uber 整合的资源到底是该"串联"还是"并联"，或者是其他更为复杂的连接方式，这时再没有"规则"去对资源进行一种"再整合"，会让 Uber 陷入更大的风险中。

二、Uber 如何完成用"规则"对资源的再整合？

100 年前，类似共享经济的形式就出现过，有个精明的销售员在自己车子的座位上放上了"jitney（5 美分）"的招牌，jitney 有预定的路线，可以几个乘客同时共享一条路线，也就是能乘同一辆车，随后这种"jitney（5 美分）"的经营模式就一下子火了起来，崛起的速度甚至超过现在的 Uber，可是这种"浪潮式"的经营模式最后因为没能及时"整合规则"，迅速在政府和法律的监管压力下被迫退出了历史舞台。

今天的 Uber 似乎陷入了与 100 年前的 "jitney" 同样的困局。最近 Uber 陷入了与 "无人驾驶技术" 方面的竞争对手 Waymo 的法律纠纷中。相比科技产业，Uber 的核心竞争力仍然是 "打车" 业务，对相应的社会资源也有着很强的连接性，不过在海外市场上 Uber 的核心业务同时面临竞争对手带来的巨大压力，海外市场的监管部门和出租车组织也把 Uber 看成了一家蔑视法律规则的公司。Uber 在谋求 "增长" 的过程中进行了过多的 "技术犯规"，以至于要背负一种 "被罚下场" 的风险。不论在科技方面，还是在核心业务方面，Uber 始终都因为对 "规则" 的漠视，而不得不被裹挟在一种被动的局面中，规则问题似乎对共享经济来说一直是块 "难啃的骨头。"

Uber 激进的企业文化在面对压力的情况下不得不进行转变，然而这种转变仿佛无法在一朝一夕完成。据说 Uber 内部采取了一种古怪的方式来改变他们的工作文化，如把 "战斗室"（War Room）改为 "和平间"（Peace Room）。对想要转变升级的 Uber 来说，Uber 仿佛想尽办法来帮助自己改变形象，CEO 辞职，办公室改名。然而 Uber "增长至上" 的文化本身不是一种负面的东西，在这种文化的带动下 Uber 毕竟取得了很好的成绩。如果这种文化在企业转型升级的过程中被拖垮，对 Uber 来说同样是划不来的，增长的企业文化依然可以成为 Uber 建立规则意识的背后推手，而不是成为人们唾弃的对象。让规则意识成为 Uber 的一种市场竞争力，而不是对增长的某种约束。有人把取得成就的人分为两类，一种叫做 "先学规则再闯世事"，另一种叫做 "先闯世事再学规则"。Uber 似乎就是 "先闯世事再学规则" 的典型，Uber 急需增长的东西是一种内部的东西，Uber 的员工也看到了 Uber 陷入的困境，"规则意识" 也许可以通过嵌入 Uber 公司内部的评价体系中找到生长的空间。

三、结语

当单一的 "增长思维" 带来诸多负面效应时，Uber 急需一种 "规则意识" 的重塑，使用 "法商思维"，运用 "整合资源" 到 "驾驭规则" 的思路分析 Uber 打破困局的新路线。很多时候，企业无法走出自己的瓶颈期，就是没能以法商思维统筹全局，无法看到自己格局和眼界上的局限性，以致陷入无法自处的尴尬境地，一步步走向自我伤损。其实，效率思维和规则意识完全可以统摄在企业"健康、持续、创富"的法商目标之下，更好地遵守规则能完成企业效率的更大提升。Uber虽以效率为出发点进军各国市场，但是没有意识到规则成本对效率的掣肘，这就造成了以己之矛攻己之盾的自相矛盾，使企业行为和自己追求创富的初心南辕北辙。

从Uber的案例中，我们可以总结出，Uber企业遭遇到的问题在本质上，恰恰是"法商思维"的缺失。Uber需要法商思维帮助它塑造"规则意识"，在面对法律的监管时，Uber要把"增长至上"的思路从商业角度转变为一种全局模式，特别是要把注意力放在对"规则"的关注上，用一种资源加规则的法商角度观察公司的处境和变化，这才能将Uber的良好创意延续下去，走出公司更长远的赢道。

法商透视："乐视帝国"生命体征的法商健康诊断

田舟

最近，如果你搜索"乐视"这一关键词，那么跃入眼帘的会是带有"危机""困局"等字眼的相关新闻。的确，乐视正明显地进入一种生命体征状况欠佳的境地。法商领道在此对"乐视帝国"进行一番初步的法商健康诊断，希望能为大家提供一些有益的参考。

一、乐视版权帝国带来的正反馈

乐视拥有 70% 以上国内热门影视剧的独家网络版权，购买版权之后乐视就通过卖会员的方式进行盈利。虽然一开始各大视频网站卖会员的做法让网友们普遍感到不满，可是这种模式却没有消失，很多人有买会员追剧的经历。知识产权保护领域的不断发展和完善，让"知识""内容"变得越来越值钱——有人说这会导致富人在教育资源方面拥有越来越多的优势，加大一种阶级固化，可是这种新模式正在形成，且无疑是有利于维护创作者合法权益、有利于极大地激励创作者的。事实上，"内容付费"已经成为时下的一股新热潮，如得到 APP 和喜马拉雅的一些产品都是以一种知识付费的形式进行盈利的。影视剧也是某种程度的知识产品，人们不得不为此付费以表示对创作者的尊重。

知识产品在法律的形式下确立了更高的地位，被重新整合，版权似乎成为一把钥匙，没有这把钥匙就很难打开通向丰富世界的门，知识付费的形式也是一种对知识的重新筛选，把那些可能更有价值的东西放到了我们的面前。随着知识付费的崛起，盗版平台的生存空间正在逐渐缩小，各种影视剧、专栏、音频都以付费的形式进入了一个更加规范的赛道上。对"规则"的重视也在朝着主流的方向发展，乐视在其他视频网站犹豫是否值得购买版权之际就大量购买了版权，成为影视行业最大的版权方。这种做法仿佛是在某种规则形成之前对规则的提前适应和提前驾驭，最终避免了规则带来的额外风险。

我们不难发现，乐视在盗版横行的环境中率先看到了版权的价值，大量购买版权，建造了自己的"版权帝国"，在这个知识开始付费的环境中，乐视显然得到了版权带来的正反馈，乐视的这种思路实际遵循了一种"资源+规则"的法商思维，规则实际上为乐视创造了更好的效率，避免了版权问题带来的效率下滑。

二、乐视陷入"公信力缺失"和"版权危机"的尴尬处境

在某些行业，乐视的确有着独特的经营之道，如上面提到的视频行业，乐视就盯住了版权。乐视创造的乐视生态，产品更是五花八门，让人眼花缭乱，像电影、手机、电视，乐视也都做了，而且还在开发高科技汽车，可是做这么多东西也不是什么省心的买卖，特别是在汽车方面，一旦钱不够，这个游戏就玩不下去了。有的公司被称为"两条腿走路"（指的是有两个领域的特长），用"两条腿走路"这个说法去描述乐视显然并不十分恰当，据乐视创始人贾跃亭说，乐视是一种"生态化反"模式，这个词有些费解，听着就像个化学概念，大概是说把各种各样的东西扔在一起，以求得到某种有用的回馈。实际上这也不是没有道理，据说乐视影业生产的一些内容就可以通过乐视的硬件设备取得某种加持。尽管乐视在个别行业有着自己的独特视角，也有乐视生态带来的优势，但毕竟乐视的体量这么大，用一点资金是难以喂饱的。看起来乐视正在铤而走险，最近更是推出了年化收益率15%的理财产品，大有一种放手一搏的姿态。虽然有句话叫做"真正的妙招都是险招"，但是欠款问题、信誉问题、公信力缺失，使乐视的日子很不好过，乐视陷入了一场真正的危机，乐视创始人贾跃亭也透露，乐视现在很难得到金融机构的信任和支持。因为乐视还债表现不佳，电子代工巨头仁宝电脑停止了对乐视的入股计划。乐视一方面缺失公信力，另一方面又有资金问题，在这两者之间，乐视似乎正在抛弃公信力，牺牲"商誉"。"商誉"的损失会让乐视在和其他企业的合作方面遇到阻力，最终导致乐视整体效率下滑。在企业的发展过程中，对"社会规范"和"法律规范"的长期遵守越来越成为企业的一笔正资产，成为不得不考虑的一环。对乐视这么大的一家公司来说，这种

"资产"的积累更是不得不重视。缺乏了"法商思维"的低效运营正在让乐视遇到更多不确定性带来的挑战。

在版权争夺方面，乐视体育也明显有点"跑不动了"，虽然乐视体育仍然愿意花重金争夺体育赛事的转播权，可是资金问题的确让乐视在这种争夺中有些力不从心。相比之下，腾讯体育方面却风生水起，不仅包揽了 NBA 赛事的直播权，最近更是拿下了乐视丢掉的环法直播权。乐视体育正在陷入一场"版权危机"，有人也表示乐视的版权帝国正在崩塌。

这两天网上有篇文章更是引用巴菲特那句"当潮水退去，才知道谁在裸泳"对乐视进行了评论，实际上乐视这种"生态化反"的模式显然和巴菲特那种小心谨慎的投资态度有着很大的区别，乐视也有着一种"狮狼文化"，似乎有种不达目的誓不罢休的劲儿。据说乐视创始人贾跃亭本人就有种深入骨髓的"赌性"。乐视好像一辆拼命向前开的战车，大有一种"伤敌一千，自损八百"式的战斗精神，在员工给中国雇主打分的某外国网站上，乐视也是在满分 5 分的情况下只拿到了 1.7 分，可是很多测评者依然对公司充满团队精神的工作环境表示认可，这也让人看到了乐视在存在各种毛病的情况下依然具备聚集力量的某种能力，但这么低的评分也表明乐视显然不是一辆稳当的战车。在乐视的一种近乎"赌一把"的状态下，如果用法商思维角度去观察乐视，会让人看到这是多么危险的一个局。

当一个人看到机遇拼命往前跑时，站在一边的人若是喊出劝阻的话可能会有一种无力感，但这样的话似乎还是要说。在乐视这种丢弃公信力和丢失体育赛事转播权的状态下，法商思维似乎就是站在赛道旁的旁观者，不过在这场比赛中法商思维是否站在赛道旁又是至关重要的。法商这个角度在什么时候都不该被忽视，无论是对困境中的乐视，还是未来可能"破局而出"的乐视，利用法商思维对乐视的情况进行审视始终是不可或缺的一种思维模式，在面对成熟法律体系和信誉体系的时候，乐视若是抛弃了法商思维那无疑是一次不小的损失，角度的缺失会影响乐视看到商业地图的规模。在企业出险招的状态下，法商思维依然会在关键时刻告诉企业"有危险"，成为企业衡量得失的重要工具。

三、总结

乐视在视频行业大量购入版权的做法让乐视聚合的资源在这个行业里提前找

到了坐标，这实际上是遵循了"法商思维"，在一些问题上还是不能只看"利弊"要分一些"是非"，乐视在视频行业就比其他视频网提前看到了"是"在那里，这个"是"就是一种对知识产权的尊重，本质上是对法律规则的遵守，乐视很早就知道要减少和法律法规的冲突性、对抗性，这当然是有利于乐视在商业上的扩张的，乐视也建造了一个版权帝国，这里的版权帝国不就是乐视创造出乐视生态的基础吗？然而乐视生态的建立要比版权帝国的营造复杂得多，不仅乐视体育在版权方面受到了挑战，而且乐视的迅速扩张也让资金成了乐视的软肋，乐视的"野蛮生长"使乐视建立的公信力在一点点剥落，乐视给人的印象不再是购买版权，注重知识产权，而是许多版权的逐渐丢失及一波接着一波的负面新闻。人们对乐视也越来越倾向于保持一种信不过的姿态，有人说乐视像"庞式骗局"，乐视在"拆东墙，补西墙"，也有人说给乐视多少钱都不够。乐视的信誉问题受到了很大的质疑，这对乐视来说可是一个不小的麻烦，没有很好的公信力，乐视就更难凑够足够的资金了，这时如果没有法商思维的拨乱反正，乐视可能会在负荷种种规范镣铐的状态下却并不自知，最终导致信誉方面的崩溃。乐视在陷入资金问题后无法给社会一个实实在在的交代，这让乐视进入了被动状态，而对规范的遵守，或者说法商思维的运用可以帮助乐视重新寻找到主动性，在复杂的生态丛林中真正做到放手一搏，而不越雷池半步。

法商透视：说三道四"融万乐"

孙选中

"融万乐"指孙宏斌的融创、王健林的万达和贾跃亭的乐视正在演绎的动辄数百亿元甚至上千亿元的并购重组大戏，近日，这场戏愈演愈烈，看得人们眼花缭乱并生疑问："他们这么多钱都从哪里来？"这样的追问不无道理。但是，我更关注和担心的是这种玩法是否"健康"和"持续"？

企业发展中的重大并购重组事件，对旁观者来说都颇具戏剧性的效果，但是对"剧中人"来说这可是生死攸关的战略选择。如果都是行业大咖参与其中进行演绎，则事关企业经营导向或产业发展选择乃至宏观经济的预期。因此，我认为"融万乐"的巨额资金来源值得大家关注，但是更应该关注这种具有导向性的并购模式的"健康持续问题"。

基于只能够对公开的信息"说三道四"，因此就"融万乐"的并购在此仅从法商思维的角度进行简要的"说三"和"道四"的法商透视：

说一："融万乐"是否"乌龙并购"？"融万乐"的并购重组似乎都已板上钉钉，特别是资金层面的相互承诺已成定局，但是从公开信息中所能够看到的"权益安排"似乎很模糊。从各方的公开解释或阐述中，在哗哗的真金白银交易后面的"权"和"益"的安排是"合理"还是"合情"？实话说，在他们已公开的很多权益设计及他们力图自圆其说的解释中，可以隐隐地看到存在着影响企业生命健康的极大风险！

说二："融万乐"是否"优劣互补"？企业并购重组的主要动机是要实现"优势互补"，也就是并购各方把自己的优势资源拿出来去弥补其他需求方的劣势；而"优劣互补"则是参合了劣势资源，也可能导致优势不优、劣势更劣的结局。从今天很多企业并购失败的案例可以发现，并购各方或某方有意无意忽视了优劣资源是否存在互补效应而囫囵吞下，用海尔张瑞敏的话来说："吃了不干

027

净的鱼迟早是要闹肚子的！"

说三："融万乐"是否"公司治理"？大家知道，融创、万达、乐视都是上市公司或公众公司，涉及如此巨额的资产运作和交易，作为一般的公司来说应该经过了严格的公司治理决策程序，更何况上市公司其公司治理应该更加严谨！"融万乐"这一并购事件能够引起社会这么高度的关注，除了资产交易额度巨大之外，更有可能是"太突然"了，如王健林向世人表达的宏愿还不到一年就变更了、孙宏斌对涉及天量的并购资产说买就买、贾跃亭作为乐视掌门人说走就走等。这些都使人不得不反思，这样的上市公司是"权威治理"还是"公司治理"？

以上简要"说三"，接下来"道四"，这里所谓"道四"应该从深层次的"道"中对企业经营之道和我国经济发展进行反思，并尝试提出解决之道：

道一："融万乐"需要"健康诊断"。在以上三个方面对"融万乐"并购重组提出的问题，实质上是在对这三家企业围绕并购事件进行初步的运营风险检视："乌龙并购"问题提示企业并购不能够仅强调资产的交易，更重要的是附着在资产交易中的"权益安排"；"优劣互补"问题提示各方注意这一并购在接下来的运作中如何避免"优势不优，劣势更劣"。"公司治理"问题提示企业决策者如何真正履行公司法和公司章程赋予决策者的权利。因为这三个方面的问题是基于公开的信息摘取出来的，仅此而言似乎已经显露出对这几家企业持续发展潜存的"健康病灶"，因此需要更深入和更全面的健康诊断以防患未然。

道二：企业经营之道需要"变轨"。随着"融万乐"并购重组的不断演化，相关的质疑声也不绝于耳，并且频频传出金融监管部门有重点地集中排查包括"融万乐"在内的中国大佬级企业的金融风险信息，这说明我们很多企业在运作资源的过程中可能逾越了某些"规则"！如果我们冷眼观察这些动向，特别是梳理今天企业经营模式的成败，可以看出：真正的"赢"家，不仅能够"整合资源"，还要游刃有余地"驾驭规则"。正如杰克·韦尔奇在总结其经营之道所撰写的《赢》一书中所指出的："赢是伟大的，企业争取赢的手段应该是光明正大的——应该很干净、遵守规则，这是先决条件。"因此，可以肯定地说：企业经营之道正在从"玩资源"转向管控"资源+规则"。

道三：经济新常态需要"升级"。我国的改革开放正朝着全面深化的纵深发展，经济新常态和新环境正在形成，过去行之有效的思维方式和游戏规则必将被新的思维方式和游戏规则取代，寻求"升级发展"对企业和对政府都同等重要。仅就"融万乐"并购重组来说，在"他们哪里来这多钱"的疑问背后，也隐含着资源分配和权利使用是否存在社会公平的问题，以及如何实现"市场决定作用"与"政府重要作用"的均衡问题。如果说过去30多年的改革开放更多是围绕经济资源高效利用的"利益"改革，那么现在全面深化改革所要实现的"升级版"，应该是围绕如何有效推动"资源+规则"的"权益"改革。

道四：法商管理创新需要"普及"。我们今天已经走到大转折的十字路口，面向未来的发展，必须"换思维、换模式、换结局"。然而，今天我们企业所熟悉或信奉的管理更多只能是解决企业基本生存和成长的问题，如何实现新常态的"变轨"和"升级"？需要用超越传统管理的"法商管理"思维和模式来指导："所谓法商管理就是基于效率与公平的价值观和方法论进行有效的主体权益安排，以实现组织健康持续增长的目标。"以上基于效率和公平均衡、合理的权益安排、实现组织健康持续增长的"法商管理"核心思想，对"融万乐"并购重组典型案例的说三道四，希望能够为企业及政府提供新的分析视角和解决工具。

第二章 营 销

FedEx：错失的高端快递市场

FedEx 联邦快递为美国快递公司，已有 46 年发展史，如今已经成为全球规模最大的速递公司，在国际上占有巨大的市场份额，国际间快递业务在公司收入占据三成左右。早在 1984 年，FedEx 公司就进入亚太市场在亚洲各国开展业务。时逢我国改革开放初期，为了进入中国市场，FedEx 于 1989 年购买中美航线，成为世界上首个直航中国的快递公司。

但是我国快递行业有着较为特殊的发展背景。国内快递行业起步较晚，早期快递业务以 EMS 为首垄断市场，而后期电子商务带动整个快递小包业务快速发展，顺丰、申通、圆通、天天、韵达等多家快递公司迅速成为国内快递业务的佼佼者，国际间物流常见的有德邦、UPS 等，这其中却均未见 FedEx 的身影。

说来奇怪，我国许多行业可以见到国外企业的身影，甚至外资企业几乎垄断了国内某些行业，但是在快递行业中，无论国内小包还是国际物流，FedEx 都未实现其初入中国的雄心壮志。时至今日，早早入主国内快递业务市场的 FedEx 并未将其成功的运营模式在国内复制。

这一国际快递巨头的成功经验为何在我国无法复制成功呢？

一、忽略大众消费群体权益

在相当长的一段时期内，我国国际间快递业务主要以外贸出口产品为主力军。我国外贸出口以劳动密集型、工业附加值偏低的产品为主，低价格、低成本的产品是对外贸易中的主力军，因此超过七成外贸企业出口的是低附加值产品，并且这些产品大部分依赖加工贸易，毛利率低，利润空间小。因此，我国对国际物流运输第一要求也是低成本，这是我国面临的现实状况。国内快递方面，企业众多，客户选择性很大，性价比高的物流公司广受欢迎。[1]

反观联邦快递在进入中国市场后，主推高价、优快的优先型服务。虽然这种模式在美国本土非常成功，但国内消费者的消费能力远未成熟到需求高端快递业务。联邦快递推出的物流模式忽略了低附加值外贸出口企业的需求，因此，FedEx的国内业务一开始就陷入了发展瓶颈。

当前，我国国有、民营、外资三类快递企业的市场占有率分别为55%、27%和18%。最大的民营快递顺丰公司营业额2016年达43亿元，第二位的申通超过40亿元[2]。对比来看，外资DHL通过与中外运的合作，在大中华区占据高达32.7%的市场份额，远远领先于竞争对手联邦快递。而DHL之所以能占领很大的市场份额，就因为其在服务和价格上与客户达成共识，赢得了客户源。

FedEx市场定位在高端、快速的快递服务，从法商思维来看，这是精商。然而在中国市场上，这似乎是权益主体的定位错误。据不完全统计，高价值货物和限时货物的快递需求不足总快递量的5%。高端定位最终必然会失去决定市场的绝大多数群众。另外，FedEx的重心、优势在于航空运输，而国内目前仍以公路、铁路运输为主。此番定位错误既提升了企业经营成本，同时失去了市场主体。

由此可见，FedEx在现有条件下，如果要扩大业务量的话，必定要重新审视、归纳市场的需求，了解基础消费客户的实际消费层次，寻找更多市场上的盲点和切入点。

二、战略执行效果无法满足自身目标

FedEx加入我国快递市场时间相对较晚，对国内快递的运营方式和市场状况了解匮乏，因而在营销策略上很多是照搬其他快递公司的模式。例如，国内快递运营之初，就选择跟随顺丰速递，在价格上参照顺丰速递的价目表，在服务上也选择了顺风速递的限时模式。并将原来的次早达服务送达时间由次日中午的12点提前至次日上午10点30分，种种措施表明联邦快递追求高端市场的决心。

但由于联邦快递网络系统的局限性，很多服务承诺根本无法做到限时。多年以来，FedEx完全按照时限要求送达的快递量只占总量的76%。客户有时还需要

① 刘毅.联邦快递（中国）公司的差异化营销策略研究［D］.兰州：兰州大学硕士学位论文，2011.
② 陈勇.FedEx公司服务策略优化及客户满意度提升研究［D］.苏州：苏州大学硕士学位论文，2011.

通过客服系统咨询目的地是否能有联邦快递的服务，这给用户造成了很多不便。因此联邦快递的客户投诉率相当多，联邦快递每 1000 订单的投诉率高达 177 单，是同为外资快递公司 DHL 的 4 倍。

限时达业务不成，FedEx 转而学习"四通一达"的营销模式，极力淡化限时服务和安全性的做法，并多次对价目表做出了调整。从 2008 年开始，联邦快递接连实施了三轮降价，尤以第三轮降价最为猛烈，很多线路的降价幅度超过 70%。但由于运营成本高昂，推出的价格依然远远高于"四通一达"等其他快递公司。同时，此举一出，国内数十家快递企业纷纷向国家邮政总局、商务部、发改委等部门递交了关于联邦快递不正当竞争的检举报告，给联邦快递国内业务增加了阻力，联邦快递国内快递服务的发展渐渐陷入困局。

从 FedEx 的发展来看，运送时限紧迫的货件是其最初的主要业务，包括全国各地的客户运送零件、血浆、移植器官、药品、文件等各种需要迅速运递的物品。基于运送物品的时速要求和公司运输网络积淀，FedEx 战略选择清晰，在高端快速的运输市场上强势上升。然而在中国市场上，FedEx 不断改变其战略选择参与市场竞争，可企业整体的服务调整却不到位，战略执行困难。

改革开放后，国内快递业萌芽发展，进入 21 世纪后快递业发展迅猛，但快递安全与规范问题始终阻碍着行业的发展。2008 年《快递市场管理办法》出台后，围绕快递规范操作和安全管理问题的各类规范也紧跟实践：《快递业务操作指导规范》《国家邮政业突发事件应急预案（修订）》《邮政行业安全监督管理办法》《邮政行业安全信息报告和处理规定》《寄递服务用户个人信息安全管理规定》《快递安全生产操作规范》《禁止寄递物品管理规定》《邮件快件寄递协议服务安全管理办法》等规范调整着行业的发展，反映了行业的痛点——快递业的规则一直在建立中。在目前国内消费者为更快捷和可信赖的快递服务支付意愿较低，取代中国本土快递企业难的情况下，FedEx 作为有着资深高端快递市场经营经验的国际化公司，似乎也没有表现出展现优势、驾驭规则的决心。

三、价格高，服务却不高

FedEx 不知何时被贴上了高价格、低服务的标签。运营成本几乎成为压倒 FedEx 的最后一根稻草，目前人工成本大幅攀升，燃油价格以每年 15%～20% 的速度增长，办公区域的房租每年以 5%～10% 的幅度上升。除此以外，设备的维护、折旧成本、信息技术广泛使用带来的技术成本也在不断提高。FedEx 每个省际快件的成本约为 60 元，国内快速公司的省际快件的成本则不足 10 元，以其 20 元的价格、每天 5 万票货件计算，每月的亏损额超过 5000 万元，即便如此，FedEx 快递价格仍然较高，在国内小件快递批量发货低至 4.5 元的售价前，几乎丝毫没有竞争力。

同时，FedEx 虽然推出了不同类型的服务以满足客户的各种需求，但是这些服务的差异性在实际操作过程中却非常微小。在国际快递方面，联邦快递推出了优先型和经济型两种服务。但是 FedEx 一直将优先型服务作为主要推广对象，强调其对客户价值的创造，而对经济型服务的推广却有所保留。在服务上，经济型服务的限制颇多，包括对包裹尺寸、重量和服务的区域都有明确的限制。例如去澳洲的经济型服务，FedEx 要求单票货件不能超过 68 公斤，能使用经济型快递寄送的国家和地区也只有优先型服务的 60%左右。当客户忽略在运单上勾选经济型服务时，都会被默认为优先型快递的服务方式，因此客户一直在这方面颇有微词。在转运时间方面，经济型服务的承诺时间一般比优先型服务晚 1~2 天。但由于航班舱位的不确定性，经济型服务包裹的转运时间经常和优先型服务的转运时间一样，转运时间雷同率高达 43%。这就导致了两种主推业务在服务上的差异并不明显。虽然联邦快递在服务质量上优于其他快递公司，但目前国内消费者比较偏好于低价，提价意味着丧失客户和市场，这使联邦快递无法从价格上缓解成本的上升。此外由于采用航空件的形式，对货物尺寸方面的限制也颇多，客户的满意度依然很低。①

四、FedEx 的国内快递行业发展困局

用困局来形容 FedEx 在国内快递行业的处境毫不为过。

FedEx 已经受到了来自民营快递行业迅速崛起的冲击，民营快递更具有明显的价格和渠道优势，经营成本更低，可以为最终客户提供更为经济的价格，获得很多客户。在这些方面，联邦快递短期内不容易做出改变。经营者必须结合过往经验教训和当前市场竞争情况，重新确认 FedEx 在中国市场上的核心竞争力，调整战略定位，找出市场立足点。

---

① 卢帅. 联邦快递中国有限公司国内业务发展战略研究 [D]. 长沙：湖南大学硕士学位论文，2014.

作为外资快递公司，FedEx 无法做到像在美国本土一样灵敏、快速应对市场需求，任何政策及决策都要经过国外总部的审批，等真正做出反应的时候，已经跟不上市场步伐，错过最佳时机。面对不同于资本主义市场的中国特色难题，跨国企业的管理者必须充分运用洞察力去直面过往创伤，加强企业内部经营管理与外部调度协调。

目前为止，FedEx 尚未在国内市场上表现出较大作为，但我国快递业也存在着运营问题和法商风险。在快递业巨头们的高速扩张之下，一线操作的规范与安全管理存在空白。面对国家出台的针对快递业"安全、规范"要求的各种政策法规，诸多民营企业选择忽视"规则"，打擦边球。定位于高端快速的 FedEx，能否把握住中国快递业日渐形成的规则网络，甚至驾驭规则以期弯道超车呢？

FedEx 的中国困局尚待解开。

参考文献

［1］陈勇 . FedEx 公司服务策略优化及客户满意度提升研究 ［D］. 苏州：苏州大学硕士学位论文，2011.

［2］［美］弗罗克（Frock R.）. 联邦快递的生意经 ［M］. 北京：机械工业出版社，2007.

［3］刘毅 . 联邦快递（中国）公司的差异化营销策略研究 ［D］. 兰州：兰州大学硕士学位论文，2011.

［4］卢帅 . 联邦快递中国有限公司国内业务发展战略研究 ［D］. 长沙：湖南大学硕士学位论文，2014.

董小姐的格力手机

2010 年前，智能手机市场还尚未变成红海，市场上的智能手机供不应求，当时一部 HTC 经典款手机价格可以卖到 5000～6000 元，雄霸安卓手机中最受欢迎品牌的第一位。也正是这时候，敏感的投资者们发现了智能手机的市场前景，纷纷加入这一领域的市场争夺当中，这其中有初成立的创业公司（如小米），也有曾经的电子产品厂商（如 OPPO、魅族）。

然而这是一个最好的时代，也是一个最坏的时代，短短五六年时间能够让小米这种初创不久的公司快速崛起问鼎国内第一，也能够让 HTC 这样曾经的实力派从顶峰坠落到深渊，从威名赫赫到鲜为人知。而空调"老大"格力也正是在国内智能手机快速发展时期意识到智能手机对家电行业发展趋势的引领作用，虽然入场已晚，仍然选择加入这一场没有硝烟的激烈竞争中。

提到格力手机，被炒得最热的是董明珠的开机画面和"董小姐"为格力代言的桥段，实际上这是最近被媒体带偏了事态的关注点，我们来看看目前的格力为什么没做好手机却仍要坚持做手机。

一、格力手机简介

2015 年上半年，格力向市场推出第一代手机产品，至此格力手机加入市场的竞争大军当中。然而格力手机一代并未如其空调一样一石激起千层浪，没有在市场上引起热销，上市以来一直质疑声不断、销量平淡。这是为何呢？通过与市场上同时期、同价位手机进行比较，不难发现，市场消费者对格力手机"性价比"不甚满意。2015 年，市场主流机型配置已经升级到 3G 内存、四核处理器水平，如当时早于格力手机一年上市的小米 4 机型的配置为 5 寸 1080P 屏幕、骁龙 801 四核 2.5GHz 处理器，同时配备 3GB 大内存。而格力手机 1 代仅采用 5 寸 720P 屏幕，这就落后了一个时代，更不用说其仅有的 1.2GHz 骁龙 410 处理器和

2G 内存，这些配置实在难以提起消费者的购买欲望。

或许正是因为初上市时期市场的冷淡，格力手机 1 代在 2015 年下半年升级配置后，也没有在全国市场进行公开推广和售卖。由此可见格力的管理层还是理智的，并不会为了盲目抢夺市场而做出失误决策，试想如果此时将尚未成熟的机型进行量产，就算暂且不计算成本，从市场热度来推断，存货积压就会导致格力手机不战而败。

2016 年年中，格力坚持匠人精神潜心研发，推出了格力手机 2 代，这次市场反应又是如何呢？我们发现市场声音从对 1 代的毫无兴趣变成了对 2 代的试探性疑问，"格力手机 2 代怎么样，值得买吗？"或许这就是进步，但仍未成功。这次格力手机 2 代搭载的配置赶上了主流机型，但是价格却水涨船高，公开售价 3300 元[①]，因而市场上仍然很少有人购买格力手机。

实际上，市场上仍然买不到格力手机，那么，格力手机卖给了谁呢？原来，手机都被格力的员工，甚至格力的合作伙伴购买了——格力的企业文化和其在行业内稳固的领导地位可见一斑。

二、格力手机的战略布局

连续两年两代产品，市场反应都不是很好，而格力加入手机行业的时点也略晚，那么格力为什么还要坚持继续烧钱做手机呢？难道格力电器管理者看不到这里的不合时宜吗？我们从法商构架角度来细细分析。

（一）权益剖析

我们来剖析下，格力手机如若成功，能否由内而外地有利于格力成长发展，能否也使经销商与消费者共同受益，能否帮助格力集团达到更高境界的内外部权益的统一。

首先，格力手机如果能够取得成功，对格力电器的消费者而言必然是受益无穷的，这意味着其突破了自身家电产品的界限，原本质量就好的格力空调能够抛开遥控器用手机远程控制，这部手机又是与空调一样质量过硬的格力手机，这就一定能够提升消费者整体家居生活的用户体验。

---

① 董明珠.格力二代手机用材是世界最顶级的，苹果硬件没啥突破［J］.商业文化，2017（7）.

其次，格力有足够的财务实力开发格力手机，即使完全失败，对格力的财务状况而言也不过是太阳前面浮着的一片转瞬即逝的小乌云，并不会产生超额损失或连锁风险。因为格力电器拥有非常强悍的现金流，账面上仅现金资产就高达1000亿元，2016年仅利息收入就高达300亿元，想必董明珠拿着格力的年报听着外界评论"格力已经投资数亿元做手机，真是下了血本"的时候，只会把这些评论听成笑话。

最后，格力手机如果能够成功推广并分得一片市场份额，对格力自身而言也就等于稳固了格力空调在市场上的竞争地位。格力手机弥补的就是其他手机无法高度契合格力空调智能遥控模块的短板，用自己的手机遥控自己的空调及格力未来的家电产品，是稳固消费终端的重要举措，布局的也是未来的智能家居生态系统。因此，从短期来看，格力手机的不断进步有利于格力产品本身市场份额的稳定，而这又进一步有利于提升产品的市场地位，有利于格力与其经销商关系的维护。这种持续为供应链条创造价值，为各个主体进行权益考虑，恰恰契合了法商思维中"实现主体权益均衡发展"的决策原点，深具战略眼光。

（二）战略剖析

从智能家居发展趋势来看，格力需要为其产品搭载一个智能家电遥控器，而这个遥控器必须要确保格力电器的市场份额安全稳定，因而这个手机能够全然仰赖于别的企业吗？必然不行。智能手机给人们生活带来的最大改变和进步莫过于可以将科幻片中的智能家居场景变成现实，人们可以轻松地用手机遥控电视、冰箱、电饭煲等家用电器。这是通过在家电中嵌入可以连接 Wi-Fi 的智能模块实现的，这种模块如今成本低廉，所以一时间人们发现市场上新一代家电产品突然"智能化"了，但是价格上涨却并不明显。可以说，低成本的产品升级使得智能家居趋势已成定局，这也正是成王败寇的行业洗牌时期。

作为参照，我们可以看到作为家电行业龙头的美的集团是这样应对竞争的，其在早于格力试水手机行业之时就建立了与小米之间的战略合作关系，美的集团以定向增发股份的方式，使小米科技持有美的的 1.29% 的股份，并提名一名小米公司的核心高管为美的集团董事，促成双方将来在共享智能系统平台方面深度合作的共同愿景，这意味着美的通过战略协同的方式找到了未来智能家电产品的"遥控器"。

我们再来看看家电领域强有力的后入者——在智能家居领域风生水起的小米

公司。小米公司最初以小米手机被人们熟知，但实质上应当将小米看作是一个科技生态公司，小米公司的手机产品仅是小米集团的一部分，当下的小米不仅拥有手机，如同无印良品一样构建综合产品生态圈，自小米通过路由器打开了智能家居的入口后便一发不可收拾。现如今小米已经构建了独具风格的科技家电生态圈，推出电视、电饭煲、烧水壶、空气净化器、电视盒子等诸多智能家居产品，且款款热卖。凭借小米手机系统自带的智能家居遥控器，小米家电均可通过其手机实现遥控，产业链条完整，"护城河"明显。如今小米俨然成为家电行业强有力的入侵者，其与美的集团的强强联姻不得不引起格力集团的警惕，因为虽然格力是空调领域的全球行业老大，但是美的集团的空调产品紧随其后排名第二且市场份额接近，而其以小米家电产品极简的美学风格和营销能力，正在改变年轻人的消费潮流，对此，格力必须保持警惕。

（三）利益剖析

作为白电行业的龙头，格力空调无疑是行业内响当当的品牌，产品的市场认可度是非常高的。能将空调产品做出全球市场份额第一的成绩，格力精耕细作、将产品、技术和服务做到极致的匠人精神是成功的关键所在。在这种企业文化精神下，格力在手机初始就关注核心技术，因而是有可能成功的。现在若想对格力手机下一个悲观的结论，显然还为时太早。如果有一天格力手机大卖，对格力的财务收入而言必定会是一个新的增长点。在当前白电行业触及行业天花板、格力净利润下滑的大背景下，手机业务的巨大利润将会带来格力电器新一轮的成长，我们将眼光放远，需要看到格力凭借其实力在未来发展的无限可能，需要看到格力战略布局中的光辉所在——它将手机作为资源整合升级的切入口，迎难而上，力求变革，在手机市场已经进入深水区，自身传统业务发展已经进入深水区的今天，格力发展手机战略渗透着很浓郁的法商战略思想。格力没有选择顺从于现有的手机平台和软件，没有顺从于现有的游戏规则，而是希望以增大自身效率、提升自身周边其他主体公平待遇的路径，进行自身的改变，"重建游戏规则"。造手机，其实就是"玩规则"，也是在啃真正的硬骨头，更是在"用规则创造价值"。这正是真正"追求财富安全持续发展"的思路。

三、结语

水能载舟亦能覆舟，在近几年互联网技术和移动智能设备的技术浪潮下，成就了一个个新星巨头，也覆灭了无数曾经的商业巨头，格力手中的这枚"遥控器"未来能走多远，格力对法商路径的践行能够带来怎样的改变，我们带着祝福拭目以待。

参考文献

[1] 董明珠. 格力二代手机用材是世界最顶级的，苹果硬件没啥突破 [J]. 商业文化，2017 (7).

[2] 章睿. 格力做手机：理智还是任性？[J]. 上海企业，2015 (4).

[3] 李非凡. 格力手机：董氏制造业的智能破局 [J]. 中国品牌，2015 (6).

益海嘉里的粮油帝国：不只有"金龙鱼"

说到益海嘉里可能鲜有人知晓。但是提到金龙鱼食用油，应该无人不知无人不晓。早在 30 年前，"打油"还是我国最为常见的生活场景之一，那时候的人们家里没有豆油了，要带着油瓶去街角的粮油副食店去买散称油，也就是"打油"。而金龙鱼食用油的出现终结了打油历史，把国人从散装油带入小包装精炼油时代。1991 年，金龙鱼在国内首次推出了小包装食用油，自此之后，"打油"逐渐消失在国民历史当中。

或许很多人以为，金龙鱼一直是一家自营公司，其实不知，金龙鱼品牌隶属于益海嘉里，而益海嘉里是我国国内最大的粮油加工集团之一，除了金龙鱼，其旗下还有诸多品牌，它与宝洁、资生堂一样实施多品牌战略，多年来人们对其下设品牌耳熟能详，却对这家几乎把控国内粮油市场的粮油公司少有耳闻。

一、益海嘉里到底何方神圣

益海嘉里为新加坡丰益国际有限公司在华投资公司，创始人为华侨郭鹤年先生及郭孔丰先生叔侄，是新加坡独资企业，目前已于新加坡上市。郭鹤年为新加坡富商，在我国还经营香格里拉大酒店及诸多知名地产项目。郭鹤年为人极为低调谨慎，尽管这位商业大亨已经把控了全球 20% 的糖市场，却很少高调宣扬。益海嘉里正如郭鹤年先生一样行事低调。很多人并不知道，益海嘉里虽然是纯外资企业，但也是我国本土化最为彻底的企业，每当益海嘉里被提起外资身份的时候，他都会巧妙回答："我们不是外资，而是侨资企业。"① 从益海嘉里企业起家到品牌运营全部根植于国内，如今的市场舆论引导也重产品轻企业，使消费者忽略其外资身份。益海嘉里在国内总投资已超过 300 亿元人民币，现有员工 2.3 万

---

① 杨颢. 益海嘉里中国"粮图"[J]. 21 世纪经济报道，2011 (11).

人，建立生产基地共计 61 个，主要从事粮油加工、油脂化工、粮油贸易、能源发电等业务，产品覆盖中国各个省市地区，经过 20 年的发展已经成为中国国内最大的粮油加工集团，与中粮集团并居粮油行业的寡头位置，常年来维持着较高的市场份额。

在益海嘉里的粮油王国中，成功的品牌不仅只有金龙鱼，益海嘉里在粮油领域运营和涉足品牌数量众多，还有口福、香满园、胡姬花等 15 个品牌。其主要自营品牌如下：

金龙鱼，产品：食用油、大米和面粉；

口福，产品：食用油及豆奶粉；

香满园，产品：食用油、大米、面粉和谷物；

元宝，产品：大豆油、大米和面粉；

胡姬花，产品：花生油及调和油；

丰苑，产品：饲料粕；

金鹂，产品：特种油脂；

花旗，产品：食用油、面粉及特种油脂；

锐龙，产品：油脂化学品。

除此之外，益海嘉里还参股山东鲁花、福临门，同时占领我国棕榈油领域 70% 的市场，基本上有中粮的地方就有益海嘉里旗下的企业，甚至早期中粮在油脂方面的业务开展就是跟着益海走的。

二、益海嘉里的粮油大局

（一）1988～2000 年：占领市场

1988 年，香格里拉酒店投资人郭鹤年先生在中国投资的第一家油脂工厂南海油脂开始建设，自此开启了中国国内粮油市场的新时代。

1991 年，金龙鱼产品上市，国内过去的散称豆油的销售方式突然被打破。它几乎引领造就了现代人购买独立包装粮油的习惯，因而金龙鱼自上市之初就获得了非常大的市场认可，依靠其品牌信赖和强大实力，持续畅销至今。

在金龙鱼成功后，郭鹤年通过丰益控股与在原料方面具备优势的国际四大粮商之一的美国 ADM 公司合资成立益海集团，布局产业链中端的压榨环节。从创世之初，益海集团布局整个产业链条及产业衍生环节，从原有生产与压榨到食用油包装与销售全部包办，在很短的时间里成就了益海集团在中国压榨领域的霸主地位。

（二）2001~2007 年：占领市场

2003~2004 年的"大豆危机"，为益海在中国攻城略地式的版图扩张提供了绝无仅有的良机。2002~2003 年大豆价格剧烈下跌，导致中国大豆压榨企业几乎全军覆没，而当时，益海集团则开始横扫国内中小型榨油厂，大肆进行并购，以低价获得了大规模粮油生产资源。截至 2006 年，益海在大豆压榨领域所占市场份额超过 16%，成为中国最大的粮油加工企业。同时，丰益集团通过嘉里粮油聚焦产业链后端的油脂精炼领域及销售环节，巧妙借道中粮等国有粮油企业成立了南海油脂，打造"金龙鱼"的同时又推出了一系列粮油品牌，旗下 10 多个品牌迄今合计占有超过 50% 的市场份额，并在此过程中引领中国人食用油消费结构的转变，为其整合中上游资源打下了厚实的市场基础。[①]

2007 年，丰益与嘉里两家公司合并，组成现今的益海嘉里。益海以口福品牌及为家乐福等大型卖场贴牌等低端产品为主，主要以价格策略占领小包装食用油低端市场，嘉里粮油则以金龙鱼引导中高端产品线，以鲤鱼及部分区域品牌占领低端市场，而胡姬花则在部分地区以花生油稳坐高端市场，产品的定位上双方体现了高端与低端的有机组合。

在生产企业地理布局方面，益海 11 个生产基地位于安徽芜湖、河南周口、河北秦皇岛、四川广汉等二、三线城市，而嘉里粮油的八大生产基地主要位于天津、上海、深圳等航运方便、消费水平高的国内一、二线城市，二者交叉覆盖不同市场，达到了国内版图的全覆盖；在产业链上，益海侧重于产业链中游，嘉里粮油则聚焦产业链的下游。通过益海与嘉里粮油，郭氏家族已在国内粮油市场形成了高、中、低端产品，覆盖一、二、三线城市的全方位布局。[②]

不仅如此，益海嘉里仍然积极参股国内粮油市场的品牌，并利用其在棕榈油原料上的优势，全面参股"中粮系"旗下油脂企业。由此，郭氏家族在中国油脂

---

① 中国贸易金融网．案例益海嘉里的产业链整合手法［EB/OL］．http：//www.sinotf.com/GB/News/1001/2014-07-05/3OMD，2014.

② 新财富．益海嘉里的产业链整合手法［EB/OL］．http：//www.ppdai.com/zixun/caijing_wz270714_p1，2014.

产业链中下游几乎形成了"通吃"的格局。在产业链中下游的全面布局，为益海嘉里的海外棕榈油原料生产带来了巨大的需求，且由于产业链前端的原料种植环节的超高利润率，益海嘉里通过扩大棕榈油种植和加工获取了更为丰厚的收益。

（三）2008年至今：垄断市场

食用油行业拓展稳固以后，益海嘉里开始向粮食行业拓展，掌握我国粮食行业脉络，同时借助原有品牌优势推出粮食产品，在市场竞争中与中粮集团旗下产品旗鼓相当，益海嘉里和中粮两家企业加在一起的市场份额几乎占据了整个粮油市场的70%以上。[①]

时至今日，益海嘉里在市场中占据着难以撼动的稳定地位。一方面，手握粮油生产资源，掌握了粮油的咽喉，这为市场产品供应提供了源泉；另一方面，益海嘉里的多个品牌在市场中均实现了非常好的销售效果，以金龙鱼作为王牌品牌分割主流市场，再通过旗下10多个子品牌占领剩余市场，此外还参股其他粮油品牌如鲁花、福临门，也就是说，消费者在购买粮油的时候，市场上二三十个主流品牌，随便选哪个都可能是益海嘉里的产品。益海嘉里可谓是从源头和终端两个层面上都掌握了我国的粮油市场。

当下，益海嘉里与中粮集团共同构建了国内粮油市场的大局，两个粮油巨头加上两公司运营的品牌，基本上分割了国内的主流市场，形成了寡头垄断。而亦敌亦友的益海嘉里和中粮集团之间的竞争也在无声进行，我们时而看到金龙鱼品牌被曝出负面新闻，时而听闻福临门市场份额受到冲击，当我们看到二者之间为争夺市场份额激烈争夺不休的时候，却又听到益海嘉里持股福临门的消息，两位粮油寡头垄断者之间的到底是竞争还是合作的关系，我们难以分辨。

三、法商剖析

从益海嘉里的发展路径中我们可以看到，想要发展壮大，就不能不依托于"资源+规则"的模式。在益海嘉里因为市场变动红利收获颇丰之后，又着力于借道中粮等国有粮油企业成立了南海油脂并探索建立产品的行业标准，实现产业的全覆盖——这就是借助市场的既有资源，来重新建立自己的商业规则，甚至用

---

① 郑达. 马来西亚华商对华投资研究（1984-2010）[D]. 厦门：厦门大学硕士学位论文，2011.

自己的规则，去改变行业的规则。这种整合资源，扩大权益的法商思路，使益海嘉里在粮油行业广布局深扎根，牢牢稳固了行业地位。它通过一系列扩张举措，将全国高中低端产业整合起来，将各个层次的市场和端口整合起来，将行业的各个规则整合起来，通过这种资源整合和规则整合的结合，发展出了自身巨无霸的体量。现今时代是玩规则的时代，不能仅依靠资源去做企业，益海嘉里的先例提示着我们：以法商思维为原点进行战略决策，才能顺应现今的季风，成为时代的弄潮儿。

参考文献

［1］杨颢. 益海嘉里中国"粮图"［J］. 21 世纪经济报道，2011（11）.

［2］郑达. 马来西亚华商对华投资研究（1984-2010）［D］. 厦门：厦门大学硕士学位论文，2011.

互联网时代的资生堂新营销

资生堂应当是亚洲女性的老朋友了，2001 年资生堂进入中国，早在中国大众女性对精致护肤还没有任何概念的时候，资生堂已将全新的护肤理念和护肤产品带入国内。时至今日，资生堂已经发展成为国内市场份额最大的美妆品牌。

说来惭愧，国内女性化妆品市场如此之大，年轻女性的护肤习惯的形成也促使市场容量进一步扩张，但是庞大的美妆市场上却少见有竞争力的民族品牌，甚至多个传统民族品牌被收购易主。毋庸置疑，国内化妆品市场已经被欧莱雅、雅诗兰黛、资生堂等国外几家化妆品巨头分蚀[1]，国内化妆品市场的战争倒不如说是国际几家化妆品巨头的战争。

一、资生堂的化妆品帝国

早在 1872 年，资生堂的开创者福原有信在东京开设了日本首家西式药房，并于 1927 年进行改革正式设立资生堂公司。资生堂集团旗下涉及化妆品、日化用品、食品、医药用品及餐饮等众多领域，在这些领域中化妆品行业最为重要，目前资生堂集团是日本最大的化妆品集团，也是亚洲第一的化妆品集团。资生堂集团旗下品牌数量众多（具体品牌见表 1），不仅包含国际顶级的品牌肌肤之钥、资生堂，还拥有开架品牌洗颜专科、泊美等。[2]

---

① 胡小娟. 上海家化佰草集化妆品营销策略及其实施研究［D］. 天津：南开大学硕士学位论文，2010.

② 史云雪. 爱茉莉集团与资生堂集团在华营销策略比较研究［D］. 哈尔滨：黑龙江大学硕士学位论文，2016.

表 1 资生堂集团旗下品牌

类别	品牌
护肤彩妆	肌肤之钥、资生堂、贝茗、纳斯、芮姬、茵芙莎、艾杜莎、蒂思岚、AYURA、草花木果、BENEFIQUE、PRIOR、REVITALGRANAS、欧珀莱、悠莱、d program
护肤	怡丽丝尔、水之印、洗颜专科、FWB、qiora、臻白无瑕、THE GINZA、2e、NAVISION、蒂珂、泊美
彩妆	心机彩妆、MAJOLICAMAJORCA、INTEGRATE
香水	ISSEY MIYAKE、Jean Paul GAULTIER、narcisorodriguez、ELIE SAAB、Serge Lutens
防晒与男士	SUNMEDIC、安热沙、吾诺、AUSLESE

除了我国市场之外，资生堂的海外业务版图铺盖也非常广阔，国际业务经营绩效年年稳定增长。资生堂集团全球范围内开展业务的国家和地区达到 89 个，主要分为欧洲、美洲、亚洲和大洋洲四大海外市场[①]。作为最早进入中国市场的日本化妆品企业，资生堂早在 1981 年便开始在北京的各大商场售卖旗下包括化妆品、香皂等 60 多个品种产品，其化妆品致力于中高端的消费群体，为其提供高品质的产品和服务，进入中国后迅速得到消费者的喜爱。

在中日关系不确定因素增多的背景下，资生堂在中国的销售额仍能够保持两位数的快速增长，近 3 年来中国区销售额的平均增长率为 10% 左右，中国区业务的快速发展也带动了资生堂集团的整体发展。但是随着 2012 年中日关系的恶化，作为在中国取得成功的日本代表企业资生堂受到反日民众的强烈抵制，其在中国的化妆品市场份额不断缩减，在反日游行中部分店铺也受到了破坏，这导致 2012 年资生堂在中国首次出现销售额和利润的下降。而近几年，成功的网络营销案例越来越多，资生堂借助国内的互联网社交群体，开始通过新营销方式创造了新的成绩。

二、互联网思维下的新营销策略

(一) 资生堂互联网营销的背景

资生堂旗下品牌众多，且绝大多数在我国境内有销售业务部，这些品牌主要

---

① 吴志刚，左娅. 资生堂的经营之道 [J]. 中国化妆品，2000 (10).

依靠传统的营销渠道，如商场一层化妆品专柜、专卖店、大型连锁超市、药店等渠道进行销售，过去业绩一直保持平稳增长。但是这些传统渠道以线下店铺为主，而电商的出现对这些品牌业务的影响是非常大的。资生堂发现人们的消费习惯变了，虽然消费者仍然还会选择购买这些商品，但是喜欢在线下店铺购买的人却越来越少，因为网店上面同等质量价格却更便宜，而且网上购物的消费体验要比线下门店好很多。早期，资生堂对电子商务营销模式的重视程度是低于线下店铺的，但是当我国整个线下实体店的业务都受到来自互联网深深的打击时，资生堂意识到了问题的严重。其实，网店上很多假冒伪劣产品对资生堂的品牌影响是极其严重的，而且线上店铺多数未经授权，很容易引发销售渠道的管理混乱。因而资生堂开始尝试用互联网思维来继续开展中国区业务。

（二）互联网营销思路

百年企业资生堂在不同国家、不同文化背景下的营销经验是非常丰富的，这种善于商道的营销技能为其将营销做到网络上搭建了能力基础。而互联网营销毕竟是一个新的领域，我国互联网发展程度、网络营销的具体背景与国外任何国家都有所不同，国外互联网营销经验是无法复制过来的。尽管如此，资生堂掌握到了互联网营销背后的规则，就是互联网的最终使用者是庞大的用户群体，而这些群体与社会群体一样可以划分为潜在消费者与无关消费者，既然如此，把握潜在消费群体的消费心理，使资生堂的信息可以传递至这一群体，触动其购买产品，互联网营销也就成功了。同时，消费者的购买渠道虽然不同，但是消费心理是具有规律的，能够把握这种规律，就找到了互联网营销的入口，也就可以驾驭规则，为公司创造业绩。

经过以上分析，资生堂将其互联网营销工作划分为渠道铺设和网上宣传两大块，一个负责完成销售，另一个用于促进销售。

（三）资生堂互联网营销具体策略

首先，资生堂为进驻国内的品牌开通了自营店铺和海外购店铺，并且梳理了网店的营销思路与特点，采取合作姿态，对资生堂品牌销售方予以授权，拿到授权许可的店铺可以销售资生堂产品。资生堂深谙其道，在中国市场主要采取三种电子销售渠道：第一种是品牌官方网上商城，如欧珀莱（AUPRES）官方网上商城，设立独立的网上商城的好处是便于消费者购买产品，节省搜索时间，消费者在浏览官网的同时，遇到喜欢的产品便可直接购买。第二种是以品牌为单位入驻化妆品特卖网站，如天猫、唯品会、乐蜂网等。这几类网站拥有众多的注册用户和粉丝，入驻该类网站可以提高品牌的曝光率和被搜索量，对品牌知晓度的提升有一定的作用。第三种则是给予经销商网上销售的授权，同时打击举报违规经销商与假冒伪劣销售方，保护市场。电子销售渠道的开拓不仅帮助资生堂塑造品牌形象，还有利于其品牌的知名度提高。起初电子商务的渠道乱象在品牌治理和电商治理环境的双重管理下，逐渐走向了正轨。

其次，将宣传活动进行到网络上。资生堂的各个品牌在宣传过程中都有目前客户群体和宣传侧重点，以往的广告途径主要以纸媒体和广播电视为主，互联网兴起后资生堂各个品牌开始策划各自的网络宣传，方式灵活多样，主要以网络合作、微视频、植入广告、官方自媒体等为主。资生堂集团旗下各品牌一般聘请国内知名的明星担任代言人，注重代言人的高端身份，如肌肤之钥代言人是王力宏，欧珀莱的代言人是孙俪和周冬雨，资生堂集团在产品的促销过程中没有大张旗鼓的广告，而是更加注重为消费者提供高品质的服务，而这些明星代言的大片、广告等也会出现在主流网站等网络传播渠道中。

再次，将公益活动带到互联网上。为了塑造良好的企业形象，资生堂一直在践行公益，组织关爱活动，如"成就梦想育才计划""中国女性形象工程""十年兰州生态保护""捐助西部贫困大学生"等，这些项目不再以过去的媒体报道为主，而是用互联网思维，借助自媒体进行直播，设置网站页面和微博话题、微信公众号等进行宣传，宣传效果要好于传统媒体渠道，受众广、影响大。

最后，资生堂的互联网思维运营最为得当有效的，当属其在国内网络环境中的口碑营销。口碑营销是被很多品牌忽略的一种最为有效的销售策略，在互联网时代则会因互联网的高效信息传递而使口碑的传播效应呈现梯级放大。资生堂成功的运营口碑营销强化了其品牌形象。资生堂的口碑营销渠道主要是通过女性聚集和分享的网站，来发布相关产品的口碑评价，软硬广告兼施，以软广告和评测、推荐为主，关爱女性生活和理想的短片广告为辅，成功实现了良好的营销效果。例如，近两年肌肤之钥突然变得火爆起来，网络上突然之间充斥着对这一品牌的化妆品功效良好评价的言论，经过口口相传，非常自然地带动了该品牌在国内的销售，如肌肤之钥、资生堂产品。

（四）互联网营销的成果

资生堂的品牌王国几十个品牌，为何在初期口碑营销中侧重培养 Shiseido、肌肤之钥这种高端品牌呢？主要源自以下三个方面的原因：一是这两个品牌进入国内较早，在国内销售当中虽然一直不温不火，但没有负面评价，品牌基础较好；二是这些品牌定位高端用户群体，价格高、质量好，容易开发出口碑营销点，且非常适应我国对产品品质追求越来越高的女性，容易满足女性的虚荣心，适合作为营销推介品；三是这两个品牌与资生堂体系内的其他品牌不容易产生冲突，而且我国国内高端护肤品市场中，资生堂的品牌尚未出现过高竞争力的产品，处于完善自身产品的竞争体系，需要培育自己的高端品牌。

当然，最重要的原因在于国内消费者已经走过过去追求物美价廉的高性价比产品阶段，越来越多的消费者有足够的经济基础去追求高品质的护肤产品。此时再看看过去一两年内主流化妆品网站、论坛、自媒体上对 Shiseido 面霜、肌肤之钥底妆产品的大肆吹捧，似乎就想通了为何突然之间深藏中国市场 10 多年的两个品牌说火就火了。

三、法商分析

资生堂的成功得益于它的营销策略，而它的营销策略其实又体现出许多法商管理的脉络。可以说，资生堂的成功是契合法商基本原则，践行"用规则创造价值"思想的结果。

（一）法商权益思想

资生堂在营销护肤品牌之初，选用的主打品牌都是一些中高端产品，这些产品的选取满足消费者权益需求。因为这些产品都迎合消费者的喜好，是有口皆碑的高质量产品，资生堂的平台在前期主打这一部分产品，是在为自己借势借力——这种营销战略部署，使资生堂的品牌形象和 Shiseido、肌肤之钥这种高端品牌形象联合在了一起，使自己的品牌也凸显出为消费者权益着想的特色，这是产品营销宣传的重中之重。良好的营销正是要根植于消费者权益这个本位，不能有丝毫的越界之处。

（二）"整合资源+驾驭规则"

资生堂的成功既是高质量产品服务的成功，也是全方位宣传营销的成功，资生堂在一开始就大力拓展营销渠道，大力发展自身的网络，它进入了互联网领域率先开设自家的互联网商店，对多个互联网平台进行广告营销的投放，不断建设和完善自身的品牌形象，为消费者提供更好更实惠的服务，使消费者成为其营销的主体，这些做法，无一不是在现有的规则和格局之中，对资源进行整合，对现有的规则进行借势。许多人到现在都没有意识到，现今时代，最宝贵的资源，已经不仅是自然资源、人力资源、社会资源了，而是整合更多的注意力资源，由此可说商业规则已经发生了改变。对注意力资源的整合，使资生堂拥有了众多网购消费者，拥有了更多的用户和流量，通过这些整合而来的资源建立自己的规则，它也实现了最后的营销大成功。

我们可以从资生堂的成功中学到的，就是这种要能看到规则本身具有的独特竞争力，拥有"整合资源+驾驭规则"的思维，企业才能持续发展。

四、结语

资生堂这一庞大的化妆品帝国在国内不同经济发展阶段、女性不同需求阶段内，营销功课做的是非常好的。它契合了法商管理的精髓，获得了资源整合和规则整合之后极大的优势。从最初进入国内市场带来新的护肤理念，到中期进行营销渠道的建设分割国内护肤品市场，到近期的顺势而为，借助互联网特点和趋势进行网络营销，资生堂的互联网营销经验可以说是法商营销中的典型案例，值得我国本土化妆品公司学习和借鉴。

参考文献

［1］吴志刚，左娅. 资生堂的经营之道［J］. 中国化妆品，2000（10）.

［2］李星. 日本企业文化形成与变革研究——以资生堂企业为例［J］. 现代商贸工业，2016（33）.

［3］陈慧敏. 资生堂文化营销策略获得中国市场竞争优势［J］. 经营管理者，2015（3）.

［4］胡小娟. 上海家化佰草集化妆品营销策略及其实施研究［D］. 天津：南开大学硕士学位论文，2010.

［5］史云雪. 爱茉莉集团与资生堂集团在华营销策略比较研究［D］. 哈尔滨：黑龙江大学硕士学位论文，2016.

海底捞服务营销中的法商要素

国内餐饮连锁企业近几年发展非常迅猛，大家耳熟能详的餐饮连锁翘楚，如外婆家、小南国、呷哺呷哺等，仿佛几年之间遍布全国各主要城市，其制胜法宝各家不同，有的擅长中低价位却以异常精美的食物稳定客户群体，有的用特色店面设计招揽顾客，有的则突出区域菜色做地方口味改良，无论形式如何，但是都以口味好、服务强赢得了市场竞争。

但是说到国内餐饮业服务水平，想必海底捞已经成为餐饮乃至服务业的一块金牌招牌，人们喜欢海底捞好吃的火锅，但也更留恋其自然不做作的贴心服务。

以四张桌子四个伙伴起家于四川简阳的海底捞，已经成为中国餐饮业纷纷效仿的对象，其成功被冠以"海底捞模式"的美誉。从服务营销视角看海底捞的成功，可以说，海底捞为中国企业提供了一个生动的服务利润价值链实战的成功案例。海底捞非常聪明地利用了差异化营销的思路，而差异被无限放大到服务上，海底捞把服务做了产品的附加值，并在业界形成了口口相传的好名声。随着时间的推移，这种差异化营销策略就演化成了海底捞独特的服务营销。

那么海底捞是如何做餐饮服务的呢？我们来看看在海底捞可以做什么：

等候区和餐饮区都提供免费的饮品和水果、零食；免费擦鞋、修甲；点餐时服务员会为顾客讲笑话；为长发的女士送上发卡和皮筋、对戴眼镜的顾客提供擦镜布；用餐时间不间断地换餐盘、热毛巾；服务员会帮忙照顾小孩，并喂他们吃饭，提供婴儿床、幼儿餐椅、赠送玩具；为抽烟的客人提供烟嘴和口香糖的服务；笑容满面地为顾客过生日、给幸运顾客免单……

这种无微不至的服务模式在国内当属首创，即使在海底捞红火多年后的今天，餐饮业乃至服务业也尚未出现能够完全复制这种服务模式的企业。顾客评价这种无微不至的服务为：让人觉得像在家中与亲人就餐。这使海底捞的口碑口口相传，全国各地每个店铺都生意火爆。曾有文章这样评价海底捞的服务：海底捞独特的体验营销，顾客在等候区体验了细致服务；在全程就餐中体验了满足，全程都在体验前所未有的良好服务，这是其赢得超高知名度和美誉度的重要原因。在海底捞文化中，自上至下全部员工均认为顾客才是真正的老板，因为"产品好不好，服务好不好，顾客拥有最终决定权"。为此，海底捞创造性地提供形式多样的个性化服务来让"老板"（顾客）满意。

针对海底捞的成功，已有了诸多对海底捞的服务分析和经验总结，今天我们依旧老生常谈，但是换个角度，试从法商架构师的角度来剖析下海底捞的服务营销策略。

一、战略分析——强化顾客满意度

顾客的满意程度在于顾客的期望值和实际感受值间的对比，尽管口碑营销会增加顾客对海底捞的期望，但实际消费中的优质服务也会增加顾客感受值，所以顾客的整体满意度是正的，有利于增强顾客对海底捞的信赖度。除此之外，人力资源的合理分配更是促进其服务质量水平提高的重要因素。

海底捞以高服务标准和高员工福利来提升顾客满意度。海底捞不仅要求员工以高标准的服务态度提高顾客的满意程度，还通过优厚的福利待遇搭配人性化管理，提高员工的满意程度，使员工全身心地投入到工作当中。同时，海底捞的内部晋升制度还有助于积极调动员工的主观能动性，为推动企业发展提供宝贵意见。在服务行业中，服务者的个人修养的提升有助于服务质量水平的提高。

由于基层的服务人员与顾客的近距离接触更容易知晓顾客需求，故而海底捞积极鼓励员工进行工作信息的反馈，及时掌握顾客需求，以此不断提高营销过程中的服务水平。例如，海底捞在招呼客人的环节中有规范性的标准，然而针对客户的不同要求，服务员在注意合理性的同时要尽量满足顾客的需求，给予客户高满意度的服务。员工的一致性的服务态度是服务的重点，而细节的注重和有始有终的服务过程则是服务的次要方面，答辩同样具有重要性。或许偶尔为顾客提供一个额外服务并不会有实质性的改变，但积少成多，长期地为顾客提供统一规格的服务会对服务营销产生重要作用。海底捞就是注重这一服务体系的发展，在服务过程中重视统一标准的服务态度迎合顾客需求。譬如，顾客在就餐过程中特别喜欢店内的一些免费食品，服务员就可以在顾客离开时为其打包一份，为顾客提供细致服务，从而提高客户的满足感。[1]

二、权益分析——建立情感链条

海底捞目前已有员工 15000 多名，员工离职率常年保持在 10% 左右，远低于国内餐饮业平均 50% 的水平。与此同时，海底捞的顾客回头率则达到 50% 以上[2]，海底捞在顾客的高度评价下生意越来越兴隆，良好的口碑和优质的服务对海底捞的品牌建设产生了巨大的影响。

在海底捞内部，员工比顾客重要。且不论员工与顾客何者更重要，但有一点是明确的，即企业善待自己的员工是永远不会错的。这一观点被海底捞诠释得淋漓尽致。海底捞是如何做到"吸引人、留住人、认可和奖励人、激励人"的呢？

海底捞的员工多数 20 岁上下，出身寒微，无一技之长，也有中年但社会技能缺乏的群体。海底捞为了赢得员工的心，积极为员工的发展提供不同寻常的机会，用心去管理。因为工资再高也不能换来雇员对企业的忠心，要赢得掌握知识的雇员的心，组织必须向他们证明，组织可以向他们提供不同寻常的机会，使他们能够学以致用。因而海底捞员工在组织内一直是学以致用的精神状态，自上而下的朴实和宽厚，服务当中也讲究在最恰当的时机，说最合适的话，做最合适的事。服务人员在与顾客相处中很难做到不勉强、把握分寸，这也是为何其他店模仿不来海底捞的服务。海底捞充分诠释了服务等于利润这一现代服务营销观，海底捞的成功也再一次以实证方式为内外部权益均衡提供了佐证。

三、善用互联网营销工具助力品牌推广

近几年社交平台用户极其活跃，用户互动和自媒体带来的软广告效应开始被精明的广告商发现并利用，当前已有非常多的社交推广经典案例可做借鉴，海底捞也是在这一时期开始策划社交营销，并且效果出众，堪称互联网口碑营销中的

---

① 第一文库网. 海底捞的营销战略［EB/OL］. http://fw.wenku1.com/article/36948263.html.

② 武亚军，张莹莹. 迈向"以人为本"的可持续型企业——海底捞模式及其理论启示［J］. 管理案例研究与评论，2015 (1).

经典案例。互联网社群中开展口碑营销，既要做到传播速度快、话题热度高，同时还需要达到不留痕迹的推广，如果没有被用户当做是广告，这个营销就是成功的。以此作为标准，海底捞的互联网营销案例都是成功的。微博上，关于海底捞的热点时而出现。曾有热点话题讨论"海底捞的服务是怎样一种存在？"话题下评论数千、点赞过万，通过策划话题、带动人气的方式成功运作一场线上疯狂口碑传播效应（部分评论见图1）。

 雾夏vanilla　　　　　　　　　　△ 2877
6-15 09:21

去年的最后一天一个人去吃烤肉，别人都成双成对三三两两，服务员看我可怜一直站我旁边帮我烤，只有我享受到这种服务真的特尴尬啊，我只是想安安静静吃个烤肉啊……

 菁宇家的小点点　　　　　　　△ 3268
6-15 09:40

😊上次去一个服务员拼命往我碗里夹东西，边夹边说怎么吃那么少……您是我妈派来的吧😂🙏

 冬包子辣么辣么可爱_　　　　△ 2626
6-15 10:24

上次去 朋友亲戚来了点菜的时候跟我们讲了一句她肚子痛 结果吃着的时候 那小哥送了一锅姜汁可乐来 告诉后厨特地煮的 从此刷新了我对海底捞服务界的看法……

 不知哪块小饼干　　　　　　　△ 2182
6-15 10:17

过生日竟然给我表演变脸！！召集全楼的小孩来给我唱生日歌！！冻豆腐插仁蜡烛说是送我的蛋糕真不要太贴心哦

 吴22啊　　　　　　　　　　△ 2326
6-15 09:50

讲真要不是因为没钱 冲着海底捞那服务态度我真的天天去 因为上次我脚受伤了服务员还送了我一双拖鞋😊

子月子月超级无敌爱赵磊　　　△ 1972
6-15 11:05

领证那天去吃了海底捞，服务员看我拿着玫瑰就来问，男朋友(划掉)，老公)说刚结婚。然后她就拉我俩起来跳小苹果……最后整个店的服务员和客人都一起跳小苹果……跟宝莱坞似的一言不合就跳舞😊后来还送我一对男女宝宝玩偶（哪儿变出来的😊）这样讲讲好像有点搞笑，但当时那个刚结婚的心境下差点把我感动哭

图1　部分有关海底捞服务的评论

　　除了这种规模效应的传播以外，海底捞还善于组织看似不经心策划的口碑营销，均由微博具有一定粉丝量的博主发出，以辐射不同消费群体，而绝大多数消费者丝毫不会察觉这是勾起吃海底捞欲望的软广告。具体例子不胜枚举。
　　"情诗"中的海底捞如图2所示。

EC蝙蝠侠 V

跟我走吧

忐忑给我 情书给你

不眠的夜给我 四月的清晨给你

雪糕的第一口给你

海底捞的最后一颗鱼丸给你

手给你 怀抱给你

跋涉给我 相聚给你

一腔孤勇和余生六十年全都给你

熬夜的晚安也给你 收起全文 ∧

4月22日01:11 来自 微博 weibo.com

| 收藏 | 转发40 | 评论113 | △308 |

图 2　情诗中的海底捞

四、法商剖析

　　海底捞模式使海底捞成为排队神店，但海底捞还是把排队变成一种全新的体验，美甲、游戏、免费小吃，他今天的成功不得不说正暗合了法商理论，最大化地考虑消费者权益。

　　海底捞有无数种自己的服务方式、管理方式、营销手段，但是万法归宗，都是权益思想。对顾客无微不至的照顾，这是在保障消费者权益；对员工提升报酬和自身价值认同，这是在保障员工自身的权益。真正吸收了这种权益思想的关键指标，就是看一个企业能不能持之以恒地贯彻它，海底捞就做到了。很多餐饮企业在刚开始的时候能保证和顾客的亲切交流，保证和顾客的不断互动，但是随着自身的发展壮大，都做成了生产流水线。唯独海底捞，能够一以贯之。更可贵的是，它能够找到在客套和过热之间找到价值平衡点，这种价值平衡点恰是顾客需求深处的权益平衡点。这显然不是一朝一夕可以做到的，而是长期酝酿浸染才达到的境界，是长期践行法商权益思想所达到的境界。

五、结语

　　海底捞模式的成功可以归结为：在海底捞精神引领下，海底捞基于企业与员工、员工与顾客两个价值链条的统一，通过重点打通员工满意度和顾客满意度两个维度的平衡造就了海底捞模式的成功。海底捞的成功在善待员工、顾客至上和衍生服务三个方面为中国企业提供了有益的启示，海底捞恪守权益中心思想，不断践行权益道路，更是为我们提供了实践者的宝贵经验。

参考文献

[1] 易钟. 海底捞的秘密 [M]. 广州：广东经济出版社，2011.

[2] 姬娇娇，乔志杰. 谈员工满意度对企业发展的重要性——以"海底捞"公司为例 [J]. 商业经济，2012（7）.

[3] 武亚军，张莹莹. 迈向"以人为本"的可持续型企业——海底捞模式及其理论启示 [J]. 管理案例研究与评论，2015（1）.

我国城市商业银行未来路在何方

也就是近 10 年左右，城市商业银行如遍地开花似的突然之间遍布全国各地，成为我国银行体系当中一支独特的分支队伍。我国城商行前身为各地的地方性银行，2000 年前后各地经过地方银行改制成立为城市商业银行，目前各地城商行的营业网点遍布全国各城市、自治州，在国内构成了一张紧密的网络版图。当下我国城商行有 133 家、分支机构数百个，资产规模超过 25 万亿元，虽然其规模不及国有行及股份制银行，但其发展的速度不容小觑。[①]

然而我国原有银行体系相对较为完备，城商行的出现伴随着定位不清等诸多困扰，可见城商行的未来发展面临着一系列的问题。

一、城市商业银行发展困境

第一，主流客户群体界定不清。对城商行来说，其成立之初的定位是服务中小企业。我国国情下，中小企业自身的风险承担能力远远弱于大型企业，银行处理中小企业业务时，其单笔业务收益也远低于大型企业。再加上城商行的资产质量等良莠不齐，导致许多城商行的不良贷款率大幅上升。因此绝大多数城商行将目光投向了大型企业或者国有企业，以期通过贷款给信用良好的大型企业来赚取利差利润。然而，大型企业金融业务市场早已被抢占，国有行及股份制银行存在已久，已经与各地大型企业建立了良好的合作关系，且这些银行资金实力雄厚，城商行很难通过降低贷款利率等方式取得优质客户。因此，对自身定位不准确，无法进行产品或业务的创新使城商行在争夺企业用户上面临着较大压力。

第二，业务定位不清晰。由于城商行自身定位不准且创新能力不足，目前复

---

① 鲁大静. 城市商业银行差异化竞争力研究——基于 Z 银行差异化竞争力分析 [D]. 郑州：郑州大学硕士学位论文，2016.

制模仿其他银行产品的现象非常严重。然而为了实现差异化竞争，国内诸多银行已经开始针对不同类型客户制定针对性的金融产品，单纯模仿其他银行的产品导致城商行陷入了产品与客户群体不对接的局面，一时间无法受到用户认可，业务增长极为乏力。当下的城商行由于缺乏业务及产品创新能力，一直未能形成自身的核心竞争力。

第三，社会信誉较低。城市商业银行相比我国其他银行起步较晚，加上自身风险抵抗能力不强，频频爆发的风险事件让民众信心骤减。国家政府出资建立的国有银行和国家出资、国际金融参股的股份制商业银行具有较高的信誉保证，相对来说，地方政府出资建立的城市商业银行在国民心中的信誉度则相对较低。当年海南发展银行的破产，以及近年来频频发生的个别地方银行支付危机，这一系列的倒闭破产危机事件，使居民心中的城市商业银行的社会信誉地位远低于国有股份制银行。[①]

第四，经营区域受限明显。城市商业银行发展的好坏，与地方经济发展的好坏息息相关。例如，在金融业活跃，经济发达的东部地区，当地的城市商业银行发展速度非常快；而中西部商业银行发展缓慢的直接缘由就是中西部地方经济的发展缓慢。从区域优势角度来看，城商行以所在城市为经营区域主体，在单一城市的业务拓展是合乎情理的。然而国有行及股份制银行之间的竞争日益激烈，传统银行几乎已经将市场份额全部分占，单一城市的发展模式对城商行来说必将带来极大的发展局限，如果不能跨出地域限制，未来长远发展必然受到严重的影响，城市商业银行的发展规模和速度深受当地经济的发展规模和速度的影响。

二、现阶段困局剖析

权益定位：城市发展银行当地银行业务用户；当地金融行业发展；实体经济发展。战略定位：作为我国国有银行和股份制银行以外银行业务的补充主体，为当地客户提供同类银行服务。

对比来看，城商行的压力不仅来自外部环境的变化，也来自行业内的竞争。从国内看，城商行不仅要面对国有行及股份制银行的竞争，更要面临国内非银行

---

① 边雪梅. 商业银行负债结构的动态变化及对银行绩效的影响［D］. 南昌：华东交通大学硕士学位论文，2015.

金融机构的竞争；从国际看，城商行还要面对外资银行的竞争。这些同业竞争者大多为有实力的大型国有银行或股份制银行。相比这些银行，城商行不仅资产规模较小、盈利能力不足，甚至自身的管理水平和管理经验也与国有行及股份制银行存在着较大的差距。当下的城商行劣势体现在其自身的创立特点及发展特点：

第一，城商行成立之初的目的即是为了控制不良风险，因此成立至今一直存在总体资产质量差、不良贷款率高、资本金不足等现象，而这些现象的改变又非一朝一夕能够实现。

第二，城商行的股权结构不合理，内控风向较高，内部管理不完善。虽然大多数城商行是按照现代企业制度建立的，但其占股比例较高的政府股份导致其内部管理效率较低。

第三，市场定位不准确。大多数城商行存在产品模仿严重、业务重叠严重等现象。因为城商行自身业务创新能力不足，与其他国有行及股份制银行产品同质化竞争现象较为严重。然而我国其他银行已经实现了销售战略中的市场细分目标，服务客户不同，因此城商行推出产品无法满足客户需求。

第四，地域限制较大。随着经济的发展，越来越多的企业跨区域经营，而城商行自身却无法完成跨区域的发展，从而丢失客户。

三、困局突围——城商行的路在何方

（一）城商行优势分解

相对来看，城商行所处的优势其实也很明显：

第一，大多数城商行是按照现代企业制度建立的，现代企业制度对于外部环境的变化比较敏感，相对国有行及股份制银行，城商行拥有更加敏捷、快速的反应速度。

第二，城商行是以区域性银行发展的，其小而精的特点使城商行在面对外部环境的变化时能够凸显其信息传递快、决策高效等特点，从而对资金短缺的企业形成强大吸引力①。

第三，大多数城商行均有政府持股，与当地政府和企业有着密切的关系，在

---

① 凌敢. 推动城商行做精做优 [J]. 中国金融，2015 (21).

客户做出变化或决策时能够快速获得，并通过调整产品或业务来满足客户从而获得客户。

因而，城市商业银行可以依托其小而精、灵活多变的特点，着力开发小微经济服务，这既符合城市商业银行的创立初衷，也可以避免与国有行及股份制银行的竞争，同时又顺势而为，满足我国中小企业的发展越来越快，非常需要金融支持的大势。因此，城商行可选择这一部分中小企业作为重点发展客户，不仅服务了一般自然人，还可以帮助中小企业发展；同时，由于城商行在资产规模等方面无法与国有行及股份制银行进行抗衡，而国有行及股份制银行多集中在城市，因此城商行可以开发农村市场①，为农村经济发展提供金融服务。

这种定位方式，俗称差异化竞争，是一步打开新局面的好棋。这种发展方式将自身目标从赶超竞争对手，转变为服务消费者，为消费者的权益进行更加细致的安排和考虑。这种补充型的战略，正是服务发展的新增长模式。这种权益定位，贯彻了服务业的一个基本理念：我们比你更知道怎样对你更好。这种权益思想，不仅能够为银行赢得更多业务、赢得更多人、打开市场，而且可以促使自身走向守法讲规则的经营。为消费者谋福祉，恰恰能够带动业务向正规方向发展，能够使自己真正赚取阳光财富。由此我们可以很明显地看到，在银行破局的过程中，恰如其分地加入法商思想，能够使企业进入不断增值和升级的良性循环中。

（二）城商行经营困局破解案例

那么我国城商行未来发展应当如何破解困局呢？我们看具体案例。

1. 北京银行

权益主体：权益主体扩容，不仅服务于北京当地小微经济体，还拓宽至与北京经济业务往来相对密切的主要城市小微经济体。

北京银行现有客户群体以北京经济辐射区的用户为主，其他经济区域客户为辅，两部分群体互补，构成了现有客户生态圈。北京银行通过在异地设立分支银行的方式实现为更多用户服务，目前已经在全国各地设立了10余家异地分行，且其发展仍在不断扩大中，并且积极进行融资扩张，北京银行于2007年上市，成为我国首批上市的城市发展银行。经过异地扩张和业务拓展，北京银行经营业

---

① 鲁大静. 城市商业银行差异化竞争力研究——基于Z银行差异化竞争力分析 [D]. 郑州：郑州大学硕士学位论文，2016.

绩稳定增长，2016 年营业收入进一步增长 7.66%，其发展快于国有行及股份制银行。

2. 九江银行

战略定位：以创新的银行产品稳固城市市场；定制县域经济体的银行服务体系和主打银行产品，抢占县域市场。

相对而言，我国国内县域银行市场竞争是较弱的，我国县域市场虽然主要以小规模、零散的银行业务为主，但是县域经济总量是十分庞大的，且我国当前农业贷款业务几乎是一片空白而广阔的市场，未来具有非常好的发展前景。因而九江银行从发展之初就决定不仅要在城市，更要向县域发展的战略目标。目前，九江银行县域支行已经粗具规模，其定位的准确性使九江银行在县域级别迅速占领市场，为多数中小企业、私人企业提供了资金支持。

3. 深圳银行

战略构成：依托平安银行的平台和网络，精耕细作细分市场，实施差异化战略。

2007 年以前，深圳银行只是一家地方性商业银行，其发展基本上依靠深圳经济的发展，后来深圳银行被平安保险收购。通过收购的方式加入平安集团后，深圳银行开始了大规模的扩张及发展。因为平安属于全国性的平台，深圳银行的加入可以学习到很多全国性银行的先进经验，整体上实施多元化发展模式和差异化发展战略，与同业区别开来。凭借平安银行丰厚的市场经验与遍布全国的营销网络，深圳银行成为平安银行差异化战略的一部分，开始针对中小微经济体在全国进行业务扩张。

四、结语

作为商业银行体系中重要的组成部分，城市商业银行的存在和发展完善了整个金融体系，为地区提供了差别化的金融服务。中央高层和银监会的改革思路也为城市商业银行更好地参与金融竞争提供了政策上的支持。城市商业银行的经营需要战略转型，银行监管的国际化进一步将这种战略转型提上日程。但是，我国城市商业银行的发展仍然任重而道远，许多企业没能完成自身在改革深水区的发展转变和升级，能够深入理解并成功运用资源整合思想的企业并不多见，能够在新时代真正进行规则创造和推动规则变革的企业少之又少。可以说，现在的银行企业，绝对不能止步不前，还都需要补上"法商思维"课，才能顺利地应对新常态下的种种挑战。

参考文献

［1］凌敢. 推动城商行做精做优［J］. 中国金融，2015（21）.

［2］陈一洪. 城商行直销银行发展浅析与应对策略［J］. 海南金融，2015（1）.

［3］郭少泉. 新常态下城商行战略转型的方向和策略［J］. 银行家，2015（1）.

［4］鲁大静. 城市商业银行差异化竞争力研究——基于 Z 银行差异化竞争力分析［D］. 郑州：郑州大学硕士学位论文，2016.

［5］边雪梅. 商业银行负债结构的动态变化及对银行绩效的影响［D］. 南昌：华东交通大学硕士学位论文，2015.

美的集团崛起之路

曾经国内家电市场上受欢迎的西门子、LG、东芝、索尼等国外家电品牌近几年日子并不好过。如今已经不止一个国外家电品牌宣布退出国内市场，国产家电悄无声息地夺回了家门口这块肥美的蛋糕。在国产家电品牌中，美的集团的行业内纵向多元化经营特点非常突出，且与众不同的是，几乎在任何一个家电品牌当中，都能够看到美的的产品排在数一数二的位置，可谓广而精，样样好，曾经以电风扇产品起家的美的如今以占领 4.6% 的全球市场份额位居全球家电行业第二，成为国内最受欢迎的家电企业之一。

表 1 为美的部分产品的线下零售额市场占有率，对比来看，2016 年市场占有率进一步上升，且已经有多个产品抢占了市场第一份额。

表 1　美的部分产品的线下零售额市场占有率

品类	2016 年		2015 年	
	市场占有率（%）	市场排名	市场占有率（%）	市场排名
空调	23.9	2	25.2	2
洗衣机	23.0	2	21.3	2
冰箱	10.5	3	9.6	4
电饭煲	42.2	1	42.3	1
电磁炉	50.0	1	48.6	1
电压力锅	45.5	1	42.7	1
电水壶	36.9	1	32.2	1
微波炉	45.7	2	44.6	2
热水器	12.7	3	12.2	3
油烟机	9.5	3	8.8	3

那么美的集团是如何取得今天的成绩呢？这个一直以来除了产品不低调以外，其他方面一直低调的民族企业在营销方面有什么过人之处呢？我们从法商构架出发细细分解。

一、成功者的漫漫成长——美的集团

与我国许多知名家电企业不同，美的集团身为民企，且早在 1968 年这个承载民族梦的企业就粗具雏形了。当年，何亨健携三位好友共同出资 5000 元创立瓶盖加工企业，在那个物质及其匮乏的年代历经艰险积累了一笔财富。直到改革开放初期，公司非常有远见地看到了国内家电市场的巨大需求，将第一个产品锁定为电风扇，并在后续经营当中不断收购核心技术企业、扩大业务范围，发展为当下这个多元化的电器巨头。

美的集团看似顺应了时势趋势，成长过程顺风顺水，其实背后成长道路的艰辛很少被人提及，抑或是它自身失败的阵痛很快被成功的喜悦掩盖，而显得难以为外人察觉。例如，美的集团 1998 年投资互联网产业，当时正值全球互联网泡沫越吹越大的时候，美的也希望能够在这个蒸蒸日上的新兴行业分一杯羹，但短短数月几千万元投资被烧光，甚至烧完了也不知道互联网为何物。再如，2005年美的收购湖南三湘客车短短 3 年就宣告破产。美的集团虽然在家电领域成绩突出却未能挽救三湘客车。

2016 年，美的收购德国库卡进军机器人领域，这一举动引起轩然大波。同时，也有消极者认为中国企业的海外并购缺少实质性成功的例子，国外企业永远不会把企业的核心技术卖给中国。但事实上，我们有民族企业收购德国技术型企业的成功案例可以借鉴，潍柴收购德国凯傲后，德国凯傲的收入已占据潍柴总营业收入的近 50%；而均胜更是通过频繁收购德国隐形冠军实现国际化，目前海外收入已占其总收入的80%以上。对美的来说，传统家电业增长趋缓加上利润下降已是不争的事实，在继续拓展国外市场、维持主业的同时，投资库卡等于找到一个新的增长点，进可攻，退可守，加上今日美的新的收购对象——以色列 Servotronix 的出现，美的的机器人战略布局已经浮出水面：一是以库卡为主的工业机器人，二是家庭、医院、康复等领域的商用服务机器人，后者将通过与 Servotronix 合作完成①。

至此，美的的成长轨迹已与国内另一家电巨头格力电器拉开了非常大的差距，二者在方式、方向上风格迥异。美的集团这一家电巨人的未来成长，我国在长久的关注中拭目以待。

二、美的集团何以坐稳龙头地位

（一）战略分析——深耕细作布局销售渠道

美的集团早在开展国内家电业务之初，就深耕细作布局国内销售渠道，近几年傲人的销售业绩离不开其庞大、成熟而又稳定的销售渠道。综合来看，美的经过多年发展与布局已形成了全方位、立体式市场覆盖。在成熟一、二级市场，公司与苏宁、国美等大型家电连锁卖场一直保持着良好的合作关系；在广阔的三、四级市场，公司以旗舰店、专卖店、传统渠道和新兴渠道为有效补充，渠道网点已基本实现一、二、三、四级市场全覆盖。同时美的集团凭借其品牌优势、产品优势、线下渠道优势及物流布局优势，快速拓展电商业务与渠道，当前已是中国家电全网销售规模最大的公司，2016 年全网线上零售超过 230 亿元。

在自有渠道铺设战略上，美的电器除了学习格力电器所塑造的专一经营空调形象外，最突出的一点莫过于对品牌建设的扩展，这是由于当时特殊的背景催生出来的，是企业站在战略高度为实现未来良好稳定发展的战略选择，退一步而言，即使说美的电器的自建渠道是一种商业冲动，那也是经过多次筹划，深思熟虑之后的行为。自建品牌专卖店也许是美的电器的一剂良方，家电制造厂家资本介入商业成为必然，也是明智的选择。现在美的电器是小家电、空调的代表，在多元化流行的浪潮中，美的电器选择了一条适合自己品牌的白电之路。它向顾客表明，美的电器不只是仅做空调的企业，也是能将做冰箱、洗衣机做好的白电集团。②

从线上零售渠道来看，美的集团是较早进军电商的家电企业之一，当前也是业绩较好的家电企业之一，在电商网站上，搜索任何一个品类的家电都能够在交易排名前三中看到美的的身影。美的的线上渠道铺设非常完整，既有综合类产品

① 于昊. 美的集团靠什么来完成全新自定义？[J]. 电器，2017 (4).
② 林晓峰. 海尔集团美的电器营销渠道策略对比研究 [D]. 北京：北京交通大学硕士学位论文，2013.

的官方自营旗舰店，也有专门销售单品种的经销商旗舰店，同时也在京东、国美、苏宁等平台铺设产品，还允许自有渠道和旗下经销商共同参与市场竞争，每一个平台上都会看到数个美的专卖店，在线上采用店海战略，如图1所示。

图1 店海战略

这些店铺价格统一、服务统一，且营销活动和策略统一。美的集团会通过平台数据库分析目标消费者的媒体兴趣及特征，精准定位用户。

(二) 权益分析——内外部权益的统一塑造双赢结局

第一阶段：塑造以消费者为中心的权益关系。

这一阶段是社会成就了美的，如果没有改革开放的背景和国内庞大的家电市场，以及国际上家电行业的转型升级，相信家电领域这把龙头交椅必定易主。过去美的集团是通过为消费者提供刚需电器，成就自我。也就是说，美的一直准确契合市场需求，挖掘到市场购买群体并建立连接，如20世纪80年代初期的电风扇和空调产品，直指刚需，迅速完成初始资本积累。近几年则顺着电商渠道和大数据技术的应用，从通常的消费需求满足到进一步挖掘消费的权益需求，从而实现了更加精准化的营销，业绩步步上升。这一系列权益关系的塑造都是以消费者为中心的，是美的集团通过为社会提供需求品构建了双方的权益关系。通过这样权益关系的构建，美的真正建立了自身的规则体系；而通过自身的规则网络，美的整合了大多数的资源。

第二阶段：以社会责任为中心实现企业升级发展。

任何一个卓越企业，必将经历自我为中心的利润积累，然后步入以社会为中心的社会责任履行阶段。美的集团在家电领域之外的一系列动作，都可见其未来版图中的社会推动力。美的机器人战略初始就规划出两个方向，一是以库卡为主的工业机器人，二是家庭、医院、康复等领域的商用服务机器人，二者将会构成未来社会运转和服务当中的重要力量。通过这些对多元主体权益发展的考虑，美的和其他家电行业巨头一样，在未来发展方向选择上，既要考虑有效实现利润增长又要更大程度地承担推动社会发展的责任，兼顾企业运营的效率和社会发展的公平，以这种方式去开拓自身发展能力。

三、结语

过去，我们在科技电影中窥探未来的智能家居，人们轻而易举地远程遥控家居、实现家居产品之间的连接已成现实。现在，我们在电影中看到机器人替代人工进行高危工作、机械作业和提供服务等，相信不远的未来这一切也会成为现实。美的在自身的漫漫成长征途中，不断践行法商思维，不断进行资源整合和规则创富，这种发展模式在中国当下改革环境中的成长路径是我们应该关注的重要实例。

参考文献

[1] 于昊. 美的集团靠什么来完成全新自定义？[J]. 电器，2017（4）.

[2] 康雨蕾. 美的集团的国际化分析 [J]. 现代商业，2017（2）.

[3] 林晓峰. 海尔集团美的电器营销渠道策略对比研究 [D]. 北京：北京交通大学硕士学位论文，2013.

Pinterest 兴趣营销

如今社交网站几乎成为人们生活中最为重要的一部分，强关系社交成为人们联络与沟通的主要平台，而基于弱关系社交而兴起的社交群体，也另辟蹊径在互联网大潮当中分一杯羹。这种弱关系社交平台内容丰富、形式多样，如基于知识分享的 Quora、基于图片分享的 Flickr、基于音乐分享的 Spotify 等，此外还有内容更加包罗万象的兴趣分析社交网站——Pinterest。

Pinterest 的建立最初源于本·希伯尔曼为女朋友寻找订婚戒指时的一个灵感：他发现网站中有很多钟意的款式但无法抉择，于是他开发出了 Pinterest，将待选的图片都贴入同一页面。通过一段时间测试，他发现将自己感兴趣的东西通过图钉钉在网络钉板上的形式受到越来越多人的青睐。正是由于这种基于人们最本质的兴趣来与用户交流的方式，Pinterest 的影响力与日俱增，最终仅通过短短3 年时间就跃身成为世界第一大的图片社交分享网站。①

可以说，在 Pinterest 出现之前，社交网站多以社会关系为重心，而 Pinterest 出现以后，仅凭兴趣分享来满足个人理想的网站迅速成为潮流。那么，Pinterest 有哪些经验是可以借鉴的呢？

一、兴趣分享者和阅读者的内在统一

Pinterest 作为一个内容呈现平台，最成功的一点是使不同用户可以通过兴趣进行沟通，以同一内容为兴趣，从而产生关联。

（一）兴趣分享者和阅读者的双重心理满足

相比于其他社交网站的大信息量投放，Pinterest 更加类似于搜索引擎的精准

---

① 张佳琦. 基于兴趣图谱的社交网站成功要素研究——以 Pinterest 为例 [D]. 上海：上海师范大学硕士学位论文，2014.

广告投放，主要兴趣分类，在每个兴趣分类中都有大量高品质的图片资源，人们可以通过浏览与收藏来满足自己个性化的兴趣爱好。然而在满足人们常态兴趣需求的基础上，它还更进一步地满足了人们有意图的信息检索需求。例如，当人们准备组织一场生日派对时，就希望能够搜集到一些有关活动场地装饰、活动主题、活动食物、活动邀请卡片、礼品等全面而富有创意的实用性信息。这时Pinterest 的多兴趣分类能够有针对性地通过内容广泛的高品质图片资源来提供灵感，从而对于人们生活中的一些重要时刻起到有效的帮助。而这样的优势在于，经过反复多次的活动辅助，人们会逐渐将 Pinterest 作为生活中必备的工具网站，从而延长网站的使用时间、增加对网站的黏性。

此外，搭配轻社交模式，人们在这里可以消除"社交恐惧"。首先，兴趣图谱社交并不需要基于真实的个人信息，而是以近似匿名的个人兴趣的分享与交流。人们从社会压力中解放出来，充分地享受着自我兴趣的满足。其次，网站的单向关注模式使用户间保持着友好的距离，关注单位已从个人细分到人的某一个兴趣；好友推荐也完全基于相似的兴趣爱好，这使得用户自主性提高，充分体验"轻社交"的乐趣。最后，基于兴趣爱好并不代表炫耀攀比，人们更加注重的是内在品位的提高与兴趣的交流，这种关系总体体现为积极而有益的兴趣交流。

基于以上，Pinterest 使用户可以轻松无压力地在兴趣中畅游，分享关注点。

（二）用户群聚效应明显

兴趣圈就是人们因为共同兴趣爱好或某种特定的目的而聚集在一起的族群。Pinterest 就是通过兴趣爱好将人们联系在一起，用户通过每次兴趣图片的发布与其他用户进行交流，逐渐产生一个个小型的兴趣圈。基于个人兴趣的发现，能够帮助用户产生满足感，而兴趣又存在着一定的黏性，通过两个相似的兴趣黏着，用户会逐渐使原始兴趣范围扩展，拥有更为丰富的兴趣爱好，但由于个体的局限性，可供浏览的信息量是有限的。通过兴趣圈的力量，人们聚在一起讨论共同的爱好，同时兴趣知识又可以通过兴趣圈不断进行分享与补充，于是有热情但缺乏相关兴趣知识的用户可以得到很好的提升。总的来说，个人发展与个人实现需要被满足，兴趣爱好与兴趣知识需要被尊重，兴趣圈通过不断的分享与讨论而变得牢固。Pinterest 通过有限的内容激发出兴趣圈无限的创造能力，使网站持续保持活跃与新鲜感。

因而，Pinterest 实现了一种以用户作为主客体的桥梁，同一用户在双重角色下均得到了满足。在主体方面，网站通过内容和功能的建设，展开对用户吸引与引导；在客体方面，用户不再处于被动状态，而是充分发挥自身兴趣的能动性，对网站内容进行体验与反馈。具体来讲，这种兴趣互动关系主要体现在三个方面：兴趣的推送与反馈、内容的提供与再生产和网站的传播与被传播。

二、聪明的搭售兴趣者

兴趣是人们喜爱的开始，如果说比喜爱更深一点，便是拥有，因而 Pinterest 建立了兴趣营销，在人们分析兴趣的基础上，搭售兴趣，而且非常成功，从某种程度来说，Pinterest 在利用规则的基础上，非常不被人们反感地完成了"推销"。

对 Pinterest 来说，首先它需要通过对用户基本信息、网站内的点击轨迹、使用习惯等数据进行搜集；其次通过与商家合作，提供给他们准确的分类用户内容共享平台，从而最终实现用户实际消费需求的满足与网站自身的盈利。

与传统社交网站不同的是，Pinterest 的精准营销植根于兴趣，消费者往往主动在网站中寻找所需内容，这使网站点击购买转化率大幅提升。同时基于兴趣分类，用户自然形成一个个消费族群，商家无须面对复杂而不准确的用户群体，有效地解决了营销的针对性。

在 Pinterest 网站中，人们都是基于兴趣来进行图片内容的搜集与分享。在人们搜集与发现的过程中，通常会对某些人的内容产生好感，并逐渐与之产生交流。因此通过共同兴趣爱好，将人们聚集成为一个个的兴趣圈子。在圈子当中人们讨论爱好、交流热爱的知识和情感。由于集群效应，人们可以在兴趣圈子内不断拓展个人兴趣的深度与广度，借由个人兴趣的传达和被认可，获得情感共鸣与自我满足。然而在兴趣圈子中，同样会存在上面提到的意见领袖，由于他们本身对于某类兴趣有着较深的钻研，抑或是本身从事着相关行业（如艺术创作、建筑、摄影等），因此他们可以在圈子中受到人们的青睐，他们的意见也自然能够对圈子中的其他受众产生有效的影响。同时，借由兴趣圈子内意见领袖的作用，受众能够持续不断地获得更多更全面的兴趣内容，从而保证这些兴趣圈子的活跃度与影响力，进而对整个网站的兴趣内容走向产生较大的影响。

在 Pinterest 中，品牌的传播更需要凸显人的情感特质。基于品牌、故事的图形化，企业能够在兴趣圈内形成良好的亲密感。这种亲密感往往能够让用户对品牌有着更加直观的认识，并更易被其接受。例如，有机食品品牌 Whole Foods，它在 Pinterest 中不仅有专门介绍绿色食品的收集板，还拥有诸多如介绍自己喜爱的图书、变废为宝的手工课、得意的美容小贴士、地球基金会等收集板，这时 Whole Foods 从一个单一食品品牌形象逐渐丰富成一个热爱健康、关爱自己、关心环境的人的形象。这种通过多维度立体化的品牌形象传播，能够帮助企业与目标族群建立亲密的互动关系，提升品牌好感度与信赖度。①

三、法商剖析

Pinterest 能够吸引大量关注的原因之一，便是其对用户权益的精致安排。它满足了用户的各种心理需求，满足了客户的受尊重、情感、个人价值实现需求，因此能够聚集起一大波人气。这就不仅是考虑到客户的利益，而是考虑到客户的综合权益。任何互联网企业的发展都需要像这样对人本身的关注、对权益本身的关注。现今的新生代市场上，我们的需求层级越来越高，我们真正渴望的，也就是对满足需求的创新。

Pinterest 的出现还给我们带来了很多有价值的启发，如对图片信息的展示，未来会是个读图时代，因为图片能够承载的信息更多。但是纯粹的展示方式还不能够支撑一种商业模式，还是需要专心思考，除了展示效果以外，为用户提供的价值是什么，当然也要考虑可能的实现价值回报的方式。如何将用户的需求和商业模式很好地结合，依然是 Pinterest 需要重点考虑的问题。与 Pinterest 同类的企业，相比较而言，国内最成功的应该是美丽说，但是其实不是标准的 Pinterest 形式，其更关注其用户群的需求，展示方式其实只是其中的一部分而已。通过满足用户群的需求来吸引这部分用户才是核心。这又一次证明了，在商业竞争中，权益考量的重要地位。

参考文献

［1］何玺. Pinterest：制造视觉购买力［J］. 商界（评论），2012（7）.

［2］豆瑞星. 图片应用兴起背后的广告商机［J］. 互联网周刊，2012（16）.

［3］张佳琦. 基于兴趣图谱的社交网站成功要素研究——以 Pinterest 为例［D］. 上海：上海师范大学硕士学位论文，2014.

---

① 张佳琦. 基于兴趣图谱的社交网站成功要素研究——以 Pinterest 为例［D］. 上海：上海师范大学硕士学位论文，2014.

网红女装店：中国式女装快销模式

曾经网红刚刚出现的时候，他们是单纯受粉丝喜爱的网络明星，后来不经意间发现，这些网红们日常衣食住行、随便拍照的一个道具都会受到粉丝追问，现实生活中被认为无礼的交际用语在网络上竟然毫无忌讳地谈起。于是营销大师们岂能放过网红身上的天然软广属性，这要比传统的明星代言对粉丝的吸引力大数倍不止，因此一时间，网红女装店、网红护肤品店、网红奶茶店、网红饭店一炮走红，网红经济也成为最新的互联网思维营销手法之一。

我们来盘点下最近一两年的网红大事。

2016年上半年，PAPI酱以自媒体视频走红，而后获得1200万元风投资金，当时舆论质疑不断，一个微博小视频账号真的值1200万元？时隔一年之后，PAPI酱仍然位居一线网红位置，近日为母校捐款2200万元，仅此可见网红"很赚钱"。

2016年下半年，"双十一"过后统计数据报出，我们发现销量TOP10的女装店铺出现新特点——10个当中，8个是网红店，也就是网红女星开的店，如张大奕的"裙子卖掉了"、钱夫人、雪梨定制和ASM等，其中张大奕的店铺销售额超过3亿元，网络自媒体的营销力量再次被实例证实。[①]

据《2016中国电商红人大数据报告》统计，2016年网络红人产业产值预估接近580亿元，远超2015年中国电影440亿元的票房金额，即使是二、三线"网红"，年收入也达上千万元，赶超二、三线影视明星的收入。

至此，网红经济再也不是戏谑。

一、网红经济的本质

网红经济或者说网红营销能够成为新时代下的销售奇迹是必然的，因其背后

---

① 李芸. 直复营销零售商发展问题探讨 [J]. 商业时代, 2013 (1).

075

蕴藏着市场规则。网红店大多具备良好的网络店铺供应链管理能力，可以实现资源的整合与销售，这是网红运作团队的经商之道。单纯从网红经济背后的逻辑来看，未来这种商业模式仍会创造巨大的产值。网红卖东西从来不会做硬广告，只是简单地放几张美图展示一下，而发照片吸引粉丝实际上紧紧把握了网络上消费者的心理特征和消费规律，粉丝因好奇和喜爱而直言不讳地要链接，照片中的物品经过互联网传播得到信息放大，从而带动销售，这一过程在短时间内巧妙地完成了定位消费群体、吸引消费、扩散传播诸多环节。网红经济带来可观收益是必然的，因为其背后的运用规则、驾驭规则创造价值的完美体现。

二、网红收入来源

由于网红拥有固定的关注群体，这些群体与传统明星效应下的粉丝群体有相同之处，即粉丝均可以变现，但是二者在变现途径方面呈现极大的区别。随着各种直播平台应运而生，每个人随时随地都可以直播，网红们也是抓住一切机会通过广告、打赏、付费服务、线下活动等变现，使网红经济拥有了相对而言更加完整的商业链条。[①] 网红将粉丝流量变现的主要手段有：广告收入、打赏、开设线上店铺。

（一）广告收入

在移动互联网时代，网络用户的社交需求日趋明显，各类直播平台及网红的出现刚好满足了网络用户对于娱乐、文学、游戏等个人爱好交流的社交需求，同时形成了需求明确的特定圈子，成为商业活动中实行精准营销的目标，网红则通过在这个圈子中投放具有针对性的广告或假装不经意地提到某产品而获得广告收益。

（二）打赏

打赏主要是指网红在展示作品期间，粉丝以赠予物品的方式使网红及网络平台获得收入。粉丝赠予的物品由网络活动所在的平台出售，网红获得该物品后向平台兑换现金，并与平台按照不同的百分比进行分成。

---

① 李原，吴育琛. 网红经济学 [J]. 中国企业家，2016（6）.

（三）开设线上店铺

网红按照粉丝圈的特定需求开设店铺提供商品，将粉丝流转化为顾客流，在2015 年度和 2016 年度的电子商务店铺大型促销活动中，涌现出很多月销量超百万元甚至千万元的店铺，其中排名前 10 名的店铺中有 7 个为网红店铺。网红拥有庞大的粉丝群体，知名度高、广受追捧的网红，其店铺销量也随之增高。

三、网红女装店缘何火爆

（一）任何人都可能是网红经济的埋单者

与以往营销模式不同的是，网红拥有数量庞大的粉丝群，而粉丝的转发又带来了第二层次群体的关注，因而互联网上能够看到网红信息的任何人，都是潜在的消费者，这种权益主体的定位是极其精准的，客户群体也是庞大的。

稍作对比就能够发现，许多网红大多是专业或业余的模特出身，因其高挑的身材和靓丽的外形备受追捧。她们对时尚咨询有一定的敏感度，在平常的生活中，她们会在社交平台上晒出自己的日常穿搭、服装配饰及度假旅游的照片。同时这些网红还会进行"消费教育"，向粉丝传达这样的生活理念：女性要主动提升自己的生活品质，舒适的外套内搭、日常的化妆美容都在一个女人的生活中必不可少，必须要在每一个环节上都对自己好一点，而且不要懒；减肥要健康饮食、合理运动、适当地也可以试一试自己的口碑推荐产品。[①] 接下来在微博、微信等社交媒体上聚集人气后，网红就创立自己的店铺品牌，定期发布产品开发进度，定期和粉丝进行互动。网红销售产品的方式通常是少量现货限时限量发售，后期根据消费者的需求量补单。

（二）孵化速度为制胜法宝

曾经我们大肆推广 ZARA 案例，赞叹其新品从策划到门店上架最快仅需一周即可完成。而这种新品开发的神速终于在我国被网红店铺实现了，我们的网红店从造势营销到最后上架销售仅需要 10 天。网红电商对供应链的迅速反应能力要

---

① 郑文聪.《网红 3.0》时代的特征及受众心理 [J]. 新媒体研究，2016（6）.

求很高，这是由于缩短时间才能够提高顾客满意度防止被退单，同时也为了防止店铺产品被模仿，如果出货时间快，等仿版上架，网红店铺早就开发出新品来了。

从战略上来看，网红店铺直接定制用户需求品，做到了产品细分和需求对接，同时借助模特照片进行宣传实现了口碑营销，且整个过程中让人感受不到广告的口味，仿佛一直是网红们满足了粉丝的需求。

在要推出新产品之时，上新推广是重中之重，网红会找当季流行的服装大牌进行选款改款、制作样衣、试穿"剧透"服装新品，用美照和小视频在微博展示样样衣的面料款式及细节。消息发布后网红团队则结合与粉丝的互动反馈情况开发新品，并由粉丝投票挑选出最受欢迎的款式，进行小批量现货销售，其余预售，再统计预售数量委托工厂进行制作、配送。这些内容的生产，其实都有团队事先构思"剧本"，并按部就班进行，甚至连上传的美图也由专业的摄影团队打造。另外，很多孵化公司斥资为网红打造"白富美"的形象。她们在全球各地旅拍的路上秀自己的原创衣服，用国外的街道、大牌的店铺给消费者塑造一个有着强烈代入感的消费场景，仿佛自己穿上这件衣服，立刻也会像网红一样，走到哪里都在闪光，勾起看客们强烈购物欲望。

从供应链上看，传统服装从生产到销售的模式是选款生产—上新销售—商业折扣，一般是销售的惯例形式。而网红模式则为：出样衣拍美照—粉丝评论反馈—筛选受欢迎的样式打版、投产—正式上架淘宝店。因此，网红店反馈更快，库存也更低。虽然不是第一时间就能收到货，但这种"预售、粉丝沟通、改版、上新"的方式满足了消费者的长尾需求。诸如一些拥有百万粉丝的红人们很少参与平台上的普通促销活动也不用购买流量，其宝贝标题充分张扬个性，根本不用理睬淘宝的搜索排名规则，照样有相当高的忠诚度，照样有相当多的粉丝买账，自掏腰包甘愿为网红的销售量"前赴后继"。

四、网红或许会换人，但网红经济只会不断更新形式

同传统实体店铺先有产品、再有包装继而寻找明星代言不同，网红提供的购物产品多为个性化量身定制。时尚网红们通过与粉丝圈内的网友进行密切互动，了解其真实需求，由衣服的面料到剪裁到工艺到包装，全部进行网友投票，店铺只是作为摆放成品所依托的平台而已。罗振宇曾说："网红长不了，早日收割落

袋为安。"腾讯研究院也通过大数据证实:"目前 50% 的网红,线上年龄分布在半岁到 3 岁之间。"面对网红快速更新换代的事实,不少网红更关注如何大力把握现有时间,在几年之内快速通过粉丝流量实现可观的经济收益,进而进行再投资。微电商模式便是在此背景下由网红催生的。但是与传统明星相同的是,明星会一批一批换人,但是长红的明显是存在的,明星这一群体也是不会消失的,而网红的存在正是网络上的新星,是粉丝拥护的话题偶像,只要有粉丝,换句话说只要有自媒体的存在,网红就不会消失,而网红经济也会持续。

五、法商剖析

网红经济的主要力量,还是在于顺应了资源整合的时代浪潮。注意力是新时代的稀缺资源,能够整合这种资源,放大这种资源力量的产业,必将拥有更光明的发展前景。如今网红经济方兴未艾,但是泛网红的端倪已经显现。在新媒体、新模式层出不穷的今天,虽然各种载体和形式日新月异,但是其中的管理思想是不变的,即发挥"以人为本"的资源优势,网红经济本质上就是实现"以人为本"的主体权益的提升,最大限度地追求并实现主体权益的解放。这样才能发挥每一个人的真正潜力,让人重新发现自身真正价值所在。

参考文献

[1] 李原,吴育琛. 网红经济学 [J]. 中国企业家,2016(6).

[2] 郑文聪. "网红 3.0"时代的特征及受众心理 [J]. 新媒体研究,2016(6).

[3] 姚琦,马华维,阎欢,陈琦. 心理学视角下社交网络用户个体行为分析 [J]. 心理科学进展,2014(10).

[4] 李芸. 直复营销零售商发展问题探讨 [J]. 商业时代,2013(1).

第三章　战　略

三九集团：多元化而不得志

华润三九旗下产品胃泰、三九感冒灵、皮炎平、正天丸、参附注射液在医药市场上的销售状况一直比较好，是人们熟知的老牌药品了。华润三九依靠这些核心产品，一直保持着非常好的销售业绩，年销售额高达数亿元。其实在数年前，华润三九还不姓"华润"，而是国资委旗下的三九集团。三九集团在改革开放后的发展过程中历经风险与坎坷，曾经多次深陷财务危机的泥潭，好在最后总是有惊无险地化解危机。

一、三九集团的初创与快速成长期

1985 年，三九集团创始人赵新先与广州第一军医大学合作，创立深圳南方制药厂，主要生产赵新先历经 10 余年时间研制的三九胃泰、壮骨关节丸和正天丸。其中主打产品三九胃泰凭借强大的销售、广告攻势及良好的市场口碑获得了巨大成功。之后的皮炎平软膏、壮骨关节丸等产品亦使三九品牌声名远扬。1978 年，南方制药厂正式投产，当年即告盈利 100 万元。1991 年，南方制药厂脱离广州第一军医大学，转投解放军总后勤部。后者将下属新兴企业集团在深圳的酒店、贸易公司等资产划拨，与南方制药厂资产共同注入新成立的三九实业总公司。① 1992 年，三九集团通过与外资的两次扩股增资，融资 8000 多万元，公司利用这笔资金进行了卓有成效的产品结构调整。通过调整，三九集团实现了超速发展，其经营效益由 1991 年的 8000 万元提高到 1994 年的 4 亿多元，增长达 5 倍。资本市场的初次成功，促使三九集团又在一系列的资本重组中大显身手。三九集团利用债权变股权的方式，先后收购一系列濒临破产的医药公司，并兴建了华东、华北、华南销售网络，既扩大了市场份额，又盘活了呆滞的存量资产。

---

① 胡丹. 华润集团并购三九医药的财务绩效研究 [D]. 长沙：长沙理工大学硕士学位论文，2015.

由此可见，三九集团的核心优势在于医药的制造和销售，这部分业务是三九集团核心价值创造的主力军，是三九集团核心的竞争力。

二、三九集团的多元化扩张之路

权益主体：一是军队的困难企业，帮助军队盘活呆滞资产；二是药厂自身，谋求多元化利润来源。

战略定位：初期被动收购转为主动兼并，主动进行横向多元化发展。

三九集团的多元化扩张是由被动接受开始的，早在1992年，作为军队效益最好的企业，三九集团接收了军队的进出口公司、被服厂等非药业部分的捆绑，为了救活更多其他困难企业，三九集团被动式地开始了多元化的道路。当困难企业被救活后必然需要继续谋求发展，因此三九集团开始主动发展非药业业务，三九集团的多元化也就从被动的多元化发展转变成主动扩张。

为了使已收购企业实现行业内规模化发展，自1996年开始三九集团主动出击，通过收购、控股逐渐扩张到药业以外的房地产、进出口贸易、工程、食品、酒业、酒店、旅游、文化、金融租赁等各种领域，其发展方向为"跨行业、多功能、外向型"。然而，多元化收购过程耗用了大规模资金，三九集团逐步陷入越来越大的银行贷款"缺口"，过度兼并使其总资产规模急剧膨胀，而资产当中增速最快的却是长期负债，没多久三九集团就陷入了财务危机。然而此时的三九集团获得了众多企业的加盟及经营领域的拓展，但全是些所在行业缺乏关联性的企业，三九集团不得不分散较多精力去经营管理这些新行业企业，不得不调出大量资金、人才，致使三九集团在这一时期对主营业务无暇顾及，几乎不能集中精力加强医药行业的经营，不能及时进行新产品的开发研制和生产，从而使其核心竞争能力逐渐丧失。三九集团的多元化，就如同"摊大饼"一般，在稀释药厂效益的同时，也稀释了三九的品牌。

三、回归主营，化解危机

权益主体：社会医药需求者，通过现代中药加健康服务福泽社会。

战略定位：重拾主业，专著经营医药业务；上市募资，积极实施现代化科学管理；并购重组，归入华润系。

1998 年以后，整个医药行业经历了激烈的重新洗牌。为了在行业动荡中持续发展，医药企业群雄逐鹿，尽显风流。然而此时三九集团正在处理多元化扩张失败的烂摊子，前期的多元化已经使三九集团出现了财务危机的迹象，此时叠加主营行业的行业巨变，三九集团亟须求变。因此，2000 年开始，三九集团着手剥离辅业，并回归到药业的核心业务上来，提出了"中药现代化、中医产业化、健康服务全球化"的口号，以医带药，在巩固国内市场的同时重点面向海外，把三九建成中医药的跨国集团。三九集团一方面在国内推进"万家药店连锁"和"三九数字健康网"项目，另一方面加紧了将中医药推向国际市场的步伐。

2000 年 3 月，三九医药成功上市，募集资金近 17 亿元，随后三九生化、三九发展也相继上市，直至 2001 年左右，通过眼花缭乱的资本运作，三九进入发展最高峰，总资产达 20 多亿元，横跨 8 大产业，控制 40 余家子公司和 3 家上市公司，成为国内最大的医药巨头。[①] 然而，强大的三九其实早已危机四伏。2010 年 8 月，三九集团爆发首次财务危机，中国证监会对三九集团通报批评。2003 年，三九集团再次陷入债务危机，21 家债券银行开始集中追讨三九集团的银行欠款，并且纷纷起诉，"三九系"整体银行负债高达 89 亿元。2004 年，三九健康城项目因后续资金不足，相关手续不全被市政府紧急叫停。

2007 年，三九集团经国资委批准并入华润集团，更名为华润三九，至此，三九集团的多元化战略告一段落，华润三九也在专业经营主营药品行业的道路上实现了持续发展。尽管现在的华润三九仍然是国内药品行业的领先企业，但是回头看那段三九集团的多元化道路充满危机与坎坷，我们庆幸一切有惊无险。

四、药企魔咒——多元化之殇能否破除？

三九集团在多元化扩张的顶峰时期，拥有 400 多家子公司及三九医药、三九生化和三九发展 3 家上市公司，总资产逾 200 亿元。[②] 其产业涉足医药、零售、房地产、食品、旅游、商业、农业、媒体、金融等十大行业。这种为了追求快速发展而脱离主业的多元化为日后的失败留下了隐患。多而不精几乎是商业经营当

---

① 黄勇. 军人 CEO 从军经历对其企业激进投融资行为的影响研究 [D]. 长沙：中南大学硕士学位论文，2012.

② 文卫. "囚徒困境"与企业发展战略误区——以三九集团为例 [J]. 科技经济市场，2009 (7).

中的定律，当前还鲜有企业能够在跨越多个关联性不强的行业取得成功经验。可以说，三九集团后期的财务危机是必然的，因为三九集团横跨多行业的大肆扩张既是对商道的不专不精，也是对市场规则的忽视，从法商视角来看，既不精商，又不懂法，最终必然会引发企业的生存危机。

从三九集团的多元化进程来看，其从跨行业多元化到后期医药健康城专业连锁，扩张一直是恒久的主题。一方面，三九集团通过不断地收购兼并，资产急剧膨胀，使集团资金不断消耗，资产负债率超过90%，任何企业有如此高的资产负债率都难以存续，每年仅利息支出就足以压垮企业的现金流；另一方面，三九集团并购的医药企业成功率是0.7%，而非医药企业成功率只有0.5%，如此低的成功率意味着三九集团的每一次扩张都没有创造价值而是消耗价值，这无疑使三九集团走上了一条盲目扩张的不归路。这条追求规模最大化而非效益最大化的发展路径，从一开始就注定是失败的。三九集团在现有主业的基础上，未能有效运用内部管理型战略与外部交易型战略延伸企业生命周期曲线，巩固和发展核心能力，而贸然跨入一个自己完全生疏的行业，从而使企业的竞争优势无法发挥，最终丢了西瓜捡芝麻，三九集团连自己的主营业务都陷入了危机。尽管这种外延式扩张道路会暂时掩盖集团内部矛盾，但因缺乏培植企业新的核心竞争能力，为三九集团埋下了致命的隐患。

除了三九集团之外，我国其他药企也有诸多多元化失败的案例，如当年仅通过3年时间就拥有11家子公司、4家上市公司的华源股份及同样兵败多元化阵下的双鹤药业。曾经的华源股份和双鹤药业现已不见踪影，难道医药企业的多元化是个必败的魔咒？实则非已，这背后是药企是否具备了多元化战略的操作和管理能力的问题。

五、法商剖析：三九的管理选择之路

究竟应该是先做大再做强，还是先做强再做大？在二者的关系上很多企业始终没有调整好。从我国企业的发展现实来看，许多企业往往选择先做大，再做强。许多企业通过多元化扩张，以较高的姿态进入其他产业，目的在于充分利用企业的资金、管理、技术、渠道，分散企业经营风险，实现规模经济和范围经济，由此实现企业的快速发展。在企业的发展过程中，利润、市场份额、竞争优势、核心能力等因素，对企业影响最深远的是核心竞争能力，即企业面对市场变化做出反应的能力。企业的核心能力是企业的一项竞争优势资源和企业发展的长期支撑力。它可能表现为先进的技术，或一种服务理念，其实质就是一组先进技术和能力的集合体。尽管企业之间的竞争通常表现为核心能力衍生出来的核心产品、最终产品的市场之争，但其实质归结为核心能力之间的竞争。企业只有具有核心竞争能力，才能具有持久的竞争优势。否则，再漂亮的报表数字最终也只是昙花一现。

（一）核心能力在于核心思维

企业一时的成功并不表明已经拥有了核心能力，核心能力要靠企业的长期培植。这种长期培植，无法离开企业家自身的管理思想建设——若只是学习一种经营之术，那么企业会在自身不断试错的发展中忘记初心，若只是照搬一套体系，那么随着实践的深入，很多体系会被时间冲蚀改变。只有在"领道层"学习到了一种治理思路，将这种思维贯彻下去，企业才能走向长期发展。任何长期的践行都是波折多变的，唯有经营理念可以在实体之内不断迭代亘古相传。在现实中，所有的企业都急功近利，搞突击式的投资来扩大规模，铺摊子，再归并到核心业务上，不自觉地走上由大到强的道路。这些企业忘记了权益本质才是发展的硬道理，从这些企业的发展路径中，我们可以发现，企业的决策核心必须和法商思想相统一，这种企业实体背后的思维必须要做到坚不可摧，企业才能够发挥外部的潜力去啃硬骨头。

（二）权益主体安排下的多元发展

我们常常用围棋中的"两眼"理论解读企业的发展，其含义是每一个主体要想走出活路，想要进行长久生存，都离不开至少两个领域内的专长。在这个风险社会中，三九企业的发展模式正是兼顾多元权益主体，开拓自身发展的"眼位"，为自己走出了活路，彻底避免了跌入企业失败的深渊。这种多元发展的要旨就在于为企业发展过程中的各个主体找到多元的权益安排方案。在三九面临重大风险之时，回归主营的发展转向为其提供了强大的发展后劲。这种回归主营的策略，体现的就是对自身权益的安排。从早期消耗自身的多元化的扩张道路，到后来回归主营的过程，就是从"多眼"到"两眼"的过程，如果路径太多，则"多眼"不成局，没有竞争者和合作者的环境只有孤身一人，注定无法获得成绩。但是也不能"无眼"，没有主营业务等过硬的活路，三九同样无法为继。因此，结合自身资源优势和市场发展的需要进行的"两眼"战略的权益安排，才是发展的关键。

参考文献

［1］胡丹．华润集团并购三九医药的财务绩效研究［D］.长沙：长沙理工大学硕士学位论文，2015.

［2］吴丽娟．三九医药并入新三九华润加速整合医药资产［N］.经济观察报，2008-05-05.

［3］黄勇．军人CEO从军经历对其企业激进投融资行为的影响研究［D］.长沙：中南大学硕士学位论文，2012.

［4］文卫．"囚徒困境"与企业发展战略误区——以三九集团为例［J］.科技经济市场，2009（7）.

春秋航空的成本领先战略

　　春秋航空是开创国内航空公司低价机票的开山鼻祖，也是国内民航业最早实施低成本营销策略的航空公司。早在 2010 年人们认为乘坐飞机还是一件很"高大上"的出行方式时，国内尚没有一家航空公司真正实施低成本管理和低票价策略，甚至多数航空公司仍急于要和"低成本"划清界限，以此维护航空运输是一种高端出行方式的理念。① 在当时民航业刚刚完成初期产业规模建设阶段，行业内很少有人认为在中国民航业发展的当口，应当实行低成本航空运营模式。

　　而春秋航空眼光独到，挖掘到了这一行业内低票价市场真空：一是没有航空公司采用同种运营模式参与竞争；二是市场永远不缺少追求物美价廉的消费者。于是春秋航空公司从成立之始，即明确定位为低成本航空，秉承"让更多老百姓坐得起飞机"的理念，定期推出 1 元、99 元、199 元、299 元的特价机票，而普通机票的定价也低于市场平均水平，一时间春秋航空的低价营销策略在市场上迅速传播，很快被消费者认可，成为国内航空公司成本控制领先企业，其低端票务营销战略在航空业传为佳话。

　　那么，春秋航空的低成本营销策略架构是什么样的？在分析之前，我们先了解一下春秋航空的背景。

　　春秋航空的母公司是春秋国际旅行社，在国内旅行行业发展初期成立，是国内创立较早的旅行社之一。春秋旅行社同样擅长成本管理和低成本营销策略，短短几年之内成为国内旅行行业的领先企业。1994 年，春秋旅行社在企业发展到国内最大规模旅行社的时候，其创办者王正华开始思考公司的下一个增长点，经过考察全球各大旅行社的转型方向后，王正华深思熟虑，决定继而转型航空方向发展。旅行社和民航业结合可以达到整合上下游资源资源的效果：一方面，航空可以促进旅行社的发展，使旅行社更具竞争力；另一方面，旅行社可以为航空提

---

　　① 阚世华. 春秋航空独孤求胜［J］. 中国新时代，2011（3）.

供客源，增加客座率，特别是在航空公司的起步阶段，这显得尤为重要。但当时国内尚未对民营资本开放民航业，直到 2004 年国家允许民营资本进入航空业后，春秋航空获准成立，成为首批民营航空企业之一，并于 2005 年开始运营，在低票价营销的质疑声中实现连续 12 年盈利的业绩。

春秋航空的成本领先战略的核心是始终保持迎难而上的挑战精神、勤俭节约的工作作风，这使春秋航空在实施低成本战略时拥有其他航空企业不具备的企业品格。下面我们从法商视角来分析一下春秋航空的这种内在精神。

一、战略分析——做国内民航成本管理领域
第一个吃螃蟹的人

即使民航业普遍认为国内的航空公司总成本的可控部分太小，做低成本航空的条件不成熟，但春秋航空却是在不可能中做出了可能，其对成本的控制可以用"抠"来形容，通过各种创新管理手段，在各个环节克扣成本开支来达到降低成本的目的。例如，燃油价格不可控但燃油用量可控，因而春秋航空制定节油激励制度，使燃油用量与飞行员的绩效挂钩，结果一年就能节省燃油费用几千万元；飞机的租赁费用基本不可控，但通过提高飞机的日利用率，相当于降低了租赁费用，同时又能提高收益，因而春秋航空在飞机检修、装载卸货、清洁等环节的时间控制极为严苛；飞机的维护成本高昂，春秋航空通过在维护中压缩开支，降低了维护成本。

同时，春秋航空是国内第一家全面采用 POOLING 模式进行高价周转件保障的航空公司。POOLING 模式指的是通过第三方平台统一供应航材，航空公司加入该共享平台，由 POOLING 供应商提供航材支持，航空公司按照飞机的飞行小时进行交费。这种外包方式，使航空公司更专注于公司的经营管理。同时，POOLING 方式通过统一配置，集成供应，能够降低每个参与者的成本，实现多赢。通过采用航材 POOLING 保障方式，春秋航空不仅节省了公司数百万美元航材储存投入，而且有利于在运行期间的成本控制和风险防范。从过去 7 年的实践成果看，春秋航空通过 POOLING 方式在航材成本支出上每年节约数千万元，实施效果非常成功。在春秋航空之后，吉祥航空、联合航空等其他新成立的航空公司陆续采用该方式用于航材周转和保障。

机场费用开支也是巨额成本，为了降低这部分成本，春秋航空配合旅行社业

务选择二线、三线机场，这样既能避开与大航空公司的正面竞争，也能获得当地政府的政策支持。在工资费用方面，春秋航空采取的薪酬策略是：基层技术员工的工资比其他航空公司高 10%～20%，而越往上层管理岗位，基本工资则越低，但执行较高的股权激励政策。春秋航空将其股份分给公司的管理层及优秀员工，通过让员工持股，增强其主人翁责任感，也使其更着眼于公司长期的利益，同时也能分享公司成长的收益。员工持股使公司的骨干人员相对稳定，有利于公司的持续快速发展。①

总之，通过在成本方面的开源节流，通过创新，春秋航空把"钱一半是省的，另一半是赚的"落实到了实处，"抠"出了利润和未来的发展空间。

二、权益分析——"旅行+航空"式链条服务

"旅游+航空"的模式是春秋航空区别于其他航空公司的显著特点之一，这也是春秋航空在开航前几年保持年年盈利的重要因素之一。春秋航空能拿到好的航班时刻很有限，好的航线时刻被许多大公司占有。而许多航班早出晚归，不利于商务客的出行，但旅游客源对此相对不那么敏感，春秋旅行社刚好提供更多的支持。因而春秋航空将白天时刻相对较好的航班定位为以商务客为主，其他航班侧重旅行客户，同时当旅行社对某地旅游市场调研论证后，希望组团到当地旅游，则向航空提出需求，航空经过成本核算可行后，为旅游开通航线，助力旅行社发展。春秋旅行社与春秋航空的协同配合，产生了更大的综合竞争力。

由于旅游业与航空业存在正相关性，即当经济景气时，旅游业与航空业都受益；反之，当经济萧条时，两者同时受影响，从分散风险角度讲，不合适同时做旅行社和航空公司。但从另一角度看，"旅游+航空"模式实质上是将产业上下游资源整合到一起，既实现了春秋航空业务开拓和增长，又为社会提供了完整的旅行配套服务，双产业竞争力的整合也使春秋航空在市场竞争中处于有利地位。从目前的情况来看，国内航空业和旅游行业均强劲增长，春秋旅行社和春秋航空紧密配合，两者均有所受益。并且，2005 年开航之初，来自春秋国旅占乘客总人数的 70%以上，随着春秋航空渐渐被市场接受，春秋旅行社旅客比重逐步降低到现今的 10%左右，自助游的强劲增长导致春秋旅行社业务增长遇到瓶颈，

---

① 王书华．论职工持股会的法律地位 [D]．成都：西南财经大学硕士学位论文，2007.

但春秋航空成功对冲掉了旅游行业的市场萎缩，尽管人们变得更喜欢自助游，但依旧会选择春秋航空飞机出行。

三、收益分析——开源节流收益丰厚

开航首年，春秋航空依靠成本领先策略，同时凭借低票价和旅行社业务带来的高客座率，春秋航空仅靠 3 架飞机就实现盈利 2000 万元，2011 年盈利超过 5 亿元，其良好的收益水平主要依托自身的开源节流，并受益于"旅行+航空"营销模式。

开源：春秋航空是国内首家采用单一机型、单一舱位的航空公司，其所有飞机全部采用 A320 机型，不设置头等舱，这就比同等机型下设置头等舱的飞机多出 32 个座位，可以多获得 32 张票务收入。常年来，春秋航空的平均客座率为95%，票务收入相比于 158 座的带头等舱座位的航班多出将近 1/5。此外，地面服务在其他航空公司属于成本中心，在春秋航空却变成了创收中心，如通过 VIP 直通车、优先登机等收费服务，为公司每年创收上千万元。另外，地面服务部还承接其他公司的部分业务，为公司创造新的收入来源。

节流：春秋航空极善于成本管理，除了前面提到的 POOLING 航材供应模式以外，春秋航空还坚持搭建自有销售渠道，并积极推广网上订票模式，自营机票占据春秋航空全部业务的80%以上，粗略估计，其票务代理费可以节省数亿元。而直至今日，国内其他航空公司尚未能脱离代理销售的模式，旅客在购票时往往会在携程、去哪儿等代理网站进行购买，代理费支出最低为票务收入的3%。

四、法商思想剖析——效率与公平的均衡

当市场上还在统一进行高定价时，春秋航空就打破了这一市场惯例，主动开拓新的权益格局，才有了商业上的突破。这种发展路径，主动考虑市场需求，为市场上的各个主体切实考虑权益，而不是只求高价门槛。在这种基于市场细分的不同消费者权益需求安排下，能够使不同层次的消费者做出符合自身权益的选择，自然会吸引不同消费者的参与，其市场地位自然能够得到巩固。春秋航空变革的精妙之处就在于它抓住了思维变革这个核心，抓住了效率与公平的二元价值的平衡，跳出了原有的思维方式。它既考虑到了公司发展中的效率追求，也不忘

记每一个消费者具有选择权的公平性考量。其实，在市场竞争中，很多管理之术都可以照搬，唯独这种思考和感受的方式最难学，由术到道的转变，谓之蜕变。春秋航空的模式并不新奇，其任督二脉，是兼顾"效率与公平"的核心思想，这才是学习的重点。

参考文献

［1］阚世华. 春秋航空独孤求胜［J］. 中国新时代，2011（3）.

［2］俞郁. 春秋航空的差异化竞争力［J］. 中国商贸，2007（9）.

［3］杨婧. 春秋航空：低成本的力量［J］. 中国企业家，2007（1）.

［4］王书华. 论职工持股会的法律地位［D］. 成都：西南财经大学硕士学位论文，2007.

麦德龙现购自运模式的竞争力

近几年，国外连锁超市在国内的发展状况不容乐观，沃尔玛、家乐福等连锁超市忙于应对电商超市带来的激烈竞争，而乐天则因中韩关系变化计划出售在中国的资产，由此可见，似乎超市零售行业的日子都不好过。

麦德龙是德国连锁超市，其现购自运的经营模式在市场上独树一帜，以差异化竞争策略成功占领商超批发市场。尽管如此，麦德龙在国内商超零售行业一直是一个低调的存在，早在 20 年前，麦德龙就已经加入了中国市场，20 年来见证了我国城市面貌翻天覆地的变化，也见证了其他商超的兴起和衰落，唯独麦德龙不温不火，虽然没有火速增长的市场业绩，但也未在风险面前遭遇大的损失。或许在这个市场动荡不迭的经济时代，麦德龙的成就就在于稳定。

一、麦德龙与现购自运模式

麦德龙创立了现购自运的商业模式，主要是指现金交易、现场提货、自行运输。在麦德龙，顾客自行挑选商品，支付现金并取走商品，看似与普通超市没有任何区别。但是，现购自运批发是一种依托自我服务实现的批发销售。麦德龙向供应商提供订货单，供应商直接送货；顾客进商场购物现金结算。这种方式旨在满足专业客户和商业客户服务，批量批发和自行运输，实现了以尽可能低的价格为专业客户提供高质量的商品和服务。[1] 现购自运模式的核心是现金交易、自选自运，在仓储式的卖场内，商品由工厂、供货商送货上门，客户自助选购商品后现金结算、自行运输。麦德龙集团在进入中国之前，对中国市场曾做过长达 6 年的市场调研，在对市场分析预测的基础上将其现购自运制带入中国。现购自运制是顾客在超市内自由挑选商品，结算时只能使用现金，不能赊账或使用信用卡

---

① 信辉. 麦德龙集团国际化营销策略研究 [D]. 哈尔滨：黑龙江大学硕士学位论文，2016.

094

等，超市不向顾客提供资金账期，购物后顾客自己将商品运回。① 多数商业客户的批发采购环节具有快速高效销售的特点，因而通过现购自运模式则大大降低了超市的营运成本。

1995 年，麦德龙公司携自己成功的管理模式和先进的信息管理系统落户上海，时至今日，麦德龙已经在国内开了 80 余家店铺，虽然数量不多，但是业绩稳增。②

二、麦德龙模式法商架构分析

现购自运模式为中小规模采购客户提供了一种更加低成本、高效率的购物方式，同时也满足了商品厂家和一二级供应商的商品高速流通需求，现购自运已经成为麦德龙最重要的标志，也成为麦德龙在国际市场上的专有优势及核心优势。这样的运营模式简化了麦德龙、供应商和顾客三者之间的交易关系，提高了各方资金的流动和货物的周转，缩短了厂家资金的再次投入使用的时间，整个生产流通环节的各方均获得收益。顾客通过自备运输工具、进销低价大大降低了流通成本，缩短了流通时间，快速高效的销售模式极大地降低了麦德龙运营成本，带来了更多收益。

麦德龙就像一个大仓库一样，能够满足客户"一站购齐"的需求，随时可以购买到整箱或者批发的商品，这样的仓库将众多零售产品组织起来，销售与仓储的结合为现购自运提供了极大程度的便利。麦德龙现购自运的经营模式可以说是符合了现代人快购快销、追求简单、团体消费等众多特点。相比于沃尔玛的连锁经营与家乐福的大卖场，现购自运模式使麦德龙与顾客之间公正的贸易关系逐步深化为一种相互信赖的忠诚感，麦德龙试图用这种市场定位及各方面的系统服务，突破传统的商超运营模式，以求为专业的顾客群体提供优质的商品与服务。为了强化这种模式的管理效果和运营效率，麦德龙现在已经针对现购自运业务设计了一套较完善的计算机系统来指导卖场管理，从订货、交货到销售、结算都利用麦德龙自身的运行系统，充分提高了工作效率、减少了过多人员的投入，降低了人工操作的时间，低成本的生产使企业获取高利润。

---

① 焦健. 麦德龙（中国）现购自运有限公司发展战略研究 [D]. 苏州：苏州大学硕士学位论文，2015.

② 黄芬. 武汉市大型超市物流联盟战略研究 [D]. 武汉：武汉科技大学硕士学位论文，2009.

　　麦德龙的战略定位是实施差异化战略，避开与普通商超的直接竞争，直接占领专业批发超市领域的空白市场，主要与专业性较低、零散单一的批发商店进行竞争。

　　麦德龙通过现购自运的差异化战略使自身的市场定位区别于传统的大型商超。由于针对客户不再是零散的终端消费者，因而麦德龙真正的竞争对手并不是超市或大卖场，而是批发市场，是那些经营单一品类商品的传统批发商、代理商，如存在及且已经具备一定规模的蔬菜、水果批发市场，海鲜市场、糖果批发市场、酒类经销商或代理商等。

　　中国的批发业都是比较单一的批发，专门针对一两类产品，客户采购清单品种较多时需要通过多个批发商才能够采购齐全所需的全部物品。同时，这些批发商多数以数十个独立商家构成的粗放市场为主，商家的质量和服务水平参差不齐，市场的购物环境也与专业商超存在很大差距。而通过麦德龙，客户不仅可以将所需物品一次性采购齐全，有时还会享受价格折扣，而且购物体验也要远高于传统批发市场，在麦德龙价格透明、售后服务有保障，这种规模化、专业的管理模式均构成了麦德龙的差异化竞争力。因而麦德龙真正的客户逐步认识到现购自运制与批发的区别，在麦德龙采购商品效率高，购物环境良好，而且价格实惠。麦德龙虽然属于批发行业但是与批发又是不一样的，一个客户要采购 10 多种商品就要找七八家供货商，这毫无疑问是增加成本的。甚至有的批发业主也会在价格变化时到麦德龙来选择补货，因而麦德龙赚的实际上是时间价值。尤其是真正在意产品质量的客户会非常乐意去现购自运的麦德龙商场购货。

　　麦德龙模式的精髓就在于它将资源整合集中，为他人赢得权益，也为自己赢得了权益。这种模式的精妙之处，就是看到资源集中的价值。很多时候，我们以为资源的集中不过是搬运功夫，没有太过在意这种集中带来的效益。其实，集中的资源能够大幅减少成本、优化选择、激发创意，各个主体的权益会在集中过程中升级，这就是资源整合的力量。

　　相比于传统批发商仅在顾客索要时才会提供一个交易凭证，麦德龙则严守法律规定和商业准则，为顾客的每一笔交易提供明细购物发票，发票税会列明购物单位和持卡人姓名，还会详尽地排列着消费者所购商品的名称、单价、数量、金额、日期、单位及持卡人的名称等。其详细程度甚至连每包卫生纸的卷数都有说明，绝无半点含糊。在欧洲，这种透明方式很受欢迎，对企业财务做账和成本核算都很有帮助。同时，麦德龙因详细记载了交易流水，配合其完善的财务制度，收入核算和税款缴纳工作良好进行，麦德龙每年按照我国税法规定缴纳税款，相比于传统零散批发商，税收贡献相对更高。

麦德龙真正做到了法与商的结合，从商人的效率思维转换到规则思维，获得了成功。我们其实可以从麦德龙的案例中看到，商人须见法中之商，需要看到守法能带来的效率，这种法商思维方式给商业带来了巨大的升级。麦德龙明晰地在交易凭证中列明所有详细内容，其实为卖家和买家都节省了大量成本，这种做法，就打破了消费者和商家之间的信息壁垒，从信息不对称走向信息对称，消费者能够切身地感受到自身权益和自我价值的实现，这就必然为商家带来更多客户，为企业开拓更大的市场。因此，在效率和公平之间实现兼顾，恰恰能够使商人获得更多的效益。

三、互联网背景下麦德龙还能玩得转吗

在欧洲，麦德龙已经证明，现购自运模式与普通零售业实际上完全可以互补和共存，这不是一种恶性的竞争，而是一种共同发展。尽管麦德龙的现购自运模式直接针对专业批发市场的空缺，但传统批发市场在我国存在已久，且低价、高效的专业商超早已经开到了互联网，那么这种互补在当下中国也一样适用吗？

麦德龙在中国主要为中小型零售商、酒店、餐饮业、工厂、企事业单位、团体等专业客户提供一种超级仓库，用低成本、大购买为目标客户提供高品质的商品和服务。从目前的店铺规模来看，这种模式的市场认知度还有待提高，但是从其财务状况来看麦德龙式采购却受到了部分市场群体的认可。

然而，我国近年来的电子商务发展程度已经远远超过许多发达国家，电商网站上不仅产品齐全，价格也比线下实体店便宜了一大截，更具竞争力的是物流和服务质量也已经上升到了新的水平上，电商超市的市场价格和物流送货上门服务似乎更具竞争力，当下在中国的电商网站上买重达数百公斤的家具都可以提供送货入户和免费安装服务了，麦德龙的自行运输模式竞争力必然逊色一截。

除此之外，我国境内的多数批发商业也已经打通了配送环节的服务瓶颈，多数采购是可以提供配送的，也就是客户下单，供应商送货上门，客户再付款，在这种模式下麦德龙又受到了打击——在麦德龙购物不仅要自己搬运回去，还要提前付现金，消费者在权衡利弊的时候想必又会犹豫了。

另外，麦德龙的现购自运模式的实质是赚取时间差，也就是采购者在麦德龙

集中采购、集中运输，以达到节约时间的目的，不需要一个个联系批发商商谈价格和采购。但是，再次感谢互联网，当下我国的电商环境可以轻易做到询价和比较购物了，随便打开一个电商平台输入采购产品，简单比较后就能够选出价格公道、服务优良的供货商，下单购买，对方送货上门，顾客既可以支付现金又可以采用信用付款，似乎更具有吸引力，并没有浪费太多时间。反而开车去麦德龙，路上耽误的两个小时足够在网上选到中意的产品和供货商，剩下的时间可以喝杯咖啡。

所以，在我国电子商务发展相对较好的背景下，麦德龙模式真的具有实质优势吗？这是值得深思的。当然，电子商务发展较好的前提就是实体销售发展弱势，不得不承认，我国线下门店的服务水平相对来说是较弱的，批发环节多数以中小企业和个体户为主，其产品质量、服务水平完全取决于老板的道德水平和商业素养，因而线下市场中，麦德龙还是具备非常大的模式优势的。我们也愿意看到线下出现一种令人感到便利、舒适、节约的商业模式，愿意看到法商管理的思想进入更多的企业，为消费者和社会带来更大的裨益。

参考文献

［1］信辉.麦德龙集团国际化营销策略研究［D］.哈尔滨：黑龙江大学硕士学位论文，2016.

［2］焦健.麦德龙（中国）现购自运有限公司发展战略研究［D］.苏州：苏州大学硕士学位论文，2015.

［3］黄芬.武汉市大型超市物流联盟战略研究［D］.武汉：武汉科技大学硕士学位论文，2009.

富安娜：艺术家纺的开拓者

"缫车嘈嘈似风雨，茧厚丝长无断缕。今年那暇织绢着，明日西门卖丝去。"

自古，纺织业就是我国重要的经济产业之一，沿袭发展了数千年，如今纺织业仍是我国国民经济当中极为重要的一部分。虽然国内纺织行业历史丰厚、文化底蕴深厚，但是面临国际市场上的新技术、新潮流时，竞争力非常弱势。因而，综观当下可以发现我国纺织行业鲜有在国内市场上站得稳、销量好的民族品牌，而富安娜是其中佼佼者之一。那么，富安娜是如何突破国内纺织企业的产业中下游生存瓶颈的呢？我们试用法商思维，剖析一下富安娜的竞争策略，看过去一个小小的床上用品企业如何发展成为当下的家居行业破局者。

1994 年 8 月，林国芳创办深圳市富安娜家饰保健用品有限公司，主营床单、被服等床上用品，与众不同的是林国芳在创立富安娜第二年，就开始实施直营与加盟连锁专卖店模式，富安娜专营店铺迅速出现在国内各大主要城市，发展成为国内床上用品行业的领导性品牌地位，也是国内少有的没有通过贴牌代加工起家的纺织品公司。

富安娜自成立初始发展至今，发展研究非常具有前瞻性。早在国内纺织业主要承接对外贸易订单的快速发展期，富安娜就逆其道行之，着力发展自营渠道和产品设计研发，正是当时在纺织行业的深厚积累才成就了当下这个集研发、设计、生产、营销和物流于一体的富安娜，回望国内那些在前些年发了贴牌代加工财的纺织企业，当下已经在为极低毛利率和长达一年期的应收账款愁眉苦脸，而在市场风雨考验中竞争力弱的企业更是已经被市场吞没。富安娜的前瞻性在于其不仅只生产，而是上游紧抓设计，下游拓展销售渠道和物流运输，打通了设计到终端销售之间的链条。因而仅用了 17 年时间，富安娜就发展成为国内纺织行业的龙头企业。

独到的眼光，完备的竞争策略，成就了今天的富安娜。那么富安娜是如何在国内纺织行业的重重竞争当中，赢得市场的呢？

一、核心战略——竞争为先，渠道为王

富安娜主要生产床单被套等床艺产品，其竞争战略核心是首先进行清晰准确的市场定位，其次推出具备竞争力的产品，也可视作产品差异化竞争战略。公司拥有国内最强大的研发团队，积极研发价格适中而质量优等的产品，产品市场前景较好；同时淘汰那些同质化严重、边际利润贡献小和缺乏市场竞争力的产品。富安娜的设计目标是把床上用品当做艺术品看待，提出了"艺术家纺"的品牌定位，以此来满足当代人们对生活品质的追求。公司塑造了"艺术家纺"的理念，将其产品的美观、优质特点传达给消费者，使消费者认为富安娜是一种最为舒适、恬淡、美妙的情感。

但是，与传统差异化战略不同，富安娜在大力度实施差异化战略的同时紧握渠道，通过直营加盟模式建立其营销渠道，2000 年时，富安娜直营加盟店总数量已超过 100 家，直营加盟店策略的成功使富安娜的销售网络铺盖到全国各地主要城市。目前为止，在全国范围内，富安娜公司已经拥有 27 家直营总公司和3000 多家专卖店，通过这种密集式的渠道网络，富安娜建立了稳固的销售网络优势。然而近年来线下销售开始受到电子商务的冲击，富安娜又以灵敏的反应速度着力加大互联网平台线上营销，将销售平台铺设至电商渠道，争取线下、线上同步盈利，夯实自己家纺行业龙头老大的地位。

富安娜运营的精妙之处在于通过相对较低价位策略塑造了中高端布艺品牌形象。富安娜公司的销售渠道十分广泛，店铺主要集中在商场、直营店、家纺大卖场、批发市场等，同时通过高折扣实现低价格，即标价昂贵，但折扣较好。这种低价战略既满足了消费者追求高品质产品的心理，又符合大众家庭的消费能力，通过薄利多销获取长期最大利润的战略。因而富安娜的产品定价以满足最低利润率为目标，在投入期就尽量满足多层用户的需要。企业在大量制造、大量销售中通过降低制造成本而实现规模效益。

富安娜的中低价位策略是符合国内大环境需求的。当下国内三线城市的家居用品需求量是最大的，且需求量增长趋势迅猛，同时，三线城市的消费水平较一线、二线城市仍有一些差距，因此，为了迎合市场需求，弥补市场缺口，富安娜公司针对三线城市的大市场进行专门的调研、策划和可行性判断，通过低价战略，快速占领三线城市的市场，满足市场缺口的需求。

但是收益永远伴随着风险，低价战略主要有两个风险：一是市场需要量达不到预期值时不但不能获利，甚至无法回收投资；二是影响商品的形象，因为价格低廉，用户可能因"便宜货"而对其功能及质量产生怀疑，影响销售量的增长。富安娜是怎样应对这一市场规律的呢？富安娜没有用批量生产配合低价战略，而是精简设计、提升设计品类和风格特点，并将高端设计产品置于品牌的高端产品系列中，这就良好地塑造了富安娜的形象和商标信誉。富安娜公司的形象和商标信誉在家纺行业中一直是数一数二的，这与其坚持自主设计研发的低价战略方案是分不开的。

与此同时，富安娜公司自身的实施条件自然形成了一定的行业壁垒。富安娜在发展前期已经具备完善的销售网并取得规模经济效益，行业内其他企业已经难以渗透加入竞争，因为渠道已被掌握。采用这种战略的大多是规模大的优良企业，富安娜在国内的规模数一数二，采用这种战略是非常适合的。此外，富安娜公司拥有国内最强劲的研发团队和最先进的研发技术，在家纺产业拥有的专利数量也是同行中最多的。这就给研发新技术、新工艺开展低价战略提供了有利的条件。在整个行业竞争如此激烈的今天，研发出物美价廉的新产品才能独当一面，富安娜具有得天独厚的研发能力，具备了开展低价战略的条件。因此，实施低价战略会给公司带来巨大的收益和可观的发展前景。

二、收益分析——品牌溢价明显

当今社会是一个对品牌高度崇拜的社会，因此，把品牌做大做响是制胜的关键。我国家纺行业市场很大，消费群体也不尽相同。因此，要想形成巨大的销售网络，市场细分是必不可少的。富安娜公司早期的差异化定位，致力于消费者群体的精准链接，销售实现了针对性。同时，富安娜一直在发展中联合其他家纺品牌创造家纺概念，大大提升了家纺行业的发展空间，品牌产品拓展到床品、巾品、厨品、帘品、布艺、帕品、垫品、袋品等多个类别。例如，富安娜是我国国内专业开发婚庆家纺产品的企业，通过研究新婚者的购买行为，对症下药，研发销售其想要的产品，赢得消费者。

富安娜公司的产品主要在国内销售，因此，在品牌定位和推广上应从国人的思维和喜好方面考量，设计适合国内消费者的产品，迎合国人品位。富安娜一直在塑造浪漫而张扬的品牌形象，其品牌内涵是"艺术家纺"，如公司花重金邀请我国著名舞蹈艺术家杨丽萍为产品代言，代言人的气质与产品内涵照相辉映，强化了"艺术家纺"。再如富安娜公司在湖南卫视的《我是歌手》节目中曾经花费重金做广告宣传，在广告冠名赞助等方面加大投入，效果很显著，富安娜的品牌知名度得到了大幅度提升，公司可以多做一些类似的宣传投入。此外，富安娜公司还着眼于满足不同的消费人群，差异化设计生产产品，代理国外的不同价位和风格的品牌，以此来最大限度地满足消费者需求，增加企业市场覆盖率，提升企业品牌形象和价值。

品牌塑造策略使富安娜获得了较高的品牌溢价，品牌效益明显，当下，富安娜的产品在市场上能够卖到较高价格，旗下产品也已经覆盖了大众消费和中高端各类群体，收益非常好。

三、结语

在富安娜的发展路径中，它充分考虑了特定客户群体对高品质产品的需求，并充分尊重客户的选择及不同需求主体的权益满足。在做产品和产品推广的过程中，富安娜始终考虑的是消费者的权益。权益不同于利益，它是权利加利益，这种思维，不仅是考虑效率之益，更是考虑了公平之权。其表现就是不仅考虑消费者的获益，更加考虑消费者的其他高阶需求，考虑消费者的感受、自身价值的确认。这种更进步的法商商业观念，就体现在富安娜的运作案例中，值得每一个法商管理人才学习。

参考文献

［1］张鹏飞. 富安娜：发展之路越走越宽［J］. 产业观察，2014（44）.

［2］王建军. 战略管理学［M］. 北京：经济科学出版社，2012.

［3］李大千. 富安娜——家纺艺术家［J］. 布局·韬略，2014（1）.

连锁酒店员工的高流动性怪圈

如今，我国各大城市都可以见到连锁酒店，它们密集分布在商业街区、旅游景点、大学城等人流集中的区域。国内传统的旅店、客舍突然之间在经济型酒店的冲击之下倒闭了数批。国内目前主要的经济型连锁酒店有汉庭、7天、锦江之星、如家、速8等，连锁酒店占中端酒店市场份额的60%以上。面对庞大的国内市场，这些连锁酒店的业绩也保持良好。尽管如此，细心的人可能会发现，这些酒店面临着一个共同的问题：员工流动性极强，每一家酒店都在不停地送走旧员工，同时又迎来新员工。

连锁酒店的员工年平均流失率达到35%，远超员工流失率20%的正常流动水平。虽然酒店作为服务行业本身就是个流动性较高的行业，每一家酒店的员工管理模式也不尽相同，但是过高的员工流失率给其运营带来了非常大的负担。

从酒店成本的角度来看，从招聘到员工上岗，其间投入了高昂的时间成本和财务成本，在酒店管理者看来这是一种必要的投资。然而一旦员工从该酒店离职去其他酒店，酒店的投资瞬间打水漂，甚至可以说为他人作嫁衣。酒店为维持正常的经营活动，流失原有的员工之后还需要重新招聘员工。为找到合适的人选来代替暂时空缺的职位，酒店又要支付新一轮成本。[①]

从酒店经营文化与品牌的角度来看，员工流动性高不利于服务质量的稳定与提升，同时也难以凝聚企业文化精神。在新入职和即将离职阶段，员工工作质量难以保证，甚至有些员工对酒店怀有不满情绪，懈怠工作，降低酒店的服务水平。同时因为新老员工交替的时间差里有些员工必须兼任辞职者的工作，使服务质量难以保证。管理者面对如此不稳定的团队，团队建设与文化凝聚也难以进行。

---

① 黄敏. 连锁经济酒店员工高离职率的原因及对策分析［J］. 时代金融，2016（29）.

一、各层次人才的流失率均居高不下

连锁酒店员工主要由高学历人才为主的储备干部、实习生、一线员工三大类群体构成，员工的平均年龄在 20~30 岁，整体流动性都很高，其中一线员工流动性最强。

为了改善管理水平，连锁酒店会招聘大学生作为储备干部，从中挑选出能力强、工作经验丰富的员工进行提拔。但是从事过酒店行业的人都知道，酒店行业的管理层要熟悉每个岗位的工作职责和服务过程，因此刚进入酒店没有工作经验的大学生都是从基层工作开始做起，而多数大学生在心理上和生理上都难以适应高强度同时枯燥的酒店一线工作，最终留下的毕业生少得可怜。高学历员工的流失严重导致各个门店员工学历结构均以低学历为主，这也造成了管理层理论知识的缺乏。

连锁酒店行业的一线员工基本上学历不高，而具有工作经验的一线员工同类职位的选择机会较多。如果在最基本的保障激励上得不到保障，一线员工就会选择离职。而且一线员工是酒店直面顾客的岗位，这些员工积累了一定的客户资源和一线工作经验，他们的流失给酒店带来了人力资源成本增加和客户维护成本增加的双重损失。

除了以上两大类外，实习生的流动性更高。实习生以在校生和社会流动人员为主，在酒店实习 1~3 个月就会离开，很少有人会选择续约留在酒店继续工作。

二、高员工流失率原因剖析

那么这些酒店到底为何会面临如此严重的人员流失问题呢？我们试从法商角度做出剖析。

（一）原因之一——员工权益未受重视

酒店对员工权益不够重视、员工报酬低是这些酒店员工流动性大的根本原因。连锁酒店的员工多数为异地务工人员和本地社会弱势群体，能够得到的平均薪酬在 2000 元/月左右。酒店工作以体力劳动和简单重复的工作为主，虽然简单但是劳动强度大，可替代性强。酒店内常常因人员不足导致员工需要身兼多职，员工的满意度越发降低。连锁酒店行业是一个追求服务速度和效率的行业，工作节奏很快。每天面对不同顾客的不同需求，酒店提供的服务要及时而且迅速，否则可能会碰到一些意料之外的问题，甚至少数顾客还会对员工进行无端的刁难，酒店管理者及服务员都要承受较大的工作压力。连锁酒店的基层员工流动性比较大，在职的员工常常需要承担更多本职外的职责与工作任务，对在职员工来说工作量加大了，但激励却没有跟上。① 另外，连锁酒店管理人员周末、节假日轮流值班，个人时间难以保证，加重了员工的家庭负担，生活质量也会受到影响，因此员工满意度普遍不高。

(二) 原因之二——劳动合同未得到严格遵守

多数酒店存在着不与临时工签订劳动合同的现象，而长期员工即使签订了劳动合同，合同规定也极为苛刻，与我国《劳动法》的规定有所出入。

例如，员工收入低却承担着大量工作，同时加班补贴并不发放。

我国《劳动法》规定企业应当为员工缴纳社保，但酒店多数员工没有社保。即使提供社保，缴纳金额也与当地最低社保缴纳标准持平，除此之外没有其他福利和补贴。多数酒店甚至没有为员工缴纳住房公积金和提供住房补贴，外地务工人员的子女也无法享受到当地的教育资源。

酒店员工假期也不能得到保证。虽然多数酒店规定员工每年可享受特定公休的制度，但由于酒店行业需要 24 小时不间断服务，员工休假往往很少有自主权。酒店的加班补贴也是以报酬为基准核算的，并不会按照《劳动法》规定给予节假日翻倍补贴，员工本身工资较低，加班补贴对他们来说经济补偿的效果不佳。员工对酒店的报酬制度也相当不满。

(三) 原因之三——职业前景堪忧

连锁酒店的管理在酒店行业内相对而言是较为完善的，即便如此，能够科学客观地对各个岗位绩效进行评估的酒店也是少数。多数酒店中晋升通道不明朗，也不畅通，优秀员工往往无法得到应有的提升与报酬，酒店也只能通过不断地换岗来挽留员工。这种不科学不合理的机制只会无形中增加企业的人力成本，并产生错误的理解——酒店只关心管理层而不注重一线员工。

---

① 陈飞. 长沙如家连锁酒店员工流失管理研究 [D]. 长沙：湖南大学硕士学位论文，2014.

一般而言，基层员工晋升到主管需要 5~8 年的时间，但到了主管这样一个级别之后，往上发展的空间越来越少，晋升的渠道愈加狭窄。许多酒店主管感觉到短期内升职无望，便会选择离职，另外谋求发展出路。同时由于各个连锁酒店在国内的扩张速度变缓，分店管理人员相对较为稳定，基层员工在分店晋升空间也变得少了。

同时，酒店对于职位晋升标准、考核制度不明朗，员工失去个人职业发展的明确方向和规划，在审视自身时难免忧虑，面对外界诱惑时难免动摇。晋升机会少，职业前景渺茫，再叠加工资常年不涨劳动量不减反增的现状，员工的离职率自然会居高不下。

三、结语

由于酒店业属于劳动密集型行业，固定投资成本较高，日常开支大，酒店只有在维持较高的房间出租率时才能获得一定的利润。这也就决定了酒店无法提供与其他行业相比具有竞争力的工资水平。

尤其是在连锁酒店里，工资报酬低是造成员工高离职率的主要因素，酒店行业员工工资满意度和酒店工资支付能力、职位价值总是矛盾的。这种矛盾是无法解决的吗？其实酒店在处理员工问题时直面了公平与效率两难的问题。为降低企业日常经营成本，员工没有竞争力的工资是必然选择，然而员工权益保障不到位带来的高离职率和法律风险也会给企业日常经营造成负面影响。如果企业没有从战略层面真正重视公平与效率均衡的问题，没有调整好企业的经营思维，在企业做大做强的过程中，公平与效率失衡带来的一系列隐患只会日益凸显。

酒店行业尤其是连锁酒店，在考虑自身未来发展时，往往忽略员工利益，始终将员工作为酒店经营的成本而不是资源。中国的酒店行业竞争激烈，然而管理层在整合资源时仍停留在野蛮掠夺的初级阶段，对既有资源不能深入开发，也没有用心维护。酒店服务业最丰富的资源是人，最核心的也应当是人。开发员工潜力，激发员工创造力，是酒店业培养核心竞争力的重要途径。对于企业重要资源，要有决心开发，有魄力维护。通过调整工作时间、科学均摊工作内容、非核心服务外包等措施，提高员工工作幸福感；改革员工考核制度，依据企业自身情况和法律规范健全薪酬制度，构建激励机制，提升员工工作满意度；通过组织集团活动、员工培训等文化建设措施，增进员工的归属感。

酒店服务工作学历要求低、专业技能要求低，同时工作人员的职业需求也简单清晰，最容易满足。企业必须打破过往陈旧观念，整合经济资源和规则资源，构建独特的企业规则，掌握企业持续经营的法宝。抓住员工的需求并转化为连锁酒店自身的竞争力，员工高流失率的问题一定会得到缓解。

参考文献

［1］黄敏 . 连锁经济酒店员工高离职率的原因及对策分析［J］. 时代金融，2016（29）.

［2］岳艳琴 . 浅析酒店员工流失率［J］. 商，2016（34）.

［3］宋玉秀，江晓云 . 基于员工满意度的酒店人员流失分析——以桂林香格里拉酒店为例［J］. 现代交际，2013（2）.

［4］陈飞 . 长沙如家连锁酒店员工流失管理研究［D］. 长沙：湖南大学硕士学位论文，2014.

格兰仕的价值链成本领先战略

我国从不缺历史悠久、质量和服务过硬的家电巨头，这些企业横跨多个家电行业分支且经营良好，可见其竞争力之强大。但是在国内家电行业的夹缝中，格兰仕专注微波炉行业，打造了专业品牌，至今市场占有率稳定。

提到格兰仕，不得不深入分析其有别于其他家电企业的竞争突围方式，想必翻阅全国所有家电企业案例，也难寻到像格兰仕这样的价值链成本领先战略的应用案例，正所谓成功会有不同方式，失败却往往相似。

一、创立初期——原始资本积累形成

格兰仕集团成立于 1978 年，其前身是顺德桂州羽绒制品厂，是我国改革开放后第一批民办企业。1988 年组建成为格兰仕集团，发展至 1992 年时，公司已是年利润 800 万元的羽绒服装企业，由此可见，很多人或企业的成功并不是偶然的，格兰仕当年如果坚持做羽绒服，现如今或许也已经成为国内纺织行业数一数二的优秀企业。

二、全力转型微波炉行业——小有成绩

20 世纪 90 年代初，微波炉进入国内市场，当时售价为每台 3000~4000 元，相当于当时普通工薪阶层半年的工资，格兰仕迅速看到商机，决定投入全部财力、物力研发生产微波炉，转型为微波炉企业。1993 年，格兰仕集团决定向微波炉市场进军，仅用两年时间，格兰仕微波炉的市场占有率跃居全国第一。格兰仕是如何快速实现这一优异成绩的呢？我们通过法商思维来做个剖析。

加入微波炉行业初期，格兰仕不仅看到了微波炉行业的发展前景，同时还意识到未来的激烈竞争。格兰仕意识到要使一个微波炉行业发展壮大并取得成功的

重要因素，就是要让消费者都有能力购买，未来每个家庭购买微波炉支出应当在300元左右，也就是说微波炉应当是一个不会增加家庭经济压力的生活必需品。①

　　经过分析发现微波炉虽然当下利润空间极大，但每台3000~4000元的微波炉大部分利润来自信息不对称，一旦微波炉的生产技术被行业广泛掌握后，这种高额利润将变得不可维持。与此同时，一大批公司在行业价格高位时就进入，这意味着风险的累积。高位入行的企业越多，能够承受微波炉价格波动的企业就越少。因此，为了打败竞争，格兰仕决策层毅然做出未来将每台3000元左右的微波炉在10年内下调到300元左右的长期策略，并且要在占领市场销售份额后，拥有继续向下降价的决定，一是为了抗衡自身对产品价格波动的应对能力，二是为了在市场当中迅速赢得竞争。由此可见，格兰仕在行业内挑起的价格战并非盲目降价的行为，而是通过推动行业均价下跌来开拓行业市场容量，培养消费者微波炉购买行为习惯，并击败行业内的盲目竞争者。

　　为此，格兰仕了解到要拥有中国微波炉75%以上的市场占有率，力争在国外做到40%以上的微波炉市场占有率，除了在管理、制造方面下大力气研究之外，对市场占有率的决定因素也就是价格，这是前提条件。要做到对价格保持每年都有30%下调的策略，成本的分析与管理执行都不可马虎。"兵马未动，粮草先行"，既然要力争达到300元一台微波炉的销售策略定位，格兰仕积极降低微波炉机件制造成本，同时节约人员工资及办公成本，只有在低成本的制造配合高出品调控才能够实现其"蓝海"战术。

　　这一阶段，格兰仕短期之内成功成为国内微波炉领先企业，我们看格兰仕的成绩单：

　　1992年，格兰仕进入微波炉产业市场。

　　1996年，格兰仕微波炉的年产量已增长至60万~70万台，原价格基础上降低了40%~50%。

　　1997年，格兰仕微波炉的产量增长至200万~250万台，市场占有率上升至75%。

　　2007年，广东格兰仕公司微波炉年销售量已达到1500万~2003万台，国内市场占有率高达71%~75%，国际市场占有率高达30%~40%。

---

　　① 刘明红. 企业的成败取决于成本控制的优劣——广东格兰仕公司成本控制分析 [J]. 经济师，2009 (5).

至今，格兰仕已经发展成为微波炉、空调、小家电三大支柱产品为主的综合性白电企业。

三、制胜法宝——内外部权益均衡策略

在格兰仕的案例分析中，我们常常看到研究者将其定义为供应链成本管理的成功案例，但是从法商思维来看，其价格战成功的本质实际上是实现了内外部权益均衡的必然结果。

（一）"三位一体"的竞合成本管理

格兰仕的成本领先不仅在于自身生产成本优势集中，更加过人之处在于整个产业上下游的综合成本都得到下降，因而与格兰仕形成利益捆绑的上游和下游企业三者之间达成了竞合关系，在相互竞争中成长，在团结一致中合作共赢，从而实现了行业链条上的利益均衡。

格兰仕是我国最早一批应用会计信息系统和 ERP 管理的企业。格兰仕进行规模化生产后，积极对企业的生产计划和物料进行系统规划，使材料和产品按计划流动，在企业中只保留少量的库存。该企业追求的是工厂与销售渠道双零库存，根据生产计划与需求计划用最少的时间将原材料运送到生产地、将产品运输到销售地，然后在计划时间内进入客户的使用空间，有效地降低了材料库存成本与渠道资金的占用成本。

为了实现产供销平衡，格兰仕集团还设立了计划管理调度中心，其主要根据企业的生产、供应及销售的变化，实行动态的计划管理，但是不能随意改动计划。一般计划中心将集团的月计划分为周计划、日计划，并要提前对未来一周的计划做详细的安排。这有效地改善了生产计划的随意性及协调性差的状况，避免了企业的盲目生产，节约了企业资源。格兰仕集团通过对成本的严格控制，其产品成本比同类产品低 5%~10%，管理费用比同类企业低 50%，企业员工的劳动生产率却比同类企业高 20%。

为了推动行业产品均价的下降，格兰仕将出厂成本降低后着力于帮助行业上下游企业优化成本管理。格兰仕集团与最为重要的上游供应商宝钢建立并完善了市场快速反应机制，缩短了材料交货周期，提高了包装及运输的质量，同时两者还共同建立了电子商务平台、电子质保书查询及网上热线服务等项目，这有效地降低了格兰仕集团的采购成本、仓储成本及资金占用成本。借鉴这种思路，格兰仕集团还与世界 100 多家供应商建立了战略联盟的关系，其与供应商的技术开发与合作，有力地保证了家电产品的质量与健康，降低了产品成本，增强了企业的核心竞争优势。与下游的合作中，格兰仕集团刚进入微波炉行业时采取的是区域代理制的销售模式，即在每个省建立数个区域总代理，然后由区域总代理将产品发给销售终端。整个公司的销售人员并不多，但服务于全国的经销商，销售终端甚至延伸到了农村市场。同时格兰仕宣称让商家"经营零风险"，得到了经销商的认可，减少了厂商之间的猜疑，有效地调动了经销商的积极性，加大了厂商之间的合作，有助于格兰仕集团与经销商建立一种稳定的利益共同体。

（二）强有力的塑造行业成本壁垒

我们提出过，格兰仕的价格策略并非终端市场当中的低端价格战，其背后的目的是将高成本的竞争者挤出市场。而这种做法的受益者是市场消费者，以及行业多头垄断者——格兰仕自身，通过这种方式，格兰仕达到了内外部权益主体的利益均衡。

当格兰仕生产规模达到 100 万台时，就把产品出厂价定在生产规模在 80 万台的企业成本之下，当生产规模达到 1000 万台时，格兰仕就把产品出厂价定在规模为 500 万台的企业的成本之下，经过一步步的卡位式价格策略，使生产规模和成本管理弱于格兰仕的企业迅速失去市场，而格兰仕集团迅速达到了规模经济，从而大大降低了单位产品的生产成本、采购成本、销售成本、研发成本等，使该企业占据了成本优势，随后便掀起了大规模的降价活动，降价幅度最低达到 24%，最高达到 40%，推动产品销量迅速增长，使格兰仕快速赢得了市场。

四、法商剖析

（一）权益思维

在格兰仕发展过程中，最大限度地兼顾权益主体。一方面，是其整个生产营销环节中的各个主体，如经销商、厂商。格兰仕通过自身力保质量和踏实努力，使自己的商业伙伴充分信赖。对各个主体权益的考虑为他赢得了一个相对良好的发展外部环境，并构建了其具有自身特色的规则。

另一方面，格兰仕采用的低价但保证质量的策略，又是充分考虑消费者权益的做法。现今的企业，往往能够通过恰当的权益安排规划，反过来带动自身走向健康持续创富之路。

（二）规则创富

格兰仕通过自身的努力，将经销商、厂商等各个商业主体纳入自身的体系中。它打造了极其具备自身特色的发展方式，通过零库存等竞争手段，建立了自身特有的商业规则。现今企业要想脱颖而出，需要的就是这种建立规则，利用规则创造价值的商业思维。商业的效率追求往往看到的是"益"，看不到自身"权"的部分，看不到规则建立给自己未来带来的增值。因此，法商管理人才应该拥有整合资源和整合规则的现代思路，不能拘泥于当下，更不能被现实所束缚，要转变发展观念从单纯的"玩资源"到"玩规则"。这样的能力，在传统的管理意识和经营体系中是无法获得的，但在今天，已经成为企业经营活动及其管理者获得优势和取得成功的关键因素。

参考文献

[1] 林伟. 格兰仕成本领先战略分析 [J]. 出国与就业（就业版），2010（22）.

[2] 朱锐. 格兰仕的营销管理 [J]. 知识经济，2009（14）.

[3] 李东升. 企业品牌国际化的成长路径：基于格兰仕的个案分析 [J]. 国际经济合作，2009（7）.

[4] 刘明红. 企业的成败取决于成本控制的优劣——广东格兰仕公司成本控制分析 [J]. 经济师，2009（5）.

奇瑞汽车：用低端车撬开市场

在奇瑞汽车出现以前，中国汽车行业一直处于一种尴尬的境地——作为公认的汽车工业大国，汽车销量在全球的排名不断上升，然而自主汽车品牌却少之又少，且市场上多数为中端品牌。当前，中国汽车的中高端价格市场几乎被丰田、奥迪、宝马等国外合资品牌一统天下，外资品牌在中国市场已经耕耘20多年，在中高端市场形成非常强大的优势。这些外资车企不仅数量多，而且已经在国内消费者心中形成一定的品牌效应，因此，在中高端价格市场，与外资品牌相比，国产汽车没有任何差异化优势可言，要想在这种竞争激烈、对手强势的情况下分得一杯羹，难度不言而喻。国产车在本土市场竞争中极其弱势。

然而，换个角度、换个方式却可以成功。在中高端汽车市场被瓜分的所剩无几时，低端汽车市场却尚无人问津，且出于利润和品牌形象考虑，很少有外资品牌、合资品牌涉入中国汽车的低端市场，国内自主品牌同样较少，曾经相当长一段时间几乎没有竞争。而国内低端汽车市场已经逐渐成熟，在国人的观念里，车已经和房子一样成为重要的人生理想，即使在低端群体，也有强烈的汽车梦想。

奇瑞汽车恰逢此时横空出世，技术、成本、外观设计方面均具备了市场条件，一经推出就一鸣惊人，迅速占领低端汽车市场，成为国内首屈一指的国产汽车品牌。1997年安徽芜湖政府出资41亿元创立奇瑞汽车，1999年第一辆奇瑞汽车生产完成，2003年推出奇瑞QQ车型，经过高调市场宣传和运作，售价仅为4.98万元的奇瑞QQ取得了非常突出的阶段性成果。

一、奇瑞QQ热卖本质——权益定位精准

奇瑞QQ上市之初，国内市场尚未有同类价格的同类车型，因而外观和内饰堪比与国际同步的奇瑞QQ一经推出，迅速引发了热卖现象。当我们回头看这一产品时会发现，奇瑞QQ的成功是必然，也是汽车行业的经典案例。

奇瑞汽车的权益定位极为清晰，直接针对有审美要求和质量追求的低收入群体，而战略上配合产品差异化进行突围，迅速成功。

奇瑞汽车在做 QQ 系列车型时，理念清晰，汽车在当时人们心中多多少少与经济实力挂钩，因而奇瑞坚持低端价格市场，但产品千万不能给消费者低档货的感觉，否则消费者不会购买。奇瑞 QQ 就锁定了这样的目标人群——工作没几年的高学历人群，因为他们更注重形象。在解决这个问题上，奇瑞 QQ 的确做得非常成功。从产品命名、设计再到产品推广等方面都比较成功。首先，产品命名时尚。长久以来，腾讯公司和奇瑞公司在奇瑞 QQ 的名字上一直有争议，但不可否认 QQ 这个时尚名词对奇瑞产品的成功推广起了巨大作用。其次，产品设计时尚。当奇瑞 QQ 的形象一问世，就引起了消费者的注意，其产品设计，无论是外观还是内饰，都堪称与国际同步。最后，推广时尚，相信广大营销人都还记得奇瑞 QQ 的电视广告，将奇瑞 QQ 的时尚感传递、展示得非常到位，所有的这一切，都很好地塑造了产品物美价廉的形象，很好地解决了低端汽车消费者的心理接受问题。这种权益思维非常精巧，它为消费者权益做了最深入具有洞见的设计，在运用之际，就好像恰恰嵌入消费者的需求缺口，完成了自身市场地位的建立。

二、战略制胜——差异化战略迅速塑造品牌特色

奇瑞汽车利用自主设计的低端车型突破市场竞争，占领低端市场；通过改进服务和质量及品牌塑造来提升品牌形象，稳固低端市场份额并渗透中端市场。

在建厂之初，奇瑞公司制定了"整体规划，分步设施、快速建设、滚动发展"的原则，最大限度地控制运行成本，节省投资总量。奇瑞仅花了 17.5 亿元，是国内其他中级轿车项目投资的 1/6~1/5。投资减少了，分摊到每台车的成本就大大降低了，车价自然也就便宜了许多。公司全部以参股的方式融资，没有一分钱的贷款，避免了企业面临的每年巨额付息还本的沉重压力。在奇瑞产品的成本中没有这方面的财务成本，从而有效地实现了同行无法企及的低成本优势。

在产品开发上，奇瑞不仅坚持产品结构、质量与众不同，还在强调整车自主知识产权的前提下，灵活运用"资本调动技术"①，使国际、国内的高水平汽车研究单位的成熟技术都可以为我所用。同时在确保设备质量和工艺需要的前提

---

① 李荣荣．奇瑞汽车成本管理系统研究［D］．北京：对外经济贸易大学硕士学位论文，2010．

下，设备采购做到随产量的增加而有序增加。这种循序渐进的滚动投资模式既减少了一次性固定资产的投入，又节约了设备闲置的费用和折旧费等。自 2005 年开始，奇瑞公司基本上每年向市场上推出 3~4 款新车，目的是推陈出新，循序渐进地实行产品差异化战略。

奇瑞汽车公司从发展初期就注重开拓国内、国际两个市场，本着"无内不稳，无外不强，以外促内，形式灵活"的原则，积极实施"走出去"战略，成为我国第一个将整车、发动机及整车制造技术和装备出口至国外的轿车企业。

为了有力促进服务的全面改善，奇瑞很早就开始着力强化服务标准管理，加强对服务站的督导力度，这一举措不仅有效地提升了客户满意度，更为奇瑞提升自身品牌形象起到了不可小觑的作用。从最初的低端车品牌确立到不断"以提高客户满意度"为宗旨，把服务落实到每一个细小环节来提升品牌价值，奇瑞品牌形象随着企业发展不断升级。

三、奇瑞汽车的发展启示

在奇瑞汽车的发展历程中，不能将其低端车型占领市场简单地理解为差异化战略，奇瑞汽车的战略实质上是"先突破、后渗透"的思路，循序渐进地进行品牌附加值的灌注和升级，这样做出的奇瑞汽车既实现了第一桶金的利润积累，又达到了分割市场份额的目的，为后续发展中的品牌成长空间也做好了充分的铺垫，是一场漂亮的汽车市场突围战。

从奇瑞汽车的突围战当中，我们可以总结出以下五点：

第一，单纯的差异化战略管理不是万能的，同样的道理，单纯的低成本战略管理也不是永恒的。

第二，企业要想获得长盛不衰，秘诀只有一个：差异化战略与低成本战略要相互融通。

第三，差异化战略与低成本战略相互融通的唯一途径只能是循序渐进差异化，或称为循环递进差异化。

第四，新创业的企业由于规模不经济，应该以差异化战略为主导战略；待达到规模经济甚至是范围经济时，低成本战略或许成为主导战略，但差异化战略不可避免，否则最终归于失败。

第五，有比较才有鉴别，差异化战略与低成本战略也概不能外。不仅要与国内比较，还要与国外比较；不但要与过去比较，还要与现在比较，甚至与将来比较。只有如此范围广，时间跨度比较大的比较，才能比较得深刻广泛，才能确立自己企业所在的位置，才能确立好企业的发展方向，才能确立好差异化与低成本究竟实质如何，才能把握好企业的战略决策。也只有如此，企业的发展规划才不至于随波逐流，人云亦云。否则，企业最终将被无情的市场这一烟波浩淼的汪洋大海所淹没。

四、法商思考

奇瑞发展中的差异化战略引人深思。奇瑞的差异化策略不仅是与低成本策略相结合的差异化战略，而且是超越传统模式，重塑新体系、新规则的差异化战略。其对自身属性首先有了明确认知，这种战略认识并非一种试错的过程，而是在一个总体战略布局的引导下系统内部的自我调整。在今天，市场经济的发展已经从浅水区走进了深水区，没有对自身战略目标和策略能力清醒的认识，管理者已经不能通过"摸着石头过河"的方式度过企业的经营困难期。只有找准自身定位，明确自身目标和方向，制定出完善的法商管理规划，才能够保证在深水区阶段的生存和发展。

参考文献

［1］袭祥德. 奇瑞汽车的营销新局［J］. 商务周刊，2007（1）.

［2］陆颖敏. 奇瑞QQ的"出奇制胜"策略［J］. 中国广告，2005（5）.

［3］吴逢庆，刘林. 奇瑞汽车股份有限公司的优势战略及启示［J］. 产业与科技论坛，2008（12）.

［4］李荣荣. 奇瑞汽车成本管理系统研究［D］. 北京：对外经济贸易大学硕士学位论文，2010.

中国铝业：铝业内豪取抢夺之后

长期以来，我国铝业和市场铝资源一直被中国铝业这一庞大的国有控股公司把持着。中国铝业伴随经济快速发展过程中，曾经历过长达 10 多年的经济发展红利期，赚得高额财富，而现在正处于行业发展的成熟期，既面临技术面的调整与升级，又需要应对市场供需关系调整，可谓喜忧参半，前路风险漫漫。

一、中国铝业过往辉煌

中国铝业又称中铝股份，成立于 2001 年，曾是国内数一数二的高盈利公司，也是最早一批奔赴美股上市的公司，曾经耀眼的利润表是对我国经济和基建工程高速发展的见证。中国铝业在成立当年在中国香港、纽约成功上市，与其他中字头公司类似，手握国内某一行业资源的绝对话语权，在行业内占有主导地位，地位近乎寡头垄断——中铝股份是目前国内铝行业中唯一一家集铝土矿勘探、开采、氧化铝、原铝和铝加工生产、销售，技术研发于一体的大型铝企业，是中国最大的氧化铝、原铝和铝加工材生产商，是全球第二大氧化铝生产商、第三大原铝生产商。[①]公司的经营涉足铝生产的所有产业环节，目前正在积极开拓煤炭和电力行业。

自成立起至 2004 年，这段时间是中国铝业的市场完全垄断时期，中国铝业的出现可以说奠定了我国铝工业基础和市场格局。2001 年，中铝股份将上市筹集到的资金主要用于氧化铝生产业务的产能扩张和生产线的节能技术改造。公司上市时的电解铝产能仅为 74 万吨，且公司的电解铝产能完全依靠外部电网供电获得电力保障，但由于当时国内电力价格和氧化铝价格相对便宜，使其电解铝业务依然盈利。至 2004 年，国内对铝产品的市场需求极其旺盛，氧化铝价格从 2000 元/吨达到了最高时 6000 元/吨，国内氧化铝产能垄断者中铝股份在国内快

---

① 焦胜虎. 中国铝业集团财务管理模式改进研究 [D]. 兰州：兰州大学硕士学位论文, 2013.

速增长的氧化铝需求中赶上了快车，积累了丰富的产能，赚得了极其丰厚的利润，为其未来并购电解铝行业公司扩充原铝产能提供了充足的资金。

此时，中铝股份已经成为国内乃至全球最大的氧化铝供应商，经营效益令人艳羡。直到2007年转折点出现，中铝股份突然陷入经营困难时期，从此一蹶不振，连年亏损，并于2014年亏损162亿元，头顶"亏损王"的称号，不得不令人感叹今不如昔。2007年，面对不断过热的国内经济和通货膨胀的抬头，国家开始实施采取一系列防止经济过热、防止通货膨胀的措施，对经济极为敏感的有色金属价格剧烈波动，铝材价格大幅度下滑，中国铝业在国内大宗原材料涨价和电价上调的巨大成本压力中应接不暇，从此一蹶不振。

二、曾经的"盈利王"何以沦落为"亏损王"？

经过对中国铝业辉煌发展历史的整理，我们直观地发现，这是一个非常具备中国特色的国有垄断企业，正可谓"成也萧何，败也萧何"，中国铝业曾经依托行业垄断地位位居全球第二大铝业公司，而后也因垄断行业而需要独自承受行业风险。曾经一代的行业巨头，又是手握整个国内铝行业市场大权的中国铝业是如何落得这般境地？我们试用法商思维来做出分析。

中国铝业在垄断市场之初，权益定位出现偏差。对中国铝业而言，其权益主体为市场铝产品消费者和国内铝市场。但是其对氧化铝的垄断直接倒逼下游电解铝行业的瓦解，由于2001~2005年国内氧化铝市场的暴利和垄断，国内的电解铝企业普遍盈利下滑，甚至大幅度亏损，经营陷入困境。同时，中国铝业凭借庞大的电解铝产能和氧化铝产能，生产经营过程中严重依赖外购铝土矿、燃煤、石油等原燃材料及大规模稳定连续供电。中国铝业近年来的产能扩张过程中对以上主要生产原材料的需求亦相应大幅度增加，而主要原材料、电力供应及价格上涨将会直接影响公司的生产能力和获利能力，对其的财务状况及经营业绩产生很大影响。目前电解铝行业中，电解铝最主要的成本由氧化铝、碳素等原材料和电力构成；氧化铝生产的主要成本为铝土矿、煤炭、烧碱等。尽管公司电解铝生产所需氧化铝均由内部供应，不需要通过外部采购来满足生产需要且其产能均配有相应生产能力，但是公司的氧化铝产能中铝土矿和煤炭依赖外部采购来满足生产需要，公司面临氧化铝生产原料成本上升及碳素产品原料价格上涨，尤其是电力价格调整，使公司原材料成本大幅度上升，在整个电解铝、氧化铝生产成本中所占比重已逼近90%。

在意识到问题的严重性后，中国铝业迅速调整视角，进行权益主体的衡量，将下游电解铝行业纳入权益主体当中。于是电解铝企业和各种资本开始需求向上游氧化铝行业进军，并要求政府放开氧化铝进口管制，允许国内电解铝企业按需进口。氧化铝生产商均在积极扩大产能，氧化铝价格开始出现下滑，氧化铝的暴利时代开始走向终结。面对这种情况，中铝股份开始积极延伸产业链向下游电解铝行业扩张。自2005年以来中国铝业就开始寻求扩大原铝产量，以消化自身过剩的氧化铝产能和缓解氧化铝业务盈利下滑的压力，主要手段就是通过收购国内因为氧化铝成本过高而处境艰难的电解铝企业来实现。

但毕竟为时已晚，前期对市场利润的暴利掠夺已经使产业链下游元气大伤，产能的高速扩张也导致市场供需之间出现极度不平衡，国内铝行业深陷泥潭，中国铝业不仅自身难保，陷入亏损境地，对铝行业上下游市场也无力顾及，中国铝业从此一蹶不振，进入漫长的行业调整期。中国铝业在其发展中刚好与我们法商所倡导权益主体利益分析均衡的理念背道而驰，前期凭借行业规模过度掠取供应链条下游利益，在权益分析上单纯注重效率而忽视公平，后期则为自己的强取豪夺买单，整个铝业陷入转型升级的阵痛中。

三、中国铝业路在何方

2016年，中国铝业终于扭亏为盈，是中国铝业业绩最好的一年。年初国内期铝价格在面临传统消费淡季及节假日等因素的影响下表现较为疲软，总体呈现窄幅震荡态势，而在此期间，得益于中国电解铝企业在2015年末集中实施弹性生产，国内现货铝价格表现坚挺，在一定程度上为期货价格带来支撑。面对供需基本面持续向好，国内期铝价格持续上涨，不断刷新年内高点。之后，国内铝价回调并维持弱势震荡格局。9月中下旬，受国家最新公布的《超限运输车辆行驶公路管理规定》实施的影响，国内电解铝的公路运输成本大幅提高，铁路运力趋于饱和，导致铝锭存货下降，现货不断趋紧，铝价呈现强劲上涨态势。由于受益于原铝价格上涨、复产规模增加，全球氧化铝价格也由低位反弹，整体呈现强劲上涨态势。

在欣慰之余我们不禁反思回顾：这一行业垄断者应当如何调整战略对策、抓好机遇呢？

第一，身为行业主导者，应当主动培育和开拓行业发展空间而不是粗暴掠夺式的谋求利益。中国铝业当下已经意识到前期战略的不足之处，因而需要即刻调整战略思路，权益主体兼顾企业内外部多方，将行业上下游群体升级为权益主体首位，整个铝行业的发展前景高于中国铝业自身的成绩。中国铝业调整战略，改为以延伸产业链和价值链高端为发展方向，确立了"科学掌控上游，优化调整中游，跨越发展下游"的总体思路，加快实施结构调整，促进转型升级，不断完善产业链，深化改革创新，加快产能转移步伐，这样的大格局、大胸怀，才能够团结整个铝业行业共同度过当下的产能调整期。

第二，升级战略定位，提升铝产品结构。当前的中国铝业主要是因为公司产品是初级产品，这使公司在面对激烈的市场竞争时很不适应，特别是随着新技术的不断发展，公司的产品结构现状与市场要求还有较大距离。[1] 因此，抓紧调整产品结构，努力提高产品的技术档次，提高产品的附加值，增强市场竞争能力，已成为刻不容缓的任务。

第三，紧抓电力体制改革机遇，降低企业用电成本。中国铝业树立大能源降本理念，紧紧抓住国家电力体制改革机遇，外抓与直供电厂、电网谈判和沟通，降低外购电成本；内部实施精细化管理，减少自备电厂非停次数，降低自备电厂煤炭消耗，降低自备电厂发电成本；部分企业实现了铝电联动和新能源置换。2016 年，中国铝业集团用电成本降低幅度达到 16% 左右。

第四，深化法制管理和治理，完善治理结构和人才聘用机制。中国铝业当下以市场化人力资源配置为导向，以优化管理流程、合并管理机构、压缩管理层级、精简管理人员、推进业务整合为重点，对标国内外先进企业标准，实现管理架构扁平化、劳动组织区域化、业务流程简洁化，内部核算市场化，构建充满活力、富有效率的管理架构和体制机制，不断降低人力资源管理成本，增强企业市场竞争力。

在终于止损盈利之年，我们为中国铝业欣慰的同时，也希望中国铝业能够谨记这几年蛰伏的教训，未来已来，我们拭目以待。

参考文献

［1］焦胜虎. 中国铝业集团财务管理模式改进研究 ［D］. 兰州：兰州大学硕士学位论文，2013.

［2］程小勇. 中铝突围——中国铝业 2014 年年度报告解读 ［J］. 中国有色金属，2015（8）.

［3］何栋. 南宁鸿基公司发展战略研究 ［D］. 武汉：华中科技大学硕士学位论文，2006.

---

① 何栋. 南宁鸿基公司发展战略研究 ［D］. 武汉：华中科技大学硕士学位论文，2006.

第四章 财 务

秦丰农业不可忘

农业上市公司是我国会计信息舞弊的高发区，这已成为不争的事实。为何总是农业上市公司？这其中并不是简单的巧合，农业行业的发展规模限制、利润来源的单一与不稳定及上市公司股东要求的盈利目标压力等原因共同导致了农业类上市公司的财务信息疑点重重。

曾经的秦丰农业会计信息舞弊案再度刷新了投资者对农业上市公司舞弊手法的认知，尽管后来秦丰农业被延长石油借壳上市并更名为延长化建，公司已消失踪影，但仍然是我国农业上市公司尚不能遗忘的一大丑闻。

一、秦丰农业简介

秦丰农业成立于 1998 年，注册资本 1.2 亿元，于 2000 年在我国上交所上市。秦丰农业主导产品"秦丰"牌农作物种子在当时的农业市场上享有盛誉，"秦油二号"曾经是当时华中地区销量最好的杂交油菜种子，主要销往我国黄淮流域和长江流域的 15 个油菜主产省区，在国内市场占有主导地位，年推广面积达 2000 多万亩，累计推广面积 1.3 亿亩。2002 年 12 月，公司被农业部等九部委认定为农业产业化重点龙头企业。2004 年 2 月，公司"秦丰"品牌被国家工商总局认定为"中国驰名商标"，成为中国种业第一家驰名商标。

二、秦丰农业会计信息披露问题与舞弊手段

（一）秦丰农业会计信息披露问题

2005 年 4 月，＊ST 秦丰因涉嫌违反《中华人民共和国证券法》，被中国证监会西安稽查局立案调查。2005 年 9 月，＊ST 秦丰被揭露存在虚假会计信息披露。

秦丰农业 2000~2004 年的财务报告主要存在"披露虚假负债、收入、费用和利润""重大事项未披露或未及时披露"和"2002 年募集资金使用情况披露虚假"三个问题。"其中，2001~2003 年三年财务报告披露的负债比实际分别少了 1.26 亿元、2.23 亿元和 2.46 亿元"。这些未披露的负债主要是为了掩盖委托理财所产生的资金缺口和包装利润，通过在公司账外借款和利用银行承兑汇票贴现进行融资。在信息披露方面，2000~2004 年，秦丰农业未披露定期存单质押担保 1.18 亿元，未及时披露对外担保 6500 万元，未披露两次委托理财涉及金额 2 亿元。

中国证监会陕西证监局稽查结果显示：秦丰农业 2001 年度与 2002 年度都存在虚增利润问题。秦丰农业年报显示 2001 年实现净利润 2722 万元，2002 年实现净利润 1938 万元，而事实上，这两年实际分别亏损 3466 万元和 4826 万元，亏损金额巨大。

（二）秦丰农业舞弊手段总结

当时的秦丰农业会计信息舞弊造成金额差异巨大的主要手段有关联交易和滥用会计政策，影响极其恶劣。

1. 滥用关联交易

秦丰农业对全资或控股子公司农业网络公司、巨浪果汁饮品有限公司、陕西秦丰杂交玉米种子有限公司、陕西农科化肥有限公司的欠款按全部比例计提坏账准备 3100 多万元，公司并没有在报表附注中详细说明原因，而对纳入合并会计报表的子公司欠款全额计提坏账准备一般是不符合准则要求的。另外，公司应收玉米种子公司的 400 万元、化肥公司的 1960 万元在子公司账面却没有反映，形成差额，公司仅以"差异尚在核实，待查明原因后再予以处理，按谨慎性原则，全额计提坏账准备"了事。

2. 会计估计和会计差错调节利润

2004 年，秦丰农业以"2003 年渭南地区突遭特大水灾，农民生活较困难，存在坏账风险"为理由对 2003 年应收账款计提坏账准备，并在当年计提存货减值准备 5700 万元，未按会计准则要求严格执行，随意影响利润。

此外，秦丰农业对杨凌绿方生物工程有限公司投资 750 万元（持股比例 27.27%）、对杨凌秦丰肉类食品有限公司投资 900 万元（持股比例 40.00%）、对西安大鹏生物科技股份公司投资 1800 万元（持股比例 26.67%），以上合计投资 3450 万元，此种情况属于对关联方构成共同控制或重大影响，应采用权益法核算该长期股权投资，而公司采用的是成本法核算，明显与国家会计法规、制度及公司会计政策相违背，其对公司各年度利润的影响更是无法估计。

三、法商管理分析

农业上市公司会计信息质量问题频发，我们应当痛定思痛，深刻剖析其背后的原因。农业类上市公司除了行业风险波动较为明显之外，管理者自身的局限性也是其容易发生会计信息失真的重要原因。古话言"家财万贯带毛的不算"，可见生物性资产的风险之高。会计科目当中，仅有农业类上市公司会拥有生产性物资这种资产，即便如此也不能够代表农业上市公司的利润波动明显是可以通过舞弊来消除的。风险的数学形态是概率表达，通过科学的风险管理也就是善于分散风险，规避风险——相信农业上市公司的利润不确定性是可以大幅度降低的。

反观秦丰农业，我们发现其在完成上市初期就走向了会计信息舞弊的不归路，管理者越权违规占用资金、职能部门对会计制度极度不尊重、联合银行掩盖亏损等恶劣行为，后来者应当引起重视并严格杜绝。

（一）战略定位失利

经过梳理案件，我们发现财务舞弊其实是压倒秦丰农业的最后一根稻草，这是一家迫于压力不得已而进行舞弊的公司，其经营问题在完成上市的第二年就已经出现。秦丰农业在上市前后，对企业的战略发展并无实质可行的规划方案，战略定位严重失败。

秦丰农业主要经营农业种子，正常销售思维应当是开拓国内市场、加强农业研发后盾、完善销售链条等，然而秦丰农业在主营业务领域却毫无进取之意。

第一，种业集团诸多资产为政府拨付，如1998年政府给秦丰农业控股公司棉花种地，作为资产注入。第二，秦丰农业并没有农业技术研发机构，种子经营业务性质为商贸活动，低买高卖操纵葵花种子价格。当时，秦丰农业率先引进美国油葵种子，成本每斤几元，以每斤零售价从十几元涨到二十几元出售，最高时涨到70元，这是其上市前几个月的主营业务。[①] 第三，脱离主营，忙于应对过多无效投资和营运周转。秦丰集团在上市后为了回报杨凌政府的帮助，在明知会

---

① 刘鹏. 秦丰农业退市背后 [J]. 北京农业，2008（5）.

亏损的情况下投资兴建土木和农化项目。不仅如此，上市后第二年秦丰集团就已经出现了资金周转跟不上资产膨胀速度的迹象，每年短期借款利息高达 3000 万元，秦丰农业紧锣密鼓寻找重组对象，希望通过重组扭转大局，但是在当地，秦丰集团已经是最大、最强的农业公司了。

通过梳理来看，秦丰集团的上市完全是超越企业发展速度的闹剧，是一种为了上市而上市的行为，并非发展主导需求的主动上市。因而，秦丰集团上市之前，并未形成自身的运营模式和发展规划，上市后资产运营问题层出不穷，导致后期毫无精力专营主业，最终走向败局。

（二）经营入不敷出

毕竟不是企业发展主导上市需求，秦丰农业上市后仍未确立自身完整的运营模式，还要背负着带动当地经济发展的包袱，成本费用高额付出，利润收益却完全不成配比。秦丰农业 2001 年的利息支出为 609 万元，2002 年升至 1115 万元，涨幅为 83.09%；2003 年，飙升至 2013 万元，较 2002 年增长 80.54%。与此同时，已粗具规模的建设项目，对公司的管理提出了更高的要求，管理人员和管理费用一起增长。三年来，公司员工从 553 名增加到 1746 名，增长了 216%；管理费用 2004 年 1~3 月同比递增 41%。主营利润未见增长，费用却一路高涨，亏损就不难理解了。2003 年时，秦丰农业经营性现金净流量为 -4989 万元，投资活动产生的现金净流量为 -5661 万元，现金明显断流。而控股公司及关联方占用公司原已入不敷出的资金，给本已很脆弱的秦丰农业带来了不小的负担。

（三）权益主体错位

从秦丰农业的经营业务来看，丝毫看不到关注市场主体的诚意，从葵花种子事件可见，秦丰农业过于关注自身利益，对市场上的"衣食父母"的利益过度轻视。从其上市过程来看，秦丰农业的权益主体可以视作当地政府，尽管政府的初衷是希望培育一两个上市公司来带动当地经济，但是过度催化的资产膨胀并不等同于企业的发展，政府为秦丰农业注资是好事，但秦丰农业的根本问题在于没有成熟的商业模式和权益主体错位。或许当秦丰农业形成了稳定的盈利模式、关注市场空间的成长之时再谋求上市，现在会是另一种结局。在企业的发展过程中，不重视相关利益群体各自的权益，最后的结局往往是连生存都成问题，但重视权益的发展模式，则可以持续健康创富。权益是一个能够带来良性循环的多面体，它本身是法律思维和商业思维结合的产物，重视权益、不断提升多主体权益的企业，也会从自身为权益所做的努力中受益——若你能够将其他主体的权益进行很好的照顾，你实际上就完成了资源的整合和能动性的激发。在这样的情形之下，企业也就不至于陷入发展受阻的法商风险之中。

四、结语

秦丰农业的经营性失败给我们提供了很多教训。在一系列财务危机爆发的背后，我们将秦丰的法商风险进行溯源，看到的是秦丰早先的经营性失败。正是未能考虑多主体的权益安排，未能在权益上多下功夫，最后导致了秦丰公司一步步陷入尴尬的经营困局中。居安思危，思则有备，学习法商思维的另一个妙用，就是以法商视角审视企业经营，从现有经营中看出结构性风险，及早规避，防患于未然。

参考文献

刘鹏. 秦丰农业退市背后 [J]. 北京农业，2008（5）.

*ST 天香：不尊重市场者最终被市场抛弃

　　如今调味行业的龙头是海天味业，自上市以来海天味业股价持续创出新高。在市场新秀备受瞩目之时，或许少有人还记得曾经 A 股上市公司当中，有一个主做调味品的企业叫做华通天香，有一家众里寻觅资产重组对象以保名节的 *ST 天香。

　　我们先来回顾一下华通天香的发展之路。

　　虽然身为前上市公司，但是华通天香的遗留资料并不多，也少有采访或报道，相关文献资料更是少之又少。通过现有资料整理得到，华通天香前身为 1992 年的国企——福建省福清市粮食局高山油厂，在国企改制期间向企业内职工发行副本募资，后发展成为华通天香。早期，华通天香主要经营油脂业和农业产品生产与销售。上市后，华通天香主要涉足农业生产经营，业务范围涉及饲料、养殖、种子生产及调味品。后来华通天香经营不利，公司业绩难以维系，陷入造假旋涡。

一、华通天香的舞弊手段

（一）借助存货、在建工程虚增资产

　　虚增资产是舞弊公司最常见的手段，虚增资产的主要途径往往是对资产总额影响较大的资产类项目。天香集团当时虚增资产的途径主要是存货和在建工程，通过虚假业务和项目建设达到账面资产虚增的目的。天香集团首先通过关联公司和形式上无关联的壳公司来实现虚假采购，营造业绩经营良好的假象。① 从华通天香的年报来看，公司对大股东的原材料采购在 2005～2007 年呈现递增趋势，

---

　　① 黄玉学. 上市公司财务报表粉饰行为案例分析 [J]. 产业与科技论坛, 2010 (11).

至 2007 年占全年购货额的 26%，其中 2007 年公司当年期末存货增加了 8641 万元，增幅达到 86.15%，且交易多以应付账款挂账，缺少实际现金流出。从 2008 年公司年报看出，天香集团此时原材料供应商已经非常集中，应付账款前五名的供货商名单占全部供货的比重非常高，而且呈加剧状态，到 2008 年，前五名供应商的应付账款占全部应付账款的 91%。除此之外，为了配合伪造公司盈利的假象，华通天香将虚增利润部分转移到莫须有的在建工程当中，采用签订大量虚假建设施工合同的方式虚增资产，伪造对外投资，天香集团造假的现金得以循环使用，掩盖公司资金真实流向。

（二）虚增收入

舞弊期间，天香集团所有采购、生产、销售基本上都是在虚拟的状态下进行的，经营业绩与生产记录均是假的。每年公司都会制定一些所谓的经营计划，然后组织有关部门和一些核心人员根据"指标"，按照生产、销售的各个环节的情况，制作虚假的原料入库单、生产进度报表和销售合同等，为了做到天衣无缝，甚至对虚假的销售发票和增值税发票照章纳税。公司在不同年度虚构销售业绩的具体手法也在不断变化：2005~2006 年主要通过与大股东的关联销售就占当年销售总额的 42.4%，2007 年由于关联交易受阻，公司开始向其他公司借用账户将自有资金的转入转出，会计记录为租金或其他收入及相关费用，虚构经营业绩；2007~2008 年，公司利用自行设立的大批"壳公司"进行"自我交易"，达到虚增业绩的目的。年报显示，两年间公司前五名销售商大多来自深圳的新增交易客户，而且基本上采用了赊销挂账的方式，天香集团的赊销比例由 2005 年的 24% 上升到了 2008 年的 55%。经调查，这些公司都是某集团设立的"壳公司"，通过这种手法虚构销售收入 4.06 亿元，占两年全部收入的 7% 以上，虚增利润 1.52 亿元。

二、被掏空的华通天香

相信没有任何一个舞弊的上市公司是有计划而为之的，每一个财务舞弊案背后都有具体动机。华通天香自上市后就面临着严重的内部利益分配不均的问题，因此公司经营不善的局面是注定的，而后期的财务造假也沦落为满足大股东最后一次利益掠取而做出最后尝试。早在华通天香财务舞弊谴责公告发出之前，也就是其完成上市初期，华通天香就面临着一系列的内部资本流出问题。

从法商思维出发，我们认为这是内部利益分配不均导致最后华通天香被市场抛弃的本质原因。

（一）对外担保转移资金

2003~2005 年，控股股东通过对外担保实现了将股东资金转移的目的，侵害中小股东利益。从数据来看，截至 2005 年末，天香集团累积对外担保总额高达 4.5 亿元，是公司净资产的 4 倍，公司向关联方提供资金 1.9 亿元，是净资产的 1.8 倍。天香集团账面资金从两年间由 0.9 亿元减至 0.3 亿元，总资产过亿元的天香集团母公司账面资金现金仅剩余 39.75 万元，资金侵占十分严重。近年来，天香集团的其他应收款异常增长，截至 2005 年底，其他应收款已占公司净资产的 330%，公司的应收款项合计 4.6 亿元，占流动资产的 86.4%，同时，天香集团的短期借款已高达 3.9 亿元，公司财务风险一触即发。

（二）资产转让

2004 年 11 月，天香集团通过资产置换使其持有华天投资的股权增加至 80%，随后，于 2004 年末宣布将华天投资持有的中关村证券 1.5 亿股股权出售，公司获利 2810 万元，但是当年的利润表并没有公允地反映出来。

2005 年，天香集团向福州华隆实业转让上海树丰企业，该资产账面值 3959.23 万元，实际出售金额仅为 684.88 万元，而且直到 2006 年中期报告才披露此交易事项，控股公司为何如此廉价地出售给了华隆实业？其实天香集团通过公司控股的深圳华天投资间接持有树丰企业 47% 的股权，然后以较低对价将公司卖给股东的关联单位。两次资产转让，天香集团先是从大股东关联方手中增持华天投资股权，随后又将华天投资的部分资产低价卖给大股东的另一关联方，大股东巧妙掏空上市公司之心昭然若揭。

（三）关联交易

前面提出，天香集团通过财务舞弊手段达到虚增资产和利润目的，而这背后的真实目的其实是通过关联交易转移资金。如天香集团通过华德世纪向厦门新亚支付三笔资金用于购买房屋和店面，并合作开发房地产项目，虚增厦门新亚的房地产销售收入。这笔虚增的销售收入最终体现为天香集团的投资收益增加。类似的行为还有很多，主要模式均为天香集团将资金支付到往来企业中，往来企业再将资金支付到天香集团，实际上资金平进平出，但是账面则体现为高额收益。这样做的主要目的在于：一是虚增了利润，从而虚增了天香集团的巨额投资收益；二是通过天香集团应收账款，可以减少坏账准备计提，减少管理费用，增加盈利，而天香集团实际资金并没有增加。①

三、权益分配失衡的悲剧

经历了一系列的股东利益掠夺，华通天香最终沦为 *ST 天香。如今我们回顾天香集团案例时恍然醒悟，或许醉翁之意不在酒，天香股份上市之初股东就带着强烈的个人利益诉求去操纵这家公司。从法商思维来看，从其舞弊手段来看，公司内部的合法合规治理和内部控制体系完全失控，管理者无力将企业经营管理重置到规范经营通道上，无论是会计信息舞弊行为，还是大股东掏空天香的行为，都是有违道德和法规的。 *ST 天香的权益主体定位已经完全背离了企业经营发展的初衷和目标，大股东通过对外担保、关联交易和低价资产转让的方式谋求私利，企业自身发展问题丝毫没有作为主要问题来解决，权益主体既不是企业自身，也没有考虑到真实业务关联单位的风险和利益，更谈不上行业内合作群体的未来发展，因而， *ST 天香事件的暴露是必然的，但是买单者却不是掏空天香的始作俑者大股东们，最终由市场投资者和业务关联单位承担最大损失，使他们的权益遭受了最无情的损害。

为了逃避舆论职责和处理公司遗留问题， *ST 天香曾经停牌两年半，后来， *ST 天香经过资产重组被天津松江股份收购，摇身一变成为房地产公司，更名为松江股份。多年以后天香股份已经少有人提起，而今借用 600225 这一股票代码的松江股份因经营不善已久未摘掉 *ST 的帽子。松江股份为何被 *ST 我们不再赘述，但可以肯定的是，企业在权益安排中忽视效率与公平必定无法实现可持续发展，忽视法商思维必定无法走向健康持续的道路。希望天香股份的案例能够起到警示作用，希望更多的企业能够使用法商思维，走向健康持续创富之路。

---

① 杨棉之. 内部资本市场公司绩效与控制权私有收益——以华通天香集团为例分析 [J]. 会计研究，2006 (12).

参考文献

［1］天香股份 2003~2006 年年度报告 ［Z］.

［2］松江股份 2013~2016 年年度报告 ［Z］.

［3］黄玉学. 上市公司财务报表粉饰行为案例分析 ［J］. 产业与科技论坛，2010 （11）.

［4］杨棉之. 内部资本市场公司绩效与控制权私有收益——以华通天香集团为例分析 ［J］. 会计研究，2006 （12）.

蓝田股份：蓝田式"大跃进"

2015年末，刘姝威发声炮轰乐视经营状况引得舆论轩然大波，随后乐视资金链断裂的传闻不胫而走。当年，刘姝威发文指出应立即暂停对蓝田股份贷款一文几乎是压垮蓝田股份的最后一根稻草。蓝田股份是我国众多农业上市公司之一，现已因财务舞弊案件退市。舞弊时常有，每家各不同，今日，我们从法商思维来剖析一下蓝天股份财务舞弊案件的来龙去脉，看中国农业第一股最终名落孙山，究竟败在何处。

1992年瞿兆玉初创蓝天公司，后携沈阳市新北副食商场、沈阳市新北制药厂和沈阳莲花大酒店三家公司以定向募集的方式成立沈阳蓝田股份有限公司，主营业务为农副水产品开发和经营，1994年沈阳蓝田股份划归到农业部管理，1996年成功上市，2002年因巨额亏损、财务舞弊、欺诈上市等恶劣行为强制停牌，不足6年时间便消失在人们的视野当中。蓝田股份的财务舞弊案在当时几乎轰动了社会各界，其舞弊金额至高、业绩吹嘘之极几乎是一场资本市场的"大跃进"。

一、蓝田式"大跃进"

根据中国证监会1999年10月公布的查处结果，蓝田股份在股票发行申报材料中即通过伪造有关批复和土地证虚增公司无形资产1100万元，伪造银行对账单并虚增银行存款2770万元。同时，公司还把公开发行前的总股本8370万股改为6696万股来隐瞒内部职工股，侵吞职工权益。在此之后，蓝田股份曾因事情暴露被通告罚款，但后来事情仍然继续，蓝田股份继续深入造假，虚增营业收入、虚报固定资产，大规模虚报鱼塘产值和产品销售收入，堪称蓝田式"大跃进"。[①]

---

① 张朝孝. 组织信誉缺失的根源——以蓝田股份为例 [J]. 商场现代化，2006 (15).

（一）金鸭子的童话

蓝田所产的鸭子品种为青壳一号，只吃小鱼和草根，一只鸭子一年产蛋高达300多只[①]，而普通鸭子年产蛋数量仅为100只左右。蓝田鸭蛋价格奇高，有报道称每只鸭蛋的平均纯利为0.4元，折现到2017年相当于每只鸭蛋净利润5元左右，蓝田一只鸭子一年的利润在当时等于生产两台彩电，因而戏称金鸭子。且不说蓝田金鸭子的鸭蛋是否能卖出高价，在当今养鸭技术已经取得大幅度进步的情况下，一只鸭子全年不休产蛋，年产蛋数量的极限也不过300只。

（二）野莲汁、野藕汁

在造假案曝光之前，蓝田声称公司只见广告不见产品的野莲汁和野藕汁一年中实现的主营业务收入高达2亿元，而当调查人员亲临蓝田生产野莲汁和野藕汁的基地时，却只见车间铁门紧锁，透过窗户可以隐约看见偌大的厂房空无一人，从设备上蒙的灰尘看，短期之内并未开工。由此可以断定，野莲汁和野藕汁的传说纯属谣言。

（三）无氧鱼的故事

蓝田宣传自己的鱼塘一亩水面的产值要达到2万~3万元。但是，据蓝田鱼塘所在地的村民估算，蓝田根本赚不了这么多钱，每口塘是17亩水面，即使加上养鸭的收入每亩水面的产出也很难突破1万元，蓝田鱼塘的收入根本是天方夜谭。参照当下的养育技术，养鱼产出2万~3万元，意味着蓝田一亩水面要产3000~4000公斤鱼，也就是说不到一米多深的水塘里，每平方米水面下要有100斤鱼在游动，这么大的密度，光是氧气就会供应不足，恐怕在实验室也难做得到，堪称世界"无氧鱼"。

二、从生态农业概念提出者到荣耀扫地

蓝田股份退市之前，曾更名为生态农业，作为一个欺诈上市、财务舞弊兼而有之的农业企业，可看出蓝田股份在主营业务领域还尚存追求和理想。蓝田股份

[①]　张炜．蓝田股份：精致的假货［N］．人民日报（海外版），2002-01-26．

事发13年后，我国已经基本实现了生态农业，且市场经济中有机食品、绿色食品的概念越来越受到热捧，消费者对生态农业理念和高品质健康食材的追求越来越高。如果当年的蓝田股份踏踏实实的坚持经营生态农业理念至今，并且将其推崇的山珍野味、绿色农业产品放到市场经济中，相信现代农副产品行业会是另一番格局。

然而，吹嘘的业绩终究不可能成为现实。粗略查阅相关资料就能发现，蓝田股份的肥皂泡沫与银广夏竟如出一辙，他们都利用了披着华丽外衣的财务报表，用一个个谎言来诉说自身经营业绩的传奇。蓝田痴人说梦的鱼塘奇迹也沿袭了银广夏的悲剧而彻底破灭，引起了资本市场的轩然大波。具体分析其财务造假，主要体现在以下两点：

（一）会计造假，虚增资产

其一，固定资产造假。资料显示，其规模增长速度过快，且严重超过业务的扩张速度。报表显示，1998～2000年，蓝田固定资产净值的平均增长率超过250%。截至2000年底，其固定资产账面数额已高达21.69亿元，占总资产数值的76.4%，如果是正常经营的企业，拥有如此高的固定资产比重，要么是产能效率极为低下，要么是经营运转遇阻存货的产值极低。而蓝田股份的巨额固定资产则多数是其前期虚增导致。此外，蓝田股份在固定资产会计处理当中存在诸多违规之处，在建工程的工期不断拖延，各项支出明显超出预算，并与固定资产的项目分类发生混淆；固定资产计提折旧的年限也过长，减少了每期累计折旧额的计提。

其二，捏造虚假的资产结构。根据2000年的公司财务资料显示，蓝田的流动比率为0.77，而企业需维持的平均水平为2，这表明短期内拥有可变现能力的流动资产并不能够应付并偿还短期内到期的流动负债。同时，蓝田的速动比率为0.35，而一般企业的平均水平为1，这表明流动资产减除存货后的余额远远低于短期流动负债的数额。此外，流动资产、存货、固定资产等占总资产的比例也不尽合理。

其三，伪造土地证。蓝田股份公司在申请股票发行申报的材料中，对涉及的有关批复、批文及土地证进行了伪造，导致企业的无形资产虚增高达1100万元。

（二）财务造假，虚增利润

其一，虚增收入。前面提及，蓝田在其经营期间成功塑造了金鸭子、野莲汁、野藕汁及"无氧鱼"的神话。报表显示的农副水产品12.7亿元的收入具有明显造假嫌疑。仅凭正常喂养的鸭子，一年产蛋量竟高达300多只，每只鸭蛋平均净利高达0.4元，广告打得响但市面上却见不到产品，而消费的饮料年收入高达2亿元；每亩水面的鱼产值高达23万元。这些造假无疑是漏洞百出，纯属天方夜谭。

其二，虚减成本费用。报表中，公司2000年对于野藕汁、野莲汁饮料在央视的宣传广告费用发生的巨额支出不见踪迹。现金流量表中，在"支付给职工及为职工支付的现金"这一栏可以看出，蓝田于2000年支付给职工的工资总额为2256万元，根据蓝田当时13000名职工数量计算，则人均月收入仅为144.5元；且公司于2001年整个半年的平均工资额仅为185元，业绩如此优异的蓝田公司职工收入竟如此之低，这显然不合逻辑。

三、蓝田股份背后的价值偏离

按理说，蓝田股份无论是否为上市公司，都应当建立持续经营、服务社会的经营理念，也应当注重企业内部效率的提升和公平的维护，约束个人投机主义行为。但我们发现蓝田股份代理人完全无法代表委托人的利益，公司内部治理结构混乱、无章法。如蓝田股份1999年年报表显示，上一年度股东大会参会股东及股东代表所代表的股份总额仅占公司股份总额的56.59%，而大股东洪湖蓝田占股份总额的36.36%，已超过参会股本的一半，1999年度股东大会也具有类似的情况。同时，1999年案发前蓝田股份法人代表瞿兆玉同时就任蓝田股份的董事长兼总经理，案发后由其弟任董事长、瞿本人出任总经理，公司内部的现代治理结构基本形同虚设。从激励结构看，瞿兆玉有两种选择：一是作为董事长兼总经理在蓝田股份的薪水和洪湖蓝田作为大股东在蓝田股份的红利，这是可预期的合法稳定收益加长期风险收益；二是不公平的关联交易，抽干蓝田股份，但这是短期巨额违法收益。事实证明大笔关联交易就发生在蓝田股份和瞿兆玉控制的洪湖蓝田之间。相对于高额的关联交易而言，内部激励结构被扭曲，不能起到激励和约束作用，导致代理人与蓝田股份的交易中失信，即瞿兆玉并不是蓝田股份合格的代理人，他并不能代表蓝田股份的利益行事，进而导致在关联交易中失信，损害蓝田股份的利益。为了维持关联交易的资金不致断链，蓝田股份又不得不在与银行的交易中失信。

四、法商剖析

如今很多企业家缺乏法商思维，这在蓝田股份案例中得到了体现。商道以追求商业价值、追求商业效率为圭臬，没有了法道的商道，就像是汹涌大海里失去风帆的船只。蓝田股份多次违法的现实教训，反映出蓝田股份企业管理者对法律规则的忽视，反映出他们法商经营能力的缺失。现如今的管理者应该具备"讲政治、懂法律、有思想、善经营"的人才特征，第一要义就是要"讲政治、懂法律"。以法商思维强调的"驾驭规则"的原则审视蓝田股份每一次偏差的节点，我们都可以清楚地诊断出企业发展前途的风险。因此，法商思维的缺失，对法律规则的严重忽视，造成了蓝田股份的失败。这令人感到震惊的同时也为每一个管理者敲响了警钟。

可以说，蓝田股份最初的虚增收入是一念之差，而后却走上了财务舞弊的不归路。我们回望这中国农业第一股，发现其最初的权益主体确立是准确的，可行的，但是在战略执行过程中却与权益主体及生态农业的愿景背道而驰，是典型的企业目标与战略执行不统一而走向败局的案例。在蓝田股份案例中，我们应当看到，法商理念强调内外部主体利益的均衡，但同样也强调战略执行的统一，权益主体确立是思想理念，战略定位与执行则是落实阶段，空有理想没有行动，与安全持续创富的道路只会是南辕北辙。

参考文献

[1] 张炜. 蓝田股份：精致的假货 [N]. 人民日报海外版，2002-01-26.

[2] 宋夏云. 蓝田财务欺诈案例研究 [J]. 审计与理财，2005（1）.

[3] 2000 年蓝田股份年度报告 [Z].

[4] 张朝孝. 组织信誉缺失的根源——以蓝田股份为例 [J]. 商场现代化，2006（15）.

天丰节能终止上市是审计失败还是审计失责

天丰节能财务欺诈事件的暴露源自 2013 年证监会 IPO 财务核查小组对天丰节能的调查，当时调查发现天丰节能存在试图隐匿会计凭证涉嫌违法的情况，而后通过深入调查，天丰节能偏离主轨的运营模式也随之浮出水面。

河南天丰节能成立于 2007 年，注册资金 8660 万元，主营钢结构、钢铁贸易、冷弯机械、节能板材。天丰节能的前三大股东为河南天丰投资发展有限公司（持股比例 54.37%），新乡玖玖玖投资管理有限公司（持股比例 19.99%），董事长李续禄（持股比例 12.24%），其他自然人共持股 13.40%。虽然李续禄只占有 12.24% 的股份，却是天丰节能的实际控制人。

2010 年天丰节能开始筹备上市，2013 年证监会对拟 IPO 上市公司核查过程中发现天丰节能存在欺诈上市行为，终止其上市申请，并对涉案人员作出处罚。

一、天丰节能欺诈上市手段

天丰节能为了满足上市条件，对其 2010~2012 年的财务数据进行了造假，其造假的手段主要有以下四种：

（一）虚增销售收入与利润

天丰节能在 2010~2012 年大幅度虚增利润，公司通过虚增客户、虚构与公司客户销售业务和虚构自然人客户的销售业务等手段虚增收入，2012 年虚增利润 4462 万元，虚增部分占据申报收入的 16.43%，虚增利润 22%。

根据其年度报告分析，相关虚构内容如下：①虚增公司的客户。天丰节能将与其没有往来的公司虚构成自己的客户，编造的客户高达 74 家，共虚增了收入 5823 万元。②虚构与公司法人客户的销售业务。天丰节能与以下公司签订虚假合同，以增加销售收入。这些公司包括广东恒耀工程有限公司等 14 家公司，共虚增 1879 万元，河南汇能建筑装饰工程有限公司等 7 家公司共虚增 836 万元，湖北天福建筑安装工程有限公司等 2 家公司共虚增 232 万元。③虚构与自然人客户的销售业务。天丰节能与李彦斌等 6 人合谋，共虚增收入 484 万元。

（二）虚增固定资产

天丰节能与中国台湾后东机械公司等通过虚假采购交易，虚构固定资产和在建工程科目的金额，2011 年公司累计虚增固定资产将近 3000 万元，占 2011 年末公司资产总额的 3.08%。同样地，2012 年累计虚增 2792 万元，占公司 2012 年末资产总额的 5.83%。另外，公司向国家开发银行河南省分行贷款，并将其应该费用化的贷款利息支出资本化，以虚增固定资产数千万元。

（三）违规关联方交易

2010~2012 年，天丰节能利用了隐瞒关联方交易的手段进行造假，手段有以下三种方式：①关联方之间进行大额资金的拆借，未计入财务账。天丰节能与其兄弟公司存在大额资金拆借，而这些不在公司的财务账簿中记录，三年合计 5.4421 亿元。②掩盖关联方交易金额。蓝田股份采取首先与无关联的第三方签署商品交易合同，其次再通过第三方公司与其关联企业如天丰建设等签署交易合同，以此三年规避关联方交易金额 2978 万元。③将关联方交易所产生的资金，直接篡改为非关联方交易的资金。三年来，通过这种手段篡改的金额高达 362 万元，其中 2011 年为 75 万元，2012 年为 287 万元。

（四）伪造单据、虚列付款

天丰节能伙同供应商虚构合同，制造付款凭证，共虚列付款达 3000 万元，此外天丰节能公司还伪造银行对账单进行造假。根据企业的银行存款日记显示，公司在建设银行新乡牧野支行尾号为 3102 的账户 2011 年 12 月 31 日的账面余额为 3038 万元，但是银行对账单却显示银行存款的余额是 38 万元。为了掩盖账面亏空，蓝田股份伪造了建行尾号为 3102 账户的对账单。除了伪造对账单外，还伪造新乡市区农村信用社尾号为 6012 的账户等银行账户的全套对账单。

二、会计师事务所是审计失败还是失责

在以往的会计信息舞弊案例中，我们一直关注案例企业舞弊背后的权益失衡及战略失策，今天我们换个角度，从法商思维出发关注审计失败背后的会计师事务所审计的失责问题。

（一）会计师事务所——利安达

天丰科技三度提交 IPO 申请，会计师事务所为北京利安达会计师事务所。天丰科技被撤销 IPO 申请资格后，利安达会计师事务所因违反《证券法》第二十条第二款、第一百七十三条的规定，构成《证券法》第二百二十三条所述情形，被证监会决定没收其业务收入 60 万元，并处以 120 万元罚款。①

会计师事务所作为独立的第三方审计机构，又是盈利性质企业，其权益主体应当是审计报告使用者和社会公众，事务所自身的成长与发展是与社会责任履行状况和自身信誉同步成长的。鉴于此，其战略定位也应当是坚持审计质量和独立性原则的前提下，来开拓市场。因而作为一种公共职业，在得到社会和公众认可的同时，注册会计师必须将盈利放在最后目的，排在第一位的应当是承担相应的社会责任、必须达到和满足社会公众的要求，否则，便会遭受经济、声誉等其他方面的损失。注册会计师在执行审计业务时若没有遵守审计准则或道德规范，致使委托人权益受损或使第三人使用存在偏差的财务信息而遭受损失时，注册会计师须承担相关的法律责任。证券市场中注册会计师审计虚假陈述按照其违反法律法规的情形，承担的法律责任形式分别为行政、刑事和民事责任。

（二）到底是审计失败还是失责

审计失败是指审计人员未能发现财政、财务收支及财务报表中的虚假不实，导致审计形象的失败。而审计失责更倾向于明知舞弊公司存在问题而欲盖弥彰，造成上市公司明目张胆造假。换句话说，审计失败是会计师事务所被审计单位欺骗导致的，而审计失责则是会计师事务所串通被审计单位共同进行财务舞弊。

---

① 苏哲. 注册会计师审计失败探究——基于中国证监会处罚公告的思考 [D]. 保定：河北大学硕士学位论文，2008.

1. 签字会计师被动承担责任

审计业务当中，签字会计师能否坚持准则和独立性是非常考验职业道德的，有时对个人利益和职业生涯发展的考虑与权衡也会影响最终的审计结论。在天丰节能案例当中，涉案的三位注册会计师平均年龄 47 岁，在审计领域均有所建树，凭借其从业经验和审计专业素养，是不可能未发现天丰节能的舞弊行为的。然而三人均选择为天丰节能出具审计报告，想必会计师事务所和签字会计师违反规定与天丰节能之间存在私下协定。

风险导向审计要求审计师保持职业怀疑，要求审计人员"大胆怀疑，小心求证"。本案例中签字注册会计师提出的"计划类工作底稿和舞弊风险评估工作底稿缺失与审计失败没有必然联系，客户虚增收入是客户与银行串通提供虚假银行对账单及与第三方串通函证，与审计程序的执行程度不存在必然关系"[①]，显然不符合职业怀疑的实质要求。如果签字注册会计师和项目负责人都不甚理解职业怀疑的实质，会计师事务所的其他一般审计人员可能更难掌握职业怀疑的实质精神，这必然使审计工作在进行中出现问题，影响审计质量。

2. 审计程序执行不到位

在天丰节能审计失败案例中，不难发现，具备注册会计师专业水平的审计人员是很容易辨识出其存在虚假财务信息嫌疑的。天丰节能舞弊手段多样，舞弊金额巨大，线索和漏洞必然非常多，如其伪造新乡市区农村信用社尾号为 6012 的账户等银行账户的全套对账行为，注册会计师在审计过程中通过函证、问询等方式完全可以发现问题。

再看资产盘点和资产权属方面，明显存在对发行人的各项资产及其权属情况缺乏或忽视了执行必要的审计、盘点或审核程序。利安达检查固定资产新增发生额时，对原始凭证出现的异常情况、盘点时大额进口设备、构件及异常合同未能给予应有的关注，未核对设备编号，未能发现天丰节能虚增固定资产 2581.3 万元。

3. 审计师职业怀疑缺少证据得以验证

证监会的稽查人员能够查证天丰节能 IPO 造假的关键在于他们能够"调取最近三年该企业的进出口海关报关单""通过关联方的账本发现，2010～2012 年天丰节能与其关联方发生大量资金划转未计入公司财务账""找到上一家会计师

[①] 蔡春，赵莎等. 现代风险导向审计论［M］. 北京：中国时代经济出版社，2006.

事务所为其报送的工作底稿"，甚至到财务总监孙玉玲的办公室内取得没来得及删除数据的 U 盘。但注册会计师在接受天丰节能 IPO 审计委托后，只能对天丰节能的账簿和报表进行审计，即便有所怀疑，需要追查也只能向天丰节能接待人员索要相关方的资料；注册会计师进驻上市公司做现场审计时，接触最多的是账簿和报表，其次是公司特派的接待人员，与公司的财务总监、董监高接触不充分。

三、法商剖析

天丰节能通过虚增销售收入与利润、虚增固定资产、违规关联方交易、伪造单据、虚列付款等违法手段欺诈上市的行为严重违反了现有法律规则，应该受到强烈的谴责。尽管企业明显违法的行为并不多见，但仍然未能规避相关的规则风险，我们也应该以此为教训，提高防范违规风险的意识。法商管理要求管理者以"法镜"自省，以遵守法律强制性规则为管理行事的基本底线。在天丰节能出现风险性管理决策的节点上，若能用法商风险识别体系进行风险诊断识别，想必能够少走许多弯路。

参考文献

[1] 2012 年天丰节能年度财务报告 [Z].

[2] 张建锋. 利安达被二罚之后再遭重处 [N]. 中国经营报，2016-04-04.

[3] 蔡春，赵莎等. 现代风险导向审计论 [M]. 北京：中国时代经济出版社，2006.

[4] 苏哲. 注册会计师审计失败探究——基于中国证监会处罚公告的思考 [D]. 保定：河北大学硕士学位论文，2008.

贵州茅台：成熟期企业的财务选择

我国已有诸多优秀企业进入了成熟期，这些企业在持有大规模现金的同时，在财务上也呈现出非常高的谋略水平，如中国平安账面持有 4000 亿元现金，仍对业务风险管理极其重视；格力集团账面持有 1000 亿元现金，在选择投资项目时却异常谨慎；万科手握 700 亿元现金，却仍然保持高资产负债率以降低资本成本……但是水能载舟亦能覆舟，现金持有量高意味着这些成熟企业在稳居行业市场老大地位的同时也掌握了丰厚的资源，而这些企业在不断突破实现自身发展的同时持保守的财务策略，也是令人钦佩的。

近日来，贵州茅台股票价格连创新高，自 2017 年 4 月以来股价突破 400 元，雷打不动的坐稳 A 股市场第一贵股票的宝座。从股票价格来看，贵州茅台已经不再是价值投资者的选择范围，因为虽然公司绩优，但估值并不低。但是从财务角度来看，贵州茅台在我国股票市场风风雨雨中是走得最稳的一个，也是在 A 股市场上最大方的一个，自上市以来累计现金分红 430 亿元。是什么样的财务选择支持着这个百岁企业创造了如此傲人的业绩？今日我们来做个粗略分析。

一、贵州茅台成熟期的财务战略

茅台在发展进入成熟期后，茅台酒酿造生产所需投入的资源也逐渐趋于相对稳定，企业资源的配置较为合理，逐年来茅台凭借其独一性的历史文化和寡头垄断市场地位带来了持续不断的净现金流入，贵州茅台的现金收入极为稳定。在此基础上，贵州茅台在成熟期一直采取较为保守的财务战略，投资和筹资计划均稳健实施，全年度最大手笔的开支都花在了年终分红——豪气十足地为股东发红包。

（一）融资战略

贵州茅台融资方式主要是以权益融资为主，债务结构中连银行借款等负债都较少，主要债务为应付账款、应付票据等，这说明贵州茅台的现金流状况是极强的，而此类资本结构也可以极大地降低企业的财务风险。图1为贵州茅台的资产负债率，可见尽管2015~2016年度资产负债率有所上涨，仍然不超过30%，贵州茅台近5年来资产负债率均在25%左右，负债中的赊销产生的预收账款又占了相当大的比重，上市以来持续13年银行借款等融资项目金额为零，一分钱借款没有，这在当代企业是极为少见的。

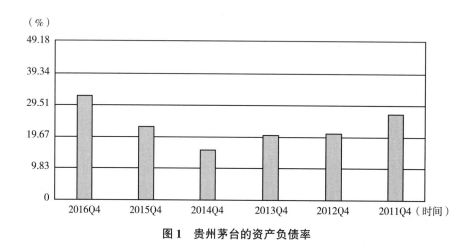

（%）

图1 贵州茅台的资产负债率

一方面，对贵州茅台来说，预收账款主要源自经销商的预付款，预付账款在会计中被视为负债，但是这种债务的偿还是用企业的产品来进行。根据茅台年度报告数据显示，2016年度其产量同比增长18%，销售收入同比增长18.99%。与此同时，净利润同比增长7.83%，以往年度茅台各项收入与利润的增速也基本维持在这一水平上。由此分析可以看出：其销售额及利润率高速的增长并不是全部由于产量提升带动销量提升产生的，而主要是由于不断提升的售价及远远高于市场平均水平的毛利率综合产生的。因此，在贵州茅台负债部分中占相当比重的预收账款的偿还并不会导致企业过多的现金流出。这种情形在现代企业中极为少见，也由此可见贵州茅台在融资方面倾向于"自给自足"。

另一方面，贵州茅台的长期负债比重也很小，近5年均不超过0.05%。但是，本文通过分析贵州茅台近十几年来的负债情况发现，企业2001年8月上市初期募集了约19.98亿元资金，同时偿付了银行借款期初余额1.29亿元，后期并未再通过银行借款来融资，而是通过预收账款等非银行债务来实现融资；分析其现金流量表不难发现，其没有临时性一年内的借款资金周转情况，因此利息所能够带来的抵税作用在贵州茅台中也没有得到充分体现。尽管理论上一致认为合理的使用长期负债可以降低融资成本，也有利于提高企业的净资产收益率，实现企业资金的高效利用。而成熟期贵州茅台的经营状况良好，有着相对充足的现金流入，这样在一定程度上也就降低了企业由于债务到期等压力导致的资金链断裂的风险。因此，贵州茅台一直坚持"多缴税"、多创利社会的理念，主动承担龙头企业的社会责任，利润分配环节尽可能保持公平，可见贵州茅台的财务战略是令人尊敬的。

总结来看，贵州茅台的在融资方面是极为保守的，一方面公司拥有足够多的现金自给自足，另一方面也没有大规模投资项目需要筹资。尽管现代管理理论认为适当筹资才能够提高资金使用效率、降低成本，但是对百年企业而言，只销售传统产品必须具备极好的市场风险抵御能力，而持有现金虽然保守，但却是最安全的。

(二) 投资战略

根据贵州茅台企业年报显示，这个百岁企业不偏好股权投资，只善于实业投资。从近年来投资活动现金流出项目来看，每年度最为主要的支出均集中在固定资产购建、无形资产研发等方面。表1为2011~2016年购建固定资产、无形资产和其他长期资产支付的现金统计，可见每年都有支出，每年支出规模都较大。

表1 贵州茅台近6年固定投资支出

单位：万元

项目	2016 年	2015 年	2014 年	2013 年	2012 年	2011 年
固定投资支出	101918	206147	443107	540574	421190	218453

从投资去向来看，根据公开资料，贵州茅台主要用于企业自身价值的投资与塑造，投资资金的用途离不开改扩建已有的生产线、投产新的生产线、营销网络的建设、收购白酒公司资产及配套技改等几个方面，非常踏实务实。这些投资项目的建设在一定程度上说明了贵州茅台的投资策略中也考虑了企业软实力的建设及多元化的投资战略。相比某些上市公司的定向增发圈钱然后做空公司价值的行为，境界高下自分。

由于随着行业竞争的加剧及政策环境的导向，高端白酒市场的发展也面临一定的压力，因此为保持企业的继续快速发展及较高的利润水平，多元化的发展战略也是必不可少的。但是通过分析不难看出，贵州茅台的投资战略中对企业多元化发展及并购等方向的投入所占总投资的比重还是较低的，从 2001 年的 17%降至 2012 年的 4%。通过分析企业历年年报数据，发现贵州茅台期末现金存量占资产比平均为 50%左右。这也表明了贵州茅台超过一半的资产为现金资产，结合其投资现状可知这远远超出了企业所需。因此可以推断，未来贵州茅台依旧会依托茅台酒的历史特点延续市场竞争，仍然会只做一款酒，以不变应万变，以差异化产品延续寡头垄断。

(三) 股利分配战略

贵州茅台的高分红性格在我国股票市场上是出了名的，毕竟上市以来累计分红 430 亿元，相当于普通上市公司一年的营业收入（历年分红记录见表 2）。

表 2　贵州茅台近 10 年股利分配方案

分红时间	分配方案
2016 年 7 月 1 日	每 10 股派息 61.71 元
2015 年 7 月 17 日	每 10 股送 1 股；每 10 股派息 43.74 元
2014 年 6 月 25 日	每 10 股送 1 股；每 10 股派息 43.74 元
2013 年 6 月 7 日	每 10 股派息 64.19 元
2012 年 7 月 5 日	每 10 股派息 39.97 元
2011 年 7 月 1 日	每 10 股送 1 股；每 10 股派息 23.0 元
2010 年 7 月 5 日	每 10 股派息 11.85 元
2009 年 7 月 1 日	每 10 股派息 11.56 元
2008 年 6 月 16 日	每 10 股派息 8.36 元
2007 年 7 月 13 日	每 10 股派息 7.0 元
2006 年 5 月 24 日	每 10 股派息 5.91 元
2006 年 5 月 19 日	转增 10 股

历年来，贵州茅台分红占净利润的比例大约在 30%，可见高分红是贵州茅台的企业传统，投资者回报在贵州茅台受到极大重视，因而分配风格上也保持豪气。成熟期企业在分配战略的制定与应用中，会更多地考虑是否有足够的资金来

保证企业的业绩持续增长。贵州茅台近几年的现金股利率占据其企业自由现金流的比重超过了 50%，由此可以看出，贵州茅台选择高现金分红最重要的基础便是在其扣除资本支出和长期债务支出后仍有充足的现金流，也就是说，贵州茅台的高分红是有盈利积累作为支撑的，这种高分红的股利政策并不会给贵州茅台带来财务压力，反而会因经营成果的公平分配获得投资者与市场的尊重。

二、法商剖析

贵州茅台的分红模式使其兼顾了中小股东的权益，保证了资金安全稳定和企业正常经营。高额的股东分红其实也是一种投资，它能够通过实际的权益和稳定预期牢牢抓住现有的资金支持，也能够为自己赢得更多外来的投资者。贵州茅台的强大实力，更体现在其对企业思维本身的坚守，也即"仍然会只做一款酒，以不变应万变"的魄力，规避了盲目扩张的风险，也为投资者提供一种稳定的预期，其实并非自我闭塞，而是真正开拓了发展的道路。从贵州茅台的财务选择来看，风格较为保守，倾向于以持有现金、只做主业扩张来持续运营，擅长以不变应市场万变。经过半个多世纪的发展，茅台酒已经作为"国酒"深入人心，具有不可动摇的市场地位，始终处于供不应求的市场状态。作为成熟期企业，其财务状况通常也是较为理想的，贵州茅台在国内白酒行业中利润率是首屈一指的，同时也拥有极为充足的现金流，能够很好地抵御财务风险并始终保持高派现，在 A 股市场上有着不可动摇的地位。

在这个强调资本成本和效率的时代，能够坚持"保守"的财务风格和理念是极为难得的，在企业有源源不断利润流入的时候能够不忘投资者初心、对投资者资金负责也是极为可贵的。对比层出不穷的"上市圈钱""高管做空上市公司"的案例，我们需要茅台这样的正能量来铭记资本市场成立的初衷——创造价值。

参考文献

[1] 黄寿昌，肖俊.财务战略的制定：内在逻辑与基本框架 [J].财会通讯，2007 (6).

[2] 贵州茅台 2010~2016 年年度报告 [Z].

[3] 夏冬林.会计学 [M].北京：清华大学出版社，2006.

青岛海尔的成本长跑

  海尔曾是我国白色家电领域首屈可数的行业老大，尽管近两年来被美的集团和格力电器赶超，但是青岛海尔在家电领域的行业地位和管理能力仍然是不可动摇的。日前，青岛海尔公告称已与通用电气（GE）签署收购协议，拟通过现金方式购买 GE 家电业务相关资产，交易金额为 54 亿美元。交易完成后，在海尔控股下，GE 家电将全球范围内继续使用通用电气旗下的品牌组合向市场销售产品，初始使用期限为 40 年，包括两个为期 10 年的延长使用期。

  这是我国家电行业迄今为止最大的一桩海外并购，然而这桩生意更像是海尔"捡来"的。2014 年 9 月，GE 打算以 33 亿美元的价格将家电业务出售给瑞典家电巨头伊莱克斯。而 2015 年底，因美国司法部的反垄断起诉，该项交易以失败收场，海尔因此才有了出手的机会。

  家电是 GE 最早的业务之一，早在 1907 年，GE 就进入了家电领域；家电业务也是为 GE 获得广泛市场好评最多的产业之一，长期以来，GE 的家电业务一直处于行业内数一数二的位置，可以说家电业务对 GE 而言，具有极其重要的象征意义。

  但伴随家电市场逐步走向成熟，GE 家电业务无论是市场份额，还是集团利润贡献率都在不断下滑。GE 是全球企业中顶尖的资本运作大师，在此阶段 GE 已经先后出售了塑料、高新材料部门及保险部门，但是一直没有将家电业务列入出售计划，可见对家电业务的重视。但 GE 家电业务最终还是被舍弃，一方面是原料价格的不断上涨，另一方面由于次贷危机及房地产市场不断萎缩，家电行业越来越萧条，家电业务的未来发展已经与 GE 的长期获利目标背道而驰。虽然家电部门贵为 GE 最知名的部门，但从贡献率而言，则已经成为 GE 增长最缓慢、价值贡献度最低的部门。而且，出售家电部门的决定也符合 GE 的战略部署：放弃增长缓慢的工业业务，将重点放在增长更快的高科技业务上，以获得长期稳定的持续收益。虽然在 GE 内部家电业务已被视同"鸡肋"，但是，GE 家电业务还是受到了全球家电制造企业的热捧，原因就在于 GE 家电的高端品牌影响力和在美国家电市场上的领导地位。

通用家电作为美国家喻户晓的家电品牌，在美国家电市场拥有领先的市场地位和品牌认可度。Euromonitor 的统计数据显示，从整体市场占有率来看，2015 年通用家电以近 20% 的市场占有率位列美国家电品牌第二，仅次于惠而浦，而其余家电厂商的占有率都在 10% 以下，其中海尔为 7%。从细分产品来看，通用家电的厨电产品、制冷产品和洗碗机深受广大消费者的认可和信赖，其厨电产品的市场份额位列全美第一，制冷产品和洗碗机均位列全美第二。通用家电洗衣机则位列全美第四，略逊于惠而浦。根据 Stevenson 统计数据显示，当消费者考虑购买一件家电产品时，其中 28.2% 的消费者会考虑购买通用电气的家电产品。通用家电是美国第二大被用户认可的家电品牌。截至 2015 年第三季度，通用家电拥有超过 1 万名员工，2015 年 1～9 月实现营业收入 46.58 亿美元，其中约 90% 来自美国市场，并在全美五大州设有 9 个配套设施完善、生产技术先进、管理模式领先的生产基地。这意味着谁能够接手 GE 家电业务，谁就跨入了美国和欧洲的主流家电市场。这恰恰是海尔所需要的。[1]

2016 年 1 月 14 日（美国东部时间），海尔与通用电气签署了《股权与资产购买协议》，根据上述协议，海尔拟通过现金方式向通用电气购买其家电业务相关资产，交易金额为 54 亿美元。我们通过法商角度来分析一下海尔与通用电器本次的交易。

一、扩充欧美市场版图

多年来，海尔一直在海外加速国际化进程，但见效较慢。早在 1999 年，海尔就在美国建立了工厂，但其产品和形象一直局限于美国低端市场。而 GE 家电有长达 100 多年的历史，在美国已家喻户晓，此次拿下 GE 家电几乎相当于拿下了美国市场。在全球市场，GE 家电也将对海尔的产品线、销售网络及技术研发能力产生积极作用。

而且，海尔已经具备较强的运营能力和海外并购经验，有能力实现业务整

---

① 中国国际金融股份有限公司关于青岛海尔股份有限公司重大资产购买之估值报告［EB/OL］. http：//www. wlstock. com/InfoLibrary/InfoDetail. aspx? ID＝73390539778&channelId＝002027&stockno＝600690.

合。2011 年和 2012 年，海尔分别收购了日本三洋电机的家电部门和新西兰电器品牌斐雪派克，之后这两家企业不但均实现了扭亏为盈，海尔也借用当地的资源与影响力快速扩大了市场份额，提升了品牌形象，逐渐在当地市场站稳脚跟。并购通用电气业务对海尔实施国际化战略而言是至关重要的一步棋，海尔可以借此在美国市场取得更理想的竞争站位。同时，海尔并购的不仅是家电业务部门，也并购了通用电气的相关管理团队、客户群体、品牌认可度等主要资源。白明认为，凭借 GE 在美国良好的品牌形象，可一举进入美国市场前三，快速切入北美、拉美市场，弥补其在该市场的短板从而扩大了欧洲市场。①

二、提升自身能力

我国国内几家家电巨头早在两三年前就开始动作，高调布局智能家居，但是八仙过海各显神通，各家有着各家的通道。对比美的集团收购德国库克入主机器人领域、格力电器狠抓产品和构建自身智能家居生态，青岛海尔则是通过海外并购企业搭建桥梁来进入智能家居领域，实现产品生态链条的完整布局。

一直以来，GE 的经营风格十分鲜明——积极进行多元化布局，并不断卖出低盈利业务，买入高收益业务。近年来，GE 开始将精力集中于高端工业制造、能源、医疗、交通运输等收益较高的领域。而近两年来，GE 家电业务的利润率只有 3%～6% 的水平，当然不能使 GE 满意。对海尔来说，收购 GE 家电却大有益处。GE 家电有长达 100 多年的历史，在美国已家喻户晓，此次拿下 GE 家电几乎相当于拿下了美国市场。通用家电作为全美最大的家用电器制造商之一，2015 年 1～9 月营业收入高达 46.58 亿美元，其中 90% 来自美国市场，并已构建了一个覆盖全美、辐射全球的销售网络，长期与 Sears、Lowe's、HomeDepot 和 Bestbuy 全美四大连锁家电零售商保持良好且密切的战略合作关系。海尔可凭借通用家电在美国全覆盖的销售网络扩大其在美国家电市场的销售份额，并可将通用家电、斐雪派克和青岛海尔在美国的家电业务进行整合，通过资源共享和协同效应的最大化，实现青岛海尔在美国家电市场的跨越式发展。更为重要的是，GE 家电对海尔的产品线、销售网络及技术研发能力产生积极作用。借助通用的 GE 家电工业互联网操

---

① 海尔收购 GE 开拓欧美市场 [EB/OL]. 迈博资讯，http://www.microbell.com/ecodetail_3954111.html，2016.

作系统 Predix，可以进一步提升海尔互联工厂的总体响应能力、产出及效率，充分发挥海尔在智能家居领域的智能化平台、产品和标准优势。同时，双方将在能源管理、家庭安防等领域深化合作，加速实现用户导向的智能生活新模式，加快家电产业转型升级和创新发展。

在发达的欧美市场，消费者对家电产品的价格虽然敏感但品牌忠诚度往往更高，因此注重产品本身的品质的同时，品牌推广不容忽视，而这也是中国企业此前的短板。因此，在中国家电市场整体需求低迷的背景下，海尔通过海外并购扩充海外市场的同时，学习通用家电业内顶尖的科研水平和创新技术，连通普通家电与智能家居系统，从而在智慧家电的研发上实现跨越式发展，进一步助推青岛海尔全球化战略的实施和迈进，提升其在全球家电市场的竞争实力，孕育新的盈利增长点。

三、整合业内资源，提升全球竞争力

海尔可以通过与通用电器共用供应商的资源整合、非共用供应商的资源共享所带来的采购成本节约，将为双方带来最为直观和显著的成本协同效应。就制冷产品而言，青岛海尔与通用家电共有涉及 13 个产品品类的共用供应商，青岛海尔可以通过整合采购量、对标价格和条款、模块化通用化设计来进行集中采购，重新获得谈判地位以获取收益。就洗涤产品而言，青岛海尔可对通用品类进行全球采购优化供应商资源，整合采购量进行集中采购，从而实现降本增效的成本协同效应。

通用家电和青岛海尔分别作为西半球和东半球较为领先的家用电器制造商之一，均拥有行业领先的研发技术和水平。具体而言，青岛海尔在全球拥有 5 个研发中心，其中位于中国、日本、新西兰、德国的 4 个研发中心可与通用家电拥有的分别位于美国、中国、韩国和印度的 4 个研发中心进行全球研发资源共享，大幅提升上市公司在全球范围内的研发实力。同时，通用家电已形成了一支达 600 多人的业界资深研发团队，平均从业年龄超过 20 年，并已获得上千项专利，并有 1000 多项专利正在申请中，覆盖厨具、烤箱、微波炉、冰箱、洗碗机、洗衣机等家电产品。青岛海尔可充分利用通用家电在业内领先的研发实力和技术，实现关键模块及零部件的生产技术和相关专利的共享，前瞻性科技产品的研发能力协同及创新能力共享。①

所以，海尔可以通过并购，大幅提升效率，从而孕育新的盈利增长点。

四、不计短期成本，关注长远收益

很多人认为，海尔并购 GE 是"捡来"的生意。但瑞典家电巨头伊莱克斯对 GE 家电业务的出价是 33 亿美元，仅过了一年多的时间，GE 家电身价暴增了 21 亿美元，这是否意味着海尔"买贵了"呢？

就财务意义上讲，并购价格显然是既大幅高于出让方底价 33 亿美元，又大幅高于国内股市对此的估值范围，因此在财务上并不是一个便宜实惠的买卖。从收购方式看，全部对价以现金支付也将大大增大海尔未来的财务负担。据统计，54 亿美元的价格相当于 GE 家电 2015 年预期息税折旧摊销前利润的 8.2 倍，而美日家电制造行业资产在资本市场上的价格通常为息税前利润的 9~10 倍。数据显示，目前 GE 家电的 EBIT 已经比两年前上升了约 50%。因此，从财务指标看，海尔的收购价并不比伊莱克斯吃亏多少。同时，GE 家电业务并不是亏损的包袱，反而是块优质资产——GE 家电旗下涵盖厨电、制冷、洗衣、洗碗机等 400 多种产品，其中约 90% 销售来自美国市场，在美国的占有率接近 20%，为全美第二大家电品牌。2014 年，GE 家电营业收入为 59 亿美元，息税前利润为 2.0 亿美元；2015 年前三季度，营业收入为 35.4 亿美元，息税前利润为 2.23 亿美元。此外，就进军美国市场情况看，海尔家电在北美产品已经进入全球前十的主流渠道，成功跻身美国家电行业高端品牌阵营，成为最受美国用户关注与认可的世界品牌之一。因此，二者强强联合将有助于未来海尔在美国家电业务版图扩张。

因此，此次收购是如何实现"1+1>2"的问题，是如何通过整合相关资源以达到进一步扩大美国市场份额的战略布局。就技术、品牌等因素看，白色家电已经是成熟产业，不存在显著的技术壁垒，且海尔早已掌握了白电行业诸多技术，从品牌上看，GE 仅允许海尔使用 40 年且未来存在与海尔品牌相互内争的矛盾，故品牌意义是短期性的，而市场份额方面的远期规划则显得更为重要。

---

① 青岛海尔（600690）中国国际金融股份有限公司关于青岛海尔股份有限公司重大资产购买之估值报告 [EB/OL]. http://www.wlstock.com/InfoLibrary/InfoDetail.aspx? ID=73390539778&channelId=002027&stockno=600690, 2016.

五、结语

青岛海尔收购通用家电不是贸然的决定，青岛海尔最近几年来的国际家电的收购案例提高了海尔的竞争力，扩大了业务规模，此次收购是一次自然的战略延续。2011 年海尔收购 SANYO 旗下的白电业务，2015 年，上市公司又进一步将海尔集团在亚洲、欧洲、中东、非洲及美国等国家地区的海外白电业务纳入旗下，全球化战略布局进一步加速。海尔联姻通用，注重权益的同时进一步提升效率，一步步将自己的市场扩大。

参考文献

［1］姜华山 . 海尔收购 GE 家电的战略逻辑 ［J］. 企业观察家，2016（7）.

［2］海尔收购 GE 开拓欧美市场 ［EB/OL］. 迈博资讯，http：//www. microbell. com/ecodetail_3954111. html，2016.

［3］青岛海尔（600690）中国国际金融股份有限公司关于青岛海尔股份有限公司重大资产购买之估值报告 ［EB/OL］. http：//www. wlstock. com/infolibrary/infodetail. aspx?ID＝73390539778 & channel ID＝002027&stockno＝600690，2016.

天一科技的"凤凰"现形记

　　天一科技现如今已经被景峰医药借壳上市，越来越多的人逐渐遗忘了这个曾经在熊市中套牢诸多基金的"科技"公司。在当时，天一科技曾经创下了 A 股最高市盈率纪录——26240.8 倍市盈率，至今鲜有公司赶超。

　　天一科技无疑是 2007 年大牛市中被资本市场热捧的牛股，但是 2008 年牛熊转换后，这只被吹上天的科技黑马立刻现了原形。曾经，天一科技被市场誉为"金矿大王"和资源类上市公司的新秀，由于业绩较好，股价也一路飞跃从 6.94 元陡然蹿升至 2007 年 8 月 23 日的 31.47 元。8 月 24 日，天一科技因股改开始了长达 9 个多月的停牌。9 个月后，湖南证监局在开展公司治理专项活动时意外发现天一科技这只"凤凰"竟然只是"褪毛的鸡"——主要原因是天一科技居然未能对控股子公司平江黄金实施控制。天一科技事后解释称由于历史原因，平江黄金并未直接从事开采和冶炼业务，而是定额承包、他人经营。由于对外承包经营合同未到期，导致天一科技无法收回经营权，未对其实施实际控制。[1] 这件事导致外界对其矿产产权权属问题质疑纷纷。2009 年，天一科技又发布消息称因疑遭诈骗全年预亏，这只昔日的金凤凰彻底消失在广阔的资本森林中。

　　时隔数年，如今再次拿出天一科技作为负面案例，来对这个"凤凰"现形记的故事始末做个分析。时至今日我们在 A 股仍会见到诸如天一科技一样"华而不实"的公司，希望在这个案例上能够总结教训，警醒后人。

一、天一科技前世简况

　　早于 1958 年，天一科技前身平江县农业机械厂正式挂牌成立，是我国第一

---

　　[1]　天一科技净值损失 3.6 亿黄金套套中七基金［EB/OL］. http：//stock. stockstar. com/SS2008061330035046. shtml.

家县级国有工业企业。

1982 年，公司正式更名为湖南平江潜水电泵厂，并成为系列潜水电泵专业厂家，发展成为跨入国家农机协会潜水电泵五大骨干厂家之一，而后进军农用潜水电泵，成为此行业的骨干企业，在当时年产值 5000 万元，并创下连续 15 年盈利的业绩，成为地方财政利税大户。[①] 1999 年 2 月，天一科技在深交所正式上市交易，成为中国泵行业第一家泵业上市公司，誉称国内泵业第一股。

天一科技产品畅销国内 30 个省区和国内十大油田；外销欧美、中南亚、中东、南非等 30 多个国家和地区，同时是中国电力总公司、中国石化总公司、中国石油天然气总公司设备定点生产配套单位，业绩傲人。

时至今日，我国泵业领先的专业企业仍然不多，天一科技在当时行业内专业水平和市场竞争力都是屈指可数的。但是好景不长，上市初期的良好业绩并未延续，天一科技的良好发展轨迹自 2004 年开始发生转折。

二、天一科技新星陨落

自 2004 年开始，天一科技经营管理方面的负面消息不断，几乎是一步步走向陨落的。我们按照时间顺序进行梳理。

2004 年，由于大股东平江县国有资产管理局侵占上市公司资金 18407 余万元且无力偿还，天一科技发展计划中关键的技术改造项目无法完成，导致公司的产品在市场上的竞争力一落千丈，天一科技突然因内部资源分享不公平而导致企业经营四面楚歌。此时，叠加投资矿类业务失败导致公司出现的巨额亏损，天一科技大量现金流出，此后再也未能恢复元气。因与县国资委的债务纠纷，天一集团现金流量紧张，资产负债率开始攀升，出现负债结构严重失衡、巨额借款全部逾期、现金净流量连年为负、营运资金严重不足等财务状况，公司的持续经营受到了严重影响，已面临退市风险警示。

2004 年 9 月，公司股票被证监会做出退市风险警示，改称"﹡ST 天一"。2004 年天一科技一直面临着经营亏损等问题，多次被深交所特殊处理，并一度面临退市风险警示。

2006 年，天一科技营业收入开始不断下降，经营绩效开始下滑，此时业务

---

① 汪一宁. 天一科技财务风险控制研究 ［D］. 长沙：湖南大学硕士学位论文，2013.

毛利率水平也逐渐跌破 30%，经营活动现金流量收紧，并于次年转为负数，经营状况入不敷出。

2007 年，天一科技在没有行内经验和人才储备的情况下投资铅锌矿等多个矿产，但因虚构矿产储量、经营不善等多个原因，所投资矿产均未获任何收益，开始对资产大规模计提减值准备。

2009 年，在营业收入连年下降的情况下，天一科技应收账款仍然攀升，现金流压力越发增大。在当时机械制造业的竞争激烈，天一科技为了更多地占有市场、维持销售状况和提高竞争力的需要，不得不采取较长的信用期限来吸引客户，从而拉长了应收账款的占用期。

2010 年，原购建的机器设备属于专用型设备，工、农用泵所需的设备各不相同。但此时国内目前设备更新换代速度极快，机器更新换代后原型号的模具将被闲置，新型号的设备需重新购置，于是资产大规模计提减值准备，资产大幅度缩水，并急于筹措新设备采购资金。

2011 年，天一科技资产负债率高达 98.72%，处于资不抵债的临界点。

2012 年 4 月，公司启动重组事项，拟以 5.46 元/股的价格，向开元泰富等 10 名特定对象增发 4.6 亿股，用于收购大向东矿业 100% 的股权。大向东矿业成立于 2007 年 7 月 13 日，注册资本 5000 万元，经营范围为铜矿勘探，有黑龙江省东宁县洋灰洞子铜矿的探矿权证，拥有的铜矿估测铜矿石储量达 2000 万吨，铜金含量 20 万吨，资产估值约为 30 亿元。由于天一科技近年来经营一片颓势，因此市场对于公司的"涉矿"转型十分期待，重组预案推出之后天一科技股价迎来连续 7 个涨停板。但随后天一科技发现大向东矿业股权存在纠纷，因此决定终止此次定增，重组也以失败告终。据了解天一科技已非首次重组失败，2009 年天一科技就谋求重组脱困，但最终同样也是没有成功。数次重组失败并未缓解公司的危机，反而进一步加大了公司的财务负担，此时的天一科技已经出现财务危机迹象，如表 1 所示。

表 1 天一科技的财务危机

单位：万元

项目	2010 年	2009 年	2008 年	2007 年	2006 年
净利润	-6095	-5705	293	-24403	-3194
总资产	37013	42145	47137	78481	98924
经营活动现金流量	35	-687	-1521	-1188	3102

2013年，天一科技与景峰医药治谈重组事宜，但因天一科技股权、债权等多方面问题重组坎坷进行，终于9月成功。

自此，天一科技逐渐消失在人们视野中。

三、一代泵业巨头缘何陨落

（一）公司治理不合规

经过梳理天一科技的衰落史，我们发现最初的导火索是国资委的资产侵占。在当时，大股东中国长城资产管理公司拥有湖南天一科技股份有限公司53.86%的股权，第二大股东平江县国有资产管理局持股比例为4.38%，且他们的股东性质都属于国有股，国有股"一股独大"的局面使公司股东与股东之间、股东与公司法人之间的相互制衡关系不复存在，甚至还使董事会、监事会及经理层之间的相互制衡关系也只是流于形式。缺少制衡的"一股独大"的局面造成了内部公平严重失衡，使天一科技股份有限公司出现了严重的委托代理问题，大股东在毫无牵制下侵占公司资金、对外投资高风险的项目使公司遭受了严重的损失。这是后期天一科技屡次投资失败的根本原因。

（二）内部经营公平失衡

由于大股东大量侵占公司资金、公司多元化业务失败等原因，导致湖南天一科技股份有限公司未按其募集资金承诺项目进行投资，导致油气混输泵技改项目、稠油泵技改项目、潜油泵技改项目及螺杆混输泵技改项目等增强湖南天一科技股份有限公司产品核心竞争力的技术研发、改造项目未能顺利实施，公司泵产品市场竞争力受到极大影响。在这之后，由于大股东侵占资金无法偿还，多元化业务战略失败等原因，公司的营收受到重大影响，导致公司对泵类产品的研发、技术改造投入的资金也非常少，这又导致了公司泵类产品市场竞争力的进一步降低，无竞争力的产品又无法为公司带来好的盈利能力，无盈利能力肯定研发、技术改造投入就更少，在这样的恶性循环中，湖南天一科技股份有限公司的泵类产品已由以前的畅销产品变成了现在的滞销产品，产品市场上的糟糕表现造成了公司产品的大量积压，最终不得不利用降价策略和赊销策略对产品进行清仓处理。

四、法商剖析

（一）"法镜"照"商经"

天一科技面临的重大法商风险首先是未能合规，它未能周全地考虑公司的股权结构，使公司处于一种极易违规的风险中。在公司治理层面，它未能有效地规避法律风险，致使公司陷入了严重的委托代理问题。法商管理的基本原则就是要坚持用"驾驭规则"的审慎眼光审视商业经营的模式，若该公司一开始能够以法商思维审视自己可能出现的风险，以法商视角制定合适的风险规避策略，完全可以避免日后的危局。

（二）公平思维和效率思维结合

湖南天一科技一度陷入公司研发的困局。这个困局是多方面因素共同造成的，但我们最不能忽视的是公司对股东权益的安排，这是十分讲究分寸的。在天一科技的内部经营失衡过程中，我们可以看到其明显未能把握住这个"度"，导致了大股东的侵占资金。公平思维和效率思维之间存在张力，兼顾二者一向是非常困难的过程，但我们绝不能因此偏废，尤其是在面对公司的大股东，面对公司重大战略决策时，我们尤其要将二者有机结合，做出科学的决策。

在天一科技上市初期，投资者对这个泵业佼佼者是充满期待的，但是2004年后公司经营一再出现问题。我们发现，天一科技走向财务危机的每一步都决定了最后的结局，每一次资产侵占、投资失败都是对自身权益主体的理解错位和发展战略的不当执行。良好的公司发展少不了对权益的安排、对公平与效率的兼顾，若天一科技能以法镜不断自省、做出科学的战略部署、运用科学的管理思维，公司发展就不至于陷入困境。法商管理的工具，正是为公司可能的风险点作诊断和修补的医生，能为公司发展"保驾护航"。

参考文献

[1] 2011年天一科技年度报告 [Z].

[2] 代彬，彭程. 高管控制权、资本扩张与企业财务风险——来自国有上市公司的经验证据 [J]. 经济与管理研究，2012（5）.

[3] 汪一宁. 天一科技财务风险控制研究 [D]. 长沙：湖南大学硕士学位论文，2013.

万达集团轻资产

万达集团当属我国最具创新精神的地产公司，它是第一个突破国内商业地产模式、推出万达式商业综合体的地产公司，是第一个涉足院线和文化产业的地产公司，也是第一个在国内提出轻资产运营的地产公司。

《轻资产运营》中指出"所谓轻资产，是相对于占用大量资金的重资产而言的，它是企业的一种资源，包括企业的经验、规范的流程管理、企业品牌、客户关系、人力资源等"[①]。对企业而言，轻资产主要是指企业所持有的无形资产及不在资产负债表中列示的一些表外资产，轻资产在企业中具体表现为企业的品牌、竞争力、企业文化、核心管理能力、管理系统等。因而，轻资产是企业所持有资产当中的核心部分，也是企业的灵魂，相对于重资产这种企业外在的装饰物而言，即使其重资产以不直接持有的方式获得，企业同样能够维持经营并获得较好的资本收益。

由上可见，轻资产主要是企业的核心管理能力、品牌、文化等无形资产。在法商构架当中，强调商道与规则的平衡统一，追求效率与公平二者之间的相互均衡，轻资产运营能否达到这样的效果呢？我们来看万达集团的案例。

一、万达集团的轻资产运营模式

（一）建立地产项目融资基金

以融资项目投资地产项目是万达公司进行轻资产运作的实现方式，也是整个轻资产项目得以顺利实施的关键环节。建立资产项目融资基金是万达公司实现轻资产运作的第一步，当前万达公司已经在集团内部的多个项目中实施了轻资产的

---

① 孙黎，朱武祥. 轻资产运营 [M]. 北京：中国社会科学出版社，2003.

运作方式。为了促进项目资金获取更加便利，也实现项目投资方与建设方利益分享的公平性，万达公司与我国国内多家金融机构建立了战略合作协议，并以"一揽子"项目的方式与这些金融机构签订了超过 240 亿元的订单，拟通过金融机构注资和战略投资者的引入在全国建设数十个商业地产项目。从万达公司的具体行动来看，其轻资产运营在资金投入环节的主要方式有以下两种：

一是拓宽外部融资渠道，引入信托、基金、保险等金融机构作为资金中介，引入第三方战略投资者作为合作伙伴，实现资金来源的多元化和股权结构的多元化，与多家机构来共同投资未来的商业地产项目。

二是发挥内部融资渠道，通过开发成立自有商务理财公司等方式，推出理财产品，这种理财产品主要以众筹的方式来募资，也就是欢迎广大投资者共同出资并用于商业地产项目建设，以客户认购其理财产品的方式来募集项目资金，而项目运营的收益则会以基金分红的方式返还给认购者。这种方式使内外部融资平台形成了一个较为完整的融资平台，融资渠道得以打开，项目可以获得开发资金，而万达地产公司在运营环境中提供高质量的开发与管理服务即可分享项目投资收益。

（二）分享租金收益

分享租金收益是万达地产公司轻资产运营的第二环，也是其商业模式的核心所在，正是通过分享租金，轻资产运营模式使万达与投资者之间达成了一种利益均衡状态，万达达到降低库存风险的目的，而投资者则收获投资回报。分享租金收益实际上是一个分红的过程，资金收益的分配使资金投入者可以在这一环节中获得自身资金投入的报酬，从而实现整个项目的资金筹集、运转及收益分配的完整过程。在其他轻资产运营的案例中，铁狮门和嘉德置地曾经在收益分配过程中是以利润留存到基金公司，而自身提取部分管理费用的方式。相比之下，在万达地产公司运营的地产项目中，收益分配方式则意味着万达地产公司可以掌握更高的主动性，而资金投入者也可以从中获得更高的投资收益。在这一合作中，万达公司的核心优势是其品牌价值和项目运营管理经验，也正是依靠这个维持项目的运转。在这一模式下，万达地产公司可以获得稳定的收益，相比于重资产经验，这使其经营风险大部分分散到企业的外部，在房地产行业环境较差的背景下，这种做法大大降低了自身风险。

（三）输出品牌和运营管理能力

万达集团相比于我国多数地产公司而言，最大的优势在于其品牌价值输出能力及项目运营管理能力。当前，万达公司在我国成功开发运营了数千个地产项目，且树立了自身地产品牌，品牌价值能够受到市场认可。在其他国家优秀的地产公司轻资产运营案例中，铁狮门同样凭借其突出的品牌价值及项目运营能力与基金公司合作，来进行项目开发与运作。在铁狮门的轻资产项目中，多数项目由其旗下基金负责募集项目资金，铁狮门冠以项目品牌，同时参与项目的规划、设计、建设与运营。通常，铁狮门直接对项目出资不会超过项目总额的5%，但是却全程参与到项目的管理中，其卓越的项目运营经验和管理能力使旗下项目能够顺利进行，铁狮门也从中获得了滚动增加的品牌效应及巨大的管理收益。万达集团的轻资产运营思路与铁狮门相同，自身同样仅参加的是项目运营管理过程，而投资方由其战略合作伙伴、资金供给者或第三方投资者提供。尽管资金并不是由万达地产公司自己投入，但是万达公司可以通过轻资产运营来掌握地产项目的实际运营管理权力，仍然以自有品牌来负责运营实施，这种做法体现出小股操盘的特点，即通过持股比例只占份额的一小部分，但对整个项目具有绝对的控制权。

二、万达集团轻资产战略法商分析

万达集团拟通过轻资产运营模式实现当前的经营转型和未来的长远发展。到2020年万达的资产超过2000亿美元，市值超过2000亿美元，收入超过1000亿美元，净利润超过100亿美元。

万达集团在其轻资产运营中采取的策略主要有以下两点：

第一，小份额持股而掌握项目运营与管理权利，对整个项目实施控制，实际上履行的是代理人的职责。在其运营的轻资产项目中，万达公司仍然会冠以其品牌，通过品牌影响力来为项目注入竞争优势。

第二，万达地产公司在轻资产运营中，除了掌握项目的开发建设权利以外，还持有项目的后续管理权利，这些后续管理权利包含项目建成户的招商、项目运营与运作、项目的商业化信息管理等，通过这一方式，轻资产运营的商业地产及住宅项目能够保持成功的商业化运作。同时也能够保证万达公司在不持有项目所有权的情况下仍然可以获得稳定的收益。

总体来看，万达地产公司的轻资产运营策略可以达到投资额度很小、运营控制权较高、企业品牌影响力最大化的效果，万达地产公司不仅能够借助轻资产实现以最小的投入获得最高收益的效果，还可以在品牌运营过程中实现自我品牌的构建与品牌影响力的输出，是一种效率极高、风险较小的资本运营方式。

三、万达集团轻资产运营真的有效吗

我们用万达集团的财务数据来看其轻资产运营的实际效果。

2015 年万达集团大规模裁员，这是由于轻资产运营转型成功后，万达地产公司只需要保留与管理服务相关的核心人才就可以维持运作，因而万达公司自 2015 年起计划开始进行裁员 5 万人，轻资产运营下仅需 5 万人的员工规模既可以满足经营运转。裁员后的万达地产公司的人力资源成本将会下降一半，人员减少将会直接导致其职工薪酬支付水平降低，经营成本进而大幅度下降。而其利润水平也会因职工薪酬的下降从而上升。

万达集团轻资产运营后的债务成本也明显下降。地产项目开发所需的融资资金一般都由长期债务构成，长期借款、债券、信托等作为主体，在这种情况下，融资资金的减少使其长期债务比例明显降低，从而为万达公司节省了许多债务利息，长期财务成本支出将会大大降低。债务成本由 2015 年的 7.7%降至 2016 年的 7.51%。

万达地产公司轻资产运营的核心在于其城市综合体的设计、运营、服务等所有环节都由自己控制，而投资方是万达公司以外的投资人，是一种金融投资行为。这种方式使投资资产将不再以存货形式出现在万达公司的账面上，将有利于使万达集团的商品房库存大幅度降低。这种运营方式能够在地产行业整体库存较高、库存周转状况不佳的情况下，使万达集团降低库存增长的速度，减少库存积压，同时也减少高库存带来的高额资金占用问题，使其资金运用效率有所提升，也有助于降低其财务费用支出。

与此同时，万达地产公司的物业销售收入在收入总额中的比例达到 85.05%，收入金额为 917.48 亿元，同比增幅为 22.36%，物业服务能力已经成为万达地产公司的利润主要来源。其中，物业投资及物业管理业务板块和物业销售板块出现较高增长，同比增幅为 22.36%，其中增长更快的是投资物业租赁和物业管理业务，同比增幅为 34.32%，在收入总额的比重约为 1/10。这说明商品房存货销售对利润的贡献正在逐渐减弱，而物业投资和管理业务下的物业管理服务对利润的贡献正在增加。

四、法商剖析

在万达的商业模式中，我们可以发现，首先，万达注重资源的整合，它不仅注重各个商业主体，更注重商业主体的无形资产及文化资源，将这些资源整合而不是简单的相加。这种全方位的资源整合是其成功的必要保证。

其次，我们可以看到万达产业发展的基础是成功的融资。而万达在融资过程中，采用了分享租金的模式，这种模式不仅为投资者创造了最大化的利益，更加实现了项目投资方与建设方利益分享的公平性。兼顾公平和效率的模式，实现了商海激烈竞争中的稳态，为万达赢得了稳定的收益。

最后，万达的所谓轻资产模式，其实很像我们之前一直提到的一个热词——软实力。资源、资本很多时候不是一个共同体最核心的东西，企业体量不大同样可以做得风生水起；企业体量很大，如果囿于传统的观念也将导致故步自封或逐渐衰落。外在的资源和企业已有的资本实力，其实对企业来讲都是身外之物。在如今激烈竞争的市场中，企业的品牌、竞争力、企业文化、核心管理能力、管理系统等方面，才是企业的核心价值所在，是企业核心权益的保障。万达的轻资产模式，能够为我们在改革深水区中的商业实践，提供很多有益的参考。

参考文献

［1］孙黎，朱武祥．轻资产运营［M］．北京：中国社会科学出版社，2003．

［2］薛文艳．轻资产类公司的运营模式与财务管理［J］．山西财税，2012（3）．

［3］陈丽萍，王冠．轻资产运营模式下企业风险防范策略研究［J］．商业经济，2013（19）．

中国远洋：巨轮游不动

中国远洋是我国又一家中字头、行业寡头垄断的国有企业，主营业务为远洋运输，是综合集装箱航运服务的主要全球供应商之一，业务包括提供集装箱航运价值链内广泛系列的集装箱航运、集装箱码头、集装箱租赁、货运代理及船务代理服务。①

曾经的中国远洋是民间俗称的好单位，收益高、待遇好，辉煌时期的中国远洋年收入高达数百亿元，而现在整个国际海洋运输行业都不景气，发达国家面临这种境况同样束手无策，中国远洋连续多年徘徊在 A 股 ST 的边缘，外号"亏损王"，图 1 为中国远洋近 6 年净利润，可谓"半年不开张，开张吃半年"。

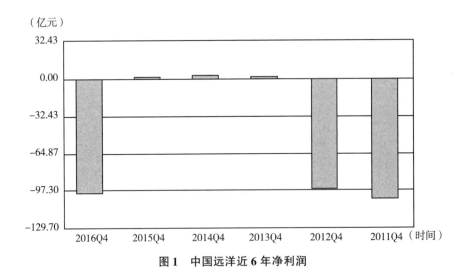

图 1　中国远洋近 6 年净利润

曾经辉煌一时的中国远洋，是如何走下神坛的呢？

---

① 李晓蕊.中国远洋运输集团财务诊断与对策研究［D］.大连：大连海事大学硕士学位论文，2011.

一、2001~2009 年：昔日辉煌

权益主体：国内外国际航运需求者；远洋运输产业上下游客户。

战略定位：在我国对外贸易快速增长期实现远洋运输行业基础的积累。

2008 年之前的连续几年内，国际航运业持续景气。这主要受益于中国经济的强劲崛起和工业化过程加速，铁矿石进口量同步剧增。2003 年以来的海运进入繁荣期，2004 年后世界造船订单大幅增长，订单吨位相比同期增长 1 倍以上。不仅如此，由于金融危机前夕海运界对世界经济的乐观估计，2007~2009 年中国远洋继续投产造船，造船订单大幅度增长，出现造船高峰期，为 2001~2006 年平均水平的 3~7.5 倍。2009 年手持订单总吨位一度达当年全部船队总吨位的 50%。在此背景下，近几年一直是交船的高峰期。2001~2009 年，中国铁矿石进口量以年增长率约为 27%的速度由 0.92 亿吨增长到 6.3 亿吨，中国由此成为全球名副其实的"吸铁石"之国。主要的铁矿石进口来源地分别是巴西、印度、澳大利亚和南非等国。矿石进口的高速增长使散货航运业高度繁荣。这也是中国远洋干散货船队发展壮大的大背景，中国远洋在这一阶段不断增加运载量，持续扩张。

二、金融危机后时逢发展拐点

2008 年是中国远洋发展的拐点。2008 年以前，中国远洋在国内对外贸易出口快速增长过程中，实现了非常好的同步发展。古老的航运业犹如一台敏感而又精准的天平，分分秒秒会受到国际经济形势的影响，在不断配置全球资源的同时，也时刻跟随着世界经济与贸易的需求变化。2008 年的金融危机对我国国内对外贸易企业产生了非常大的冲击，加上国内经济发展逐渐步入转型升级期，中国远洋也随之进入了第二发展阶段。

此阶段中，中国远洋的权益主体仍然为国内外国际航运需求者和远洋运输产业上下游客户，但是战略定位由过去的乘着改革东风搭乘经济发展快车转变为主动寻求扩张，扩大业务范围和服务群体。

（一）业务扩展恰逢金融危机

2008 年 4 月金融危机还未爆发以前，中国远洋基于国内高速经济增长趋势

及大宗商品进口量的高速增长，对国际经济形势产生误判，在此时极力买船造船，扩大运力，迅速膨胀固定资产规模。然而中国远洋忽略了国际贸易风险且盲目地判断国际航运市场将会持续繁荣，2008 年上半年订造 25 艘新船，同时增加集装箱的数量，且增强干散货的运输能力。为了扩充自己的运力，中国远洋在已具备干散货船舶 204 艘的基础上，又租入比原先多 1 倍的 228 艘船舶，其中 3 年租期的日租金为 8 万美元，5 年租期的日租金为 5.7 万美元，按每年 365 天计算，中国远洋只是新租船舶的租金每年就要 5000.5 万美元。可见，中国远洋单就新租船舶的租金来说，如果每年新增营运效益低于 3 亿元人民币，那就等于是亏损的。

（二） 财务风险升高

自 2008 年以来中国远洋的负债水平每年都在上升，尤其在 2009 年和 2011 年，竟然达到 53.18% 和 21%。从其近几年的资产负债率水平可以看出，资产负债率的持续上升表明中国远洋承担的债务逐年增加，即财务风险也在增加。中国远洋在全球金融危机和企业经营风险不断增加的背景下，根本没有采取保守型的财务战略，而一直采取大举借债式的扩张型经营战略，这使企业的负债率水平不断增加。财务风险和经营风险双重增加，从而使企业的总体风险增加。

（三） 国际竞争力缺失

中国远洋作为国企，同样得到了政府的政策支持，获得了中国市场上航运业的垄断地位。如它可以通过定向增发的途径，非常轻松地募集到 127 亿元的资金，并且收购了中国远洋集团下属的干散货船队，把自己整合成世界上规模最大的干散货航运企业。[①] 这一切都是独享了政府给予的政策扶持。与此同时，中国远洋做大自己产业，然而它却无法实现做强的目标。作为中国的国企，与其他国企一样，它得到的政府政策扶持只能应用在中国国内市场中，而当它迈步于国际市场中时，政府对它的政策支持显然失效了。它面对的是国际市场上的激烈的价格竞争，政府不能为它的行业进行保护和垄断，不能制定价格限制，对其他竞争对手的准入也无法进行必要的限制和禁止。所以当中国远洋迈步国际时就像失去家的孩子一样，没有了政府这层保护伞，无法适应国际上的激烈竞争，甚至对于

---

① 刘彤．船长魏家福何处去 [J]．市场观察，2012 (11)．

稍微的国际经济形势的变动都毫无抵抗力可言。于是，也出现了上述我们所说的对经济形势误判等严重失误的状况，这种误判实则是对经济规律和行业规则的错误判断，商业经营当中忽视规则，必然会遭受巨额损失。可想而知，中国远洋在这种情形下亏损也是必然的。

三、中国远洋巨亏命运为何注定

远洋船舶运输具有行业风险大、航次周期长、海外时间长和高流动性的特点。从产业特点上来看，远洋运输行业还呈现明显的周期性特点，行业周期主要受供需两个因素的影响，当行情向好、运价上涨时，新增运力便会增加运力供给，平抑运价波动，进而使运价下跌；当周期转差、运价下跌时，拆船、闲置运力等行为便会增加，减少运力供给，推动运价进入上升周期。同时，在一个周期范围内行业运行往往会剧烈震荡，这直接反映在波罗的海干散货运价指数和出口集装箱运价指数上。2008 年金融危机爆发后，受到全球贸易不景气的直接冲击，被视为经济晴雨表和国际贸易先行指标的波罗的海干散货运价指数从高点的11000 多点断崖式下降至 2000 多点，并于 2015 年触底 600 点。上海航运交易所的上海出口集装箱运价指数截至目前也已跌去四成，上海至欧洲基本港的即期集装箱市场运价跌破 300 美元，同比下跌 70%。从近期看，高运量增长时期已经过去，并且近年来运力供给大幅上升的背景下，远洋运输企业面临越来越严峻的国际竞争环境。

四、法商剖析

中国远洋的主要危机来自金融危机等一系列环境变化，也应该归因于中国远洋自身对行业前景、行业风险的误判。航运业务随着经济环境的改变存在明显的周期性变化，这是该行业发展的内在逻辑。在经济景气时，航运业就能够稳步上升；但是在国际经济形势并不景气时，航运业就会大受冲击。如果中国远洋一开始就对行业周期给予足够的关注，想必就会更加注重风险防控，采取更加审慎的扩张策略。

行业的变化规律具有一定的惯性，我们不能在波动较大的行业里高歌猛进破釜沉舟，也不能在激流求变的行业里一再求稳战战兢兢。在任何行业中前进都需要对行业变化规律拥有自己的洞见。然而在今天，很多企业对行业变化规律认识不够，必将导致类似中国远洋的经营失误，因此需要对行业变化规律有敬畏之心，对经营环境的变化或内在规律给予足够的重视。这样才能为企业运营减少成本，为企业发展添加动力。

总体来看，中国远洋当前处于一个远洋运输行业的低谷期，全球远洋运输业运力过剩，全球造船业产能过剩仍难以缓解，市场供大于求的不均衡状态短期无法扭转。行业市场环境就如同一个巨大市场的外部规则，中国远洋在行业内错判趋势、误读了规则，最终陷入发展陷阱是必然的。而未来的企业经营中，对经商管理手段的运用虽然重要，然而对市场规则的理解和驾驭同样重要，只有共同把握经营和规则，才能在变化无常的市场当中长久生存。

参考文献

［1］李晓蕊. 中国远洋运输集团财务诊断与对策研究［D］. 大连：大连海事大学硕士学位论文，2011.

［2］曾晖，郑蓉. 中国远洋巨亏财务成因探析［J］. 现代企业，2015（2）.

［3］李秉成，尹行. 企业应注意控制风险避免过度投资——中国远洋两度巨亏分析［J］. 财务与会计（理财版），2014（3）.

［4］刘彤. 船长魏家福何处去［J］. 市场观察，2012（11）.

山西焦化：摘了帽后到底能不能摘桃

2010 年前后，我国煤炭行业进入产业调整期，昔日的煤老板经历了行业深度调整后如今还剩下多少我们不得而知，至少从当前煤炭行业上市公司情况来看，行业寒冬至今尚未完全结束。值得欣慰的是，2016 年度煤炭上市公司整体扭亏为盈，整个行业经营水平终于有所起色。在媒体上市公司当中，山西焦化是较早成功实现盈余管理的煤炭企业，本案例中我们分析在煤炭行业宏观环境不景气的情况下，山西焦化是如何通过盈余管理扭亏为盈的。

一、背景介绍

山西焦化成立较早，是山西省煤炭行业的代表企业，主营煤炭、焦炭和相关业务。2000 年以来我国经济快速发展带动煤炭行业高速起飞，山西焦化在这一阶段发展也非常好，并于 2006 年成功上市，是全国焦化行业第一家上市公司。上市后前两年，山西焦化业绩仍然亮眼，经营稳定，但是自 2008 年起国际形势叠加国内行业调整导致工业的需求量大幅降低，煤炭行业进入下行期，公司业绩下跌 40%，自此开始连续两年巨额亏损，并于 2010 年被上海证券交易所实施"退市风险警示"特别处理，并更名为*ST 山焦，俗称"戴帽"。

二、摘帽动机

对任何一个被做出退市风险警示的公司而言，在短暂的时间内维持上市资格，摆脱财务困境是公司面临的最大考验。如果 ST 公司未能在规定期限内摆脱不良的财务状况，很快会被交易所暂停上市甚至取消上市公司资格。这种结果，无论是公司本身的管理当局还是公司的相关投资者，都不愿意看到。更何况上市公司在当地往往属大中型企业，一旦硬性破产，所引发的债务纠纷、失业、财政收入问题是极其严峻的，所以无论如何 ST 公司都会争取"保壳"，并积极扭转亏损局面。

对 *ST 山焦而言同样如此。作为业界的龙头，山西焦煤集团的产品需求量逐年增长，为了面对这种增长，集团采取了很多的办法，如通过兼并小的焦煤企业扩大集团的规模、更新生产设备提高生产效率等。然而进行这一切的资本运作都离不开大量资金的支持，这些资金不仅来自股东的投入，更重要的是来自在二级市场发行股票获得的大量融资。然而，在受到退市警示处理以后，融资的途径变窄，融资的难度加大，从而使公司的一些生产投资项目进展缓慢，这个时候公司就会产生努力改变现在局面，去"ST"化，增加融资机会，拓宽融资路径，降低融资成本。

因而在接下来的两年内，山焦实施了一系列举措扭转亏损。

三、山西焦化盈余管理手段

（一）关联交易增加营业收入

ST 山焦通过关联交易实现了大量的营业收入，这是公司实现扭亏为盈的主要途径，但是这并不是唯一的途径。

ST 山焦实际控制人为山西省人民政府国有资产监督管理委员会。山西焦化集团有限公司是山焦的发起人股东，根据山西省人民政府国有资产监督管理委员会晋国资改革 〔2004〕96 号文件精神，由山西焦煤集团有限责任公司对山西焦化集团有限公司进行重组，将山西焦化集团有限公司的国有资产、国有股股权整体从山西省国有资产经营有限公司中划归山西焦煤集团有限责任公司持有，山西焦化集团有限公司的名称不变，为山西焦煤集团有限责任公司的全资子公司，山西焦煤集团有限责任公司对山西焦化集团有限公司行使出资人权利。作为山西焦煤集团有限公司下属的一个子公司，与山西焦煤集团有限责任公司及其子公司签订了《煤炭购销合同》及《煤焦油购销合同》，2010 年从山西焦煤集团有限责任公司及其子公司共采购原料煤炭 281.89 万吨，采购煤焦油 3.33 万吨。二者之间的关联交易为 33 亿元，通过自己的母公司，不仅优化了公司原料煤、煤焦油来源，稳定公司的原料供应渠道，而且提高了自己的营业收入。公司在 2010 年的总营业收入为 63 亿元，不可否认，关联企业对 ST 山焦的营业收入有着很大的影响。这种影响足以改变公司的业绩。表 1 为部分关联交易金额及对营业收入的影响。①

表 1 部分关联交易金额

项目	合计（元）
山西焦化集团有限公司	3163080995.60
山焦集团综合发有限公司	11422635.20
山西焦煤集团国际发展有限公司	33333783.91
山西焦煤集团国际贸易发展有限公司	53679265.45
霍州中冶焦化有限责任公司	10385562.67
山西焦化集团临汾建筑安装有限公司	36736199.18
占总营业收入的百分比	51.78%

（二）通过会计估计变更

2010 年，山西焦化改变会计估计变更，将应收款项账龄分析法计提比例由变更前的 1 年以内 5% 变更为 1%，1~2 年 10% 变更为 5%，2~3 年 30% 变更为 10%，账面减少了坏账计提，对营业利润有很大的影响，具体情况如表 2 所示。

表 2 会计估计变更

会计估计变更的内容和原因	审批程序	受影响的报表项目名称	影响金额（元）
应收款项账龄分析法计提比例由变更前的 1 年以内 5% 变更为 1%，1~2 年 10% 变更为 5%，2~3 年 30% 变更为 10%	2010 年 3 月 1 日，本公司第五届董事会第十三次会议及第五届监事会第八次会议通过并予以公告	①应收账款	21392340.50
		②其他应收款	1268359.18
		③资产减值损失	-22660699.68

（三）政府补助补充营业收入

2010 年，山西焦化在前三季度巨额亏损，第四季度奇迹扭亏为盈，公司自身对扭亏的解释是，"2010 年公司收到洪洞县财政局、临汾市财政局、山西省财

---

① 刘清业．山西焦化股份有限公司发展战略研究［D］．天津：天津大学硕士学位论文，2008.

政厅等拨付的政府补助 6394.4 万元。此外，随着宏观经济形势回暖，公司焦炭和化工产品市场逐步好转，公司产品毛利率上升"①。由此可以看出，政府在山西焦化第四度扭亏为盈的过程中也起到了很大的作用，在争取政府支持方面，山西焦化积极沟通，获得地方各级政府给予企业各项补助资金，在山西焦化 2010 年全年的政府补助项目中总共发生的款项为 7943 万元，而在 2009 年政府补助金额为 2431 万，不足 2010 年的 1/3。山西当地政府对山西焦化这种大幅度的注资是有原因的，早在 2009 年 5 月，山西省政府就通过《山西省焦化产业调整和振兴规划》，确定山西省焦化产业未来的发展方向，并确立了山西焦化集团的带头作用。由于 *ST 山焦实际控制人山西焦煤集团拥有丰富的焦煤资源，如果其向公司注入一定规模的焦煤资产，公司有望脱胎换骨，当地政府对山西焦化极其重视。②

由于地方政府税收的很大一部分都来自山西焦化等当地的纳税大户，它们经营的好坏自然会受到政府的关注。ST 山焦这种营业收入 10 亿级别的公司对政府税收的贡献极大，因此，当地政府会为了自身的利益帮助企业摆脱困境，以在未来保证财税收入。

此外，山西焦化还有四项合计金额为 4442 万元的政府补助项目并未进行摊销处理，而在年报的附注中，企业明确将这些政府补助归于与资产相关的政府补助中。我国会计准则《企业会计准则第 16 号——政府补助》中明确规定："与资产相关的政府补助，应当确认为递延收益，并在相关资产使用寿命内平均分配，计入当期损益。与收益相关的政府补助，用于补偿企业以后期间的相关费用或损失，确认为递延收益，并在确认相关费用的期间，计入当期损益；用于补偿企业已发生的相关费用或损失的，直接计入当期损益。"③尽管山西焦化的处理与企业会计准则中与资产相关的政府补助要进行摊销的规定略有出入，并且在所有政府补助中未列示任何与收益相关的政府补助，但是这种处理实际是对政府补助的确认上运用了会计准则的漏洞，把原本不属于本期的损益计入到了本期当中。

四、山西焦化摘帽以后发展如何

2011 年，"*ST 山焦"正式更名为"山西焦化"，成功通过盈余管理摆脱了

---

① 2010 年山西焦化年度报告［Z］.

② 王熙上. 最新上市公司传闻求证［J］. 股市动态分析，2011（13）.

③ 财政部会计司. 企业会计准则讲解［M］. 北京：人民出版社，2007.

退市风险。但是在摘帽后续的两个年度，山西焦化仍然处于亏损边缘，盈余管理只是通过注入资产配合会计手段将山西焦化的利润表转为正数，而没有真正解决其后续的盈利问题，可谓摘得了帽，摘不到桃。

从法商角度来看，山西焦化的盈余管理动机是好的，手段也算得上是合法合规的，但是在权利主体和战略定位两个层次上，只是以自身的小聪明巧用了法律法规解决了企业短期发展的问题，而企业经营效率管理能力还存在短板，因而山西焦化最终只是实现了"摘帽"，却未能够获得后续经营利润的持续提升。在山西焦化的盈余管理过程中，关联交易主要是将对方公司的利润转移到山西焦化中，而并没有关注到山西焦化主体有着强烈的利润需求，这种需求如果通过转移利润来实现，是不可持续的，因而关联交易更像是一场及时雨能够救急，及时缓解了山西焦化表层的利润干涸，但却没有办法扭转盈利能力降低的局面。而政府补助作为另一个主要手段，也不能作为可持续的利润来源。政府补助的实质是政府赠与企业资产或收益，这与企业自身的运营水平和盈利水平是无关的，因而政府补助也仅成为山西焦化摆脱困境的救命稻草，但却未能够在后续年度中提供利润获取的渠道。

上市公司费尽心思进行盈余管理来摆脱被取消上市资格的命运并不能从根本上拯救一个公司，公司真正应该做的是在经营上下工夫，努力控制好经营成本，提高经营收入才是根本之道。山西焦化在扭亏为盈成功摘帽的后两个年度，明显仍未能够摆脱经营风险，并在 2011~2014 年度中处于亏损临界点，其间净利润最高时仅为 133 万元。

2016 年，受国内经济增长温和回升，基础设施、房地产和汽车行业超预期增长影响，钢材产量、需求量小幅回升，对焦炭产销及价格形成有效支撑（据国家统计局数据显示，2016 年全国粗钢产量 8.08 亿吨，同比增长 1.2%，粗钢表观消费 7.09 亿吨，同比增长 2%），焦化企业摆脱亏损已久的局面。2016 年 5 月以来，受国家供给侧结构性改革因素影响，国内钢铁企业复工率不断提高，焦炭和化工产品市场需求日趋回暖，焦炭及其他化工产品价格较前期大幅回升并趋稳，同时公司采取了一系列降本增效措施，毛利率得到提升，期间费用降低，公司效益明显好转。同时，公司积极巩固和开发战略客户，加大化工原料和产品网上竞价购销力度，由原来"一旬一次"改为"一周一次"，制定了风险防范措施，建立了快速反应定价机制，努力做到供销均衡、产销平衡。2016 年，山西焦化在"脱帽"后首次取得了不错的经营效果，年度净利润攀升至 4553 万元。

由此可见，企业在持续经营的道路上，除了关注企业的收益群体、努力提高经营水平和积极开拓行业市场之外，同时要紧跟国家政策并利用国家政策利好努力降本增效，扩大权益主体的同时提高公司效率，而其他与经营无关的利润渠道都是不可持续的。

参考文献

［1］2010 年山西焦化年度财务报告［Z］.

［2］财政部会计司. 企业会计准则讲解［M］. 北京：人民出版社，2007.

［3］刘清业. 山西焦化股份有限公司发展战略研究［D］. 天津：天津大学硕士学位论文，2008.

［4］王熙上. 最新上市公司传闻求证［J］. 股市动态分析，2011（13）.

雅戈尔：男装业的投资大师

10 余年前，雅戈尔曾是国内男装行业响当当的品牌，能拥有一件雅戈尔西装在当年是身份的象征。经过 30 多年的发展，雅戈尔当前仍是全国男装领域的龙头企业，其衬衫连续 19 年荣获全国综合市场占有率第一，只不过雅戈尔不再是品牌和身份的象征，相比以往，雅戈尔似乎更接近一个中高端的大众品牌男装。

一、雅戈尔发展历程

（一）前身：宁波青春服装厂

1979 年，李如成以 2 万元的知识青年安置费起家，带领 20 余名知青在地下室创办"宁波青春服装厂"。1983 年，青春服装厂与开开衬衫厂横向联营。青春服装厂作为开开的分厂自行生产、销售。联营取得了显著成效，青春厂利润有了显著提高。

（二）品牌诞生

1990 年，青春服装厂与澳门南光国际贸易有限公司合资组建"雅戈尔制衣有限公司"，雅戈尔品牌由此诞生。1992 年合资公司雅戈尔置业成立。

（三）股改上市

1993 年，雅戈尔改制成为股份有限公司，同年进行了金融领域的投资。1998 年，雅戈尔股份有限公司 5500 万社会流通股在上海证券交易所挂牌上市。[①]

---

① 李云鹏．雅戈尔集团股份有限公司多元化扩张动机及经济后果研究 ［D］．苏州：苏州大学硕士学位论文，2016．

（四）投资业绩

1999年，雅戈尔斥资1亿美元兴建雅戈尔国际服装城，并参股中信证券。

2002年，收购合资公司宁波雅戈尔置业的外资股，使其成为雅戈尔的全资子公司。雅戈尔多元化进入房地产业，当年，实现销售毛利1.83亿元，占其全部毛利的17.5%。

2004年，雅戈尔进入纺织行业，雅戈尔纺织城全面建成投产，当年实现净利润3653.86万元，为公司带来了新的利润增长点。

2007年，雅戈尔开始着手组建专业的投资管理团队，探索股权投资业务，在当年实现了27.54亿元的投资收益，较上年度增加5110.92%。2013年，雅戈尔房地产板块销售突破百亿元，目前，地产开发集中在长三角主要城市上海、宁波、苏州、杭州等地。

2015年9月，雅戈尔以119亿港元入股中信股份，在战略股权投资的进一步延伸扩张。随后又通过浦发银行等多项可供出售资产获得丰厚投资收益。

二、雅戈尔的多元化投资之路

（一）金融投资

雅戈尔是我国为数不多热衷于金融资产投资又获得了丰厚收益的企业。从其上市至今一直积极参与金融投资，是股票市场上的老股民，但是"一赢二平七亏损"的投资金律却不适用于雅戈尔，18年间2轮牛市3轮熊市，雅戈尔的投资收益甚至超过了主营业务收入。雅戈尔的金融投资可划分为两个阶段：

1. 1999~2006年

雅戈尔最为成功的投资案例堪称持股中信证券。早在1999年雅戈尔以3.2亿元成本认购2亿股中信证券，成为其第二大股东，系其股权投资的初始力作，自此拉开了股权投资的序幕。

这一阶段的雅戈尔曾持股的标的有华联商厦、上海九百、上海时装股份、西安唐城百货、南京商厦股份、武汉亚洲贸易广场等，这类标的主要特点为服装、百货、贸易类公司，与自身所处行业接近。

2. 2006 年至今

2006 年后，雅戈尔的投资进入第二阶段，投资风格转换较大，偏好金融类公司。雅戈尔在此阶段完成了对 3 家金融企业和 1 家制造企业的股权布局，分别是天一证券、宁波银行、交通银行及广博股份。事实证明，除天一证券是遭遇违法经营的"黑天鹅"外，其他标的均获上市，使雅戈尔获益丰厚。2006 年至今，雅戈尔投资股票所获得的全部收益超过 120 亿元，其中，通过认购定增股和股权投资获得的收益为 118.19 亿元，占比高达 95.96%。

在以上投资案例当中，华联商厦、上海九百的后期发展都较为理想，雅戈尔从投资中获得了巨大收益。而持股中信证券更加证明雅戈尔的投资眼光，自 1999 年起雅戈尔从未停止持股中信，如今中信证券已经是国内非常优秀的券商。中信证券的市值在 2007 年飙升，为其带来接近 50 亿元的投资收益。2010 年我国大盘在漫漫熊市当中逐渐探底，而此时雅戈尔则进入了一个"对外投资"公告频繁披露的时期，几乎每隔数周甚至一两个月，就看到其对外投资认购 A 股上市公司股票的消息，当年雅戈尔先后拿出 55 亿元，认购多达 10 家上市公司的非公开发行股份。2015 年雅戈尔再次与中信股份签署战略协议，以 165 亿元入股中信股份，使其经营重心偏向战略股权投资。

(二) 房地产业务

早在 1992 年房改刚刚开始时，雅戈尔就已经拥有了第一家地产公司——雅戈尔置业。2002 年收购合资公司雅戈尔置业，使其成为全资子公司，同年，雅戈尔启动"东湖花园"项目，在宁波地产界打响了第一枪。从雅戈尔投资房地产时点也可见，其大规模购置房地产刚好是在国内房价大幅度上涨之前，非常具有投资眼光。2010 年，雅戈尔地产业务的收入达到 68.43 亿元，首次超过服装业务收入，成为第一大主营业务。

总体来看，在雅戈尔手里有相当一部分位置优越的大店商铺是不用付房租的，因为房东就是雅戈尔自己。雅戈尔的这种运作模式类似于万达商业地产中的一些自营项目，都起到协同效益，形成优势互补。这种模式既能够整合资源减少成本，又能够为自己扩大权益，实现了权益主体的均衡发展。

(三) 主营业务扩张

服装是雅戈尔 30 多年来生存和发展的根基，资产和利润占比都非常大，且雅戈尔在行业资源丰富、市场营销状况也比较好。雅戈尔拥有利用米兰工作室的一线资源，凭借新材料的开发运用，开发出新的产品系列，使设计用料与服装舒适性都能满足高端消费者要求，提升雅戈尔产品的附加值和时尚性。因而国内男装高端市场的空缺是雅戈尔的机会。①

2003年雅戈尔构建了纺织城，由服装业纵向多元化进行纺织业扩张。2007年11月用1.2亿美元以低于净资产价格收购美国Kellwood公司旗下男装业务。其主体新马集团拥有品牌设计能力和客户资源，对雅戈尔提高产品设计开发水平、发挥品牌效应、提高附加值有重要意义。2015年宜科科技在汉麻产业市场研发失败，作为重要服装子公司的宜科科技以壳资源卖出，标志雅戈尔在服装业探索失败。雅戈尔的主营业务进入瓶颈期。

三、回归主业却找不到方向

雅戈尔虽然一直雄霸男装行业老大，但是在下一步的服装行业发展当中却一直未有突破，盈利状况堪忧。根据雅戈尔年度报告数据，2013~2016年雅戈尔的主营业务收入基本踏步不前，没有出现大幅度波动，但是在当下服装产业竞争饱和化的情况下，不进则退，雅戈尔回归主业方面并未实现实质性的突破。

相反，雅戈尔在投资领域的收益一直明显。雅戈尔将股权投资计入可供出售资产、交易性金融资产和长期股权投资，其中前两者实现的收益列入投资收益和资本公积，从这两个项目2012~2016年的合计来看，每一年都超过了主营业务利润的50%，可见这一老牌男装企业，主要利润来源竟然是投资，最擅长的也竟然是投资，如表1所示。

表1　雅戈尔部分报表数据

单位：万元

项目	2016年	2015年	2014年	2013年	2012年
主营业务收入	1489500	1452739	1590322	1516688	1073250
主营业务利润	497303	443888	499417	552973	471787
投资收益	113889	349552	311057	249150	188366
资本公积	488559	36741	34082	154990	187243

① 包晓盛.雅戈尔集团多元化战略研究 [D].宁波：宁波大学硕士学位论文，2014.

四、法商分析

不得不承认，雅戈尔在投资领域的天赋、资源和取得的成就都是非寻常企业可以比拟的，毕竟早在 1999 年国内证券市场未发展成熟、国民对股票的认识尚处于萌芽期时就敢大胆投资中信证券，决策者的视野和胆识非一般人可比。但是后期发展中，雅戈尔历年表现出的偏离主业现象令人担忧，更令人引起警惕的是，这样一个 30 年屹立不倒的男装民族品牌，为何在拓展主营业务时却屡屡受挫，难以在自己的业务领域实现一番成就？

从法商角度来看，雅戈尔在扩大投资领域的同时忽视了主营业务的持续发展。无论雅戈尔多么善于投资，但身为纺织行业企业，其主业的运营效率是决定其总体利润最为重要的因素，因而回归主业，将业务重心放在品牌男装消费者和纺织行业的上下游企业上，才能够拓宽中高端男装市场容量，实现品牌发展。和其他服装品牌相比，明显地可以看到雅戈尔通过广告、形象代言人、终端形象和网络营销带动其品牌核心价值在消费群体中的渗透的尝试比较少，或许雅戈尔也可以从现代市场营销入手再做尝试，尝试进入其自身主营行业的商业规则体系之中，尝试以其男装行业龙头的身份创造更加强大的资源和规则整合体系。

参考文献

［1］2010~2016 年雅戈尔集团年度、半年度报告［Z］.

［2］李云鹏. 雅戈尔集团股份有限公司多元化扩张动机及经济后果研究［D］. 苏州：苏州大学硕士学位论文，2016.

［3］包晓盛. 雅戈尔集团多元化战略研究［D］. 宁波：宁波大学硕士学位论文，2014.

獐子岛：扇贝带着"珍珠"回家

大连是我国渤海湾冷水海鲜的主要产地，而獐子岛则是大连渔业企业的佼佼者，作为全国为数不多的渔业上市公司，獐子岛是第一个股价高过百元的企业，其产品往往出现在大型商超、商业中心的门店中。

1958年，獐子岛集团股份有限公司成立在大连獐子岛。2001年4月，公司经过大连市人民政府的批准，存续公司整体变更为股份公司，注册资本金为7632万元。2006年9月，獐子岛于我国深圳证券交易所上市，是国家重点龙头企业，并创造中国农业第一个百元股。一直以来，獐子岛公司的业绩表现非常出色。獐子岛公司的前身是大连獐子岛渔业集团股份有限公司。

2014年10月31日，獐子岛公司发布2014年第四季度财务报告，将2011年度、2012年度价值7.35亿元的底播扇贝全部核销，同时计提2.83亿元存货跌价准备，令资本市场一片哗然，一时间"扇贝去哪里了"成为人们纷纷议论的话题。2014年第三季度，獐子岛公司对外公布，公司因为遇到百年不遇的北黄海低湿冷水团，獐子岛公司105.64万亩海洋牧场全军覆没，底播扇贝大规模集体死亡，共核销105.64万亩海域底播扇贝，獐子岛公司由盈利转为亏损。这一事件打消了投资者对资本市场的信任与积极性，极大影响了农业企业的生产经营。

一、獐子岛市场竞争究竟如何

獐子岛产品以包装精美、海鲜产品品质高著称，当然价格也将其与普通市场海鲜产品区分开来。然而在当地，近几年獐子岛的产品却并不热卖，同行业品牌如棒棰岛、秀芹海参等虽然未上市，但是同样拥有诸多稳定客户，市场稳定性较高。这不得不作为獐子岛市场竞争受到极大威胁的印证。

对比行业基本财务指标来看，獐子岛的主营业务收入规模在同行业当中并不算具备优势，此处将全部 50 家涉足农业公司加入对比可见，獐子岛主营业务收入排名第 10，净利润水平在比较中偏低，如表 1 所示。

表 1 部分涉足农业公司财务指标

单位：万元

排名	名称	主营收入	净利润	总资产	股东权益
1	温氏股份	5935524	1178988	4305545	3202419
2	海南橡胶	887651	6131	1400278	804903
3	圣农发展	834042	67873	1176996	593205
4	大康农业	622316	7622	1769040	570907
5	雏鹰农牧	609017	86911	1876244	526808
⋮	⋮	⋮	⋮	⋮	⋮
10	獐子岛	305210	7959	455872	108607
	行业平均	293563	38903	492216	269553

二、獐子岛的扇贝谜团

与此同时，獐子岛前两年因扇贝事件遭到舆论对其会计信息质量的质疑，因为农业上市公司频繁出现舞弊案例后，国内对农业上市公司会计信息舞弊警惕性越来越高。2014 年 10 月，獐子岛公布其扇贝因冷水团影响全部死亡而大面积计提减值准备，事出之后獐子岛封锁海域限制媒体实地采访和报道，也有群众实名举报揭发真相，诸多水产养殖学院教授也根据经验表示冷水团杀伤力并没有大到能将百万亩扇贝全部杀死。[①] 随后当地证监局经过审计公布獐子岛虽然在财务上虽然存在一定的问题，但是并不影响其整体财务报告的公允性。得到当地证监会的"担保背书"，獐子岛公司的扇贝事件或许并不是造假行为，舆论平息后投资者们似乎已经接受了獐子岛扇贝全部死亡的事实。

而时隔半年之后，獐子岛再度发布公告称："公司底播虾夷扇贝生长正常，符合预期，尚不存在减值风险。"公告一出立即引来一片惊呼：去年 10 月失踪的价值 8 亿多元的虾夷扇贝又游回来了？真是一波未平一波又起，当舆论还在查

---

① 刘兴龙，任明杰. 獐子岛：底播千人会战难容掺沙造假 [N]. 中国证券报，2014（A08）.

找獐子岛扇贝黑天鹅事件真实性证据的时候，獐子岛自己证伪，推翻了之前所做的减值准备计提。

三、扇贝带回"珍珠"的背后动机

扇贝作为生物性资产，其会计计量与核算，乃至审计都具备非常大的困难。[①] 獐子岛的扇贝出走又回的真实性我们暂且搁置，但是拨开獐子岛扇贝失而复得事件的迷雾，我们发现獐子岛扇贝这一去一回，背后似乎深藏着秘密，甚至可以断定，扇贝的一去一回，确实给獐子岛带回了巨额"珍珠"。我们从法商角度来剖析下这些"珍珠"的背后动机。

（一）财务不堪重负，依赖政府补助

如果打开獐子岛的财务状况来看，这家公司一定不能算作蓝筹绩优股，自2011 年后财务状况日渐衰落、债务不堪重负，主要收入依赖政府补助。前面提到，獐子岛连续 6 年度净利润波动明显，常年亏损，盈利年份的净利润留存也极低，难以弥补其亏损额度。实则，獐子岛的债务早已经堆积如山，图 1 和图 2 选取了两项獐子岛的偿债能力指标，从流动比率来看，连年下降，2011 年前后还能够保持在 2倍的安全边际上，以 2013 年为划分，至 2016 年前后，流动比率仅在 1 倍浮动，也就是全部流动资产规模基本与全部流动负债相当，流动性较弱，如图 1 所示。

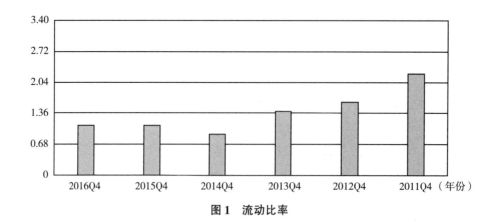

图 1　流动比率

---

① 文一墨. 生物性资产存货的审计难题 [J]. 热点聚焦，2014（9）.

我们再来看獐子岛的资产负债率，形式同样不容乐观，2011 年资产负债率 30%左右，仅 6 年资产负债率开始飙升，2014 年起上升至 70%以上，自此之后直到 2016 年资产负债率一直未回落至 2013 年以前水平，獐子岛似乎从 2013 年后就非常缺钱，近 3 年更是债台高筑，如图 2 所示。

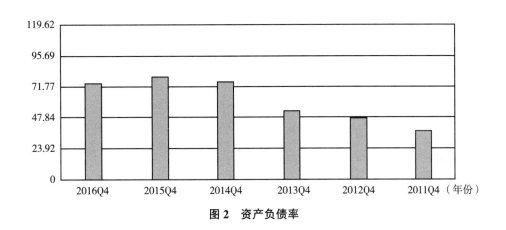

图 2 资产负债率

在利润流入微弱的情况下，獐子岛不得不多种方式筹措资金，定向增发、发债、政府补助都是其主要方式。但是前两种方式的筹措金额有限、时间成本高昂且对獐子岛当前的财务状况而言，审批通过的难度极大，因而政府补助成为獐子岛主要的资金来源方式。根据会计准则，收益性政府补助应当在以后年度分摊，并计入递延收益，如表 2 所示，獐子岛的营业外收入占其净利润的比重越来越高，早期在 2010 年时，营业外收入对净利润的影响仅不足 5%，而 2014~2015年，营业外收入都无法弥补亏损，到 2016 年，全部净利润的额度与营业外收入基本相当。

表 2 营业外收入的影响

项目	2016 年	2015 年	2014 年	2013 年	2012 年	2011 年	2010 年
净利润（万元）	7959	−24294	−118933	9730.28	10358.60	49723.10	42239.40
营业外收入（万元）	7920	22208	7900	4902.52	4621.44	6428.28	2103.39
影响占比（%）	99.50	—	—	50.38	44.61	12.93	4.98

（二）定增发债

上市公司非公开发行股票的认购方一般多是机构和大股东，而且非公开发行股票常用于企业兼并和借壳上市等，所以对公司并没有盈利能力的硬性指标要求，而定增的参与方一般情况下会中长期持股，但是没有一个定增参与方希望购买没有未来的股票，定增前的业绩只是参考，在一定情况下，如果企业定增前业绩不好，但在定增后有着较为可行的业绩扭转方案，定增反而会吸引更多的投资机构参与。因为定增前业绩不好，意味着定增价格会相对较低，而定增后如果发生业绩扭转的情况，那么在限售期解除后正好因业绩扭转股价回升，参与方即使抛售也能获利不少。獐子岛扇贝的一去一回刚好符合先调低利润然后在以后年度转回的方式，这一阶段内股价也是在黑天鹅事件后触底并于 2015 年末达到阶段新高。根据公告，獐子岛 2014 ~ 2015 年的定增计划都吸引了较多机构参与，2015 年定增牵头的认购方更是平安集团下的平安大华基金。

公司盈利能力是发行债券的债项评级中一个较为重要的指标，同时债项评级的高低也会影响企业发债所需承担的利率。所以为了在债券市场成功发行债券并承担更低的融资利率，企业有动机在影响发债的相关年份进行盈余管理以影响债项评级。2012 年与 2013 年獐子岛短期融资债券的成功发行，根据年报数据，獐子岛在这两年恰好处于微盈状态，在之后的 2014 年形成巨亏。这难免让人怀疑是 2012 年、2013 年两年损失及相关费用转移至 2014 年的结果。从发债情况来说，獐子岛至少有此方面动机。

（三）股权激励

獐子岛是在"黑天鹅事件"后股价探底之时推出的股权激励，让公司高管成功"抄底"。

獐子岛 2015 年的高管股权激励计划其实是在 2014 年扇贝事件后不久就开始计划启动，在 2015 年 3 月得到董事会的决议通过。从高管股权激励计划的考核期间来看，是 2015 ~ 2017 年，刚好把 2014 年排除出去。为了完成股权激励计划相关考核标准，高管具有做低 2014 年盈余并将此部分盈余移到其他考核年份的动机，同理也有做高其他年份盈余而将损失费用集中计入 2014 年的动机。从行权条件来看，2015 年准备实行的股权激励计划中对净利润的考核不再以增长率的方式表现，而是以具体数额来代替。除了管理层已经对扭转业绩胸有成竹，否则一般情况下不会设置跨度如此大的增长目标。结合 2014 年的巨亏，难免让人怀疑管理层是否已经对 2015~2017 年的盈余有了成熟的管控计划，增加了其进行盈余管理的嫌疑。

四、法商剖析

从这个案例中我们可以看到，公司发展要重视企业的合规性。在今天，传统的企业家越来越需要法商思维，企业经营者不能再像猫鼠游戏一样和法律捉迷藏，不仅要把更多注意力放到满足客户的需求上、放在自己的产品和服务上，而且还要重视把控及有效实施相关规则。这样才能始终保障和提高自己产品的核心竞争力。獐子岛应该如实对外公布自己公司的具体情况，而不是考虑行贿、采用金融手段去规避规则。如今媒体行业发达，曝光力度极大，不遵守规则的企业已经无法在这个时代里继续生存。企业的管理者应该时刻具备法商眼光，审视企业的各项决策，将企业的法商风险降到最低。

参考文献

[1] 2016 年獐子岛年度财务报告 [Z].

[2] 刘兴龙，任明杰. 獐子岛：底播千人会战难容掺沙造假 [N]. 中国证券报，2014 (A08).

[3] 田依林. 关于獐子岛 8 亿扇贝失踪事件的探究及思考 [J]. 时代金融，2017 (2).

[4] 赖惠明. 基于财务视角黯子岛"黑天鹅"事件分析 [J]. 商业会计，2015 (2).

[5] 文一墨. 生物性资产存货的审计难题 [J]. 热点聚焦，2014 (9).

夏利：出租车专用车时代不再

曾几何时，夏利是我国经济型轿车市场的主导品牌，当时国内诸多城市道路上奔跑的出租车和中端小轿车，多数是夏利汽车。然而经济发展太快，世事更迭也是让诸位看客都来不及看清原委，市场格局就完全变了。再看现在市场上的经济型小轿车，已经很少见到夏利的身影，而只有个别怀旧的车主还开着过去老旧的车型。当前国内汽车市场已经被诸多其他品牌细化分割，曾经夏利一统天下的时代已经不再了。

近两年，夏利的发展状况确实不太如意。随便翻翻新闻，夏利总是与"亏损"共同出现。夏利究竟亏了多少？我们看表1，基本上从2012年开始，夏利的主营业务利润就未能够摆脱亏损的魔咒，且越亏越多，看来夏利原有的市场近两年被市场新秀大幅度瓜分，夏利的市场地位越发不保。所幸，夏利的投资收益一直较好，甚至多年来投资收益都要好过主营业务收入，整个公司依靠投资收益扭转净利润为负数的亏损大局。但是，换做任何一个企业，主营业务不强而投资制胜，这都是不可持续的，且不提投资风险大小，偏离主营业务的利润结构而是靠投资来打天下，夏利就不应当继续待在汽车制造业，转身加入金融行业做投资岂不是更好。

表1 2012~2016年夏利的财务状况

单位：万元

项目	2016年	2015年	2014年	2013年	2012年
主营业务利润	-66227	-53797	-53069	-17647	14995
投资收益	215122	48714	42939	97289	129338
净利润	16233	1805	-165913	-47992	3420

资料来源：一汽夏利2012~2016年财务报表（经整理）。

简单来看，夏利的财务状况不得不让人战栗。这不禁让人担心夏利的问题到底出在何处？是何时开始业绩迅速滑落的？

一、夏利的顶峰时期（1994~2000 年）

20 世纪 90 年代中后期，中国汽车工业发生了突飞猛进的发展，国家原来制定的轿车生产布局的"三大三小"政策被各地全民造车的热浪冲破。在当时，天津夏利、广州标致和北京吉普统称为中国轿车"三小"，而其中的夏利则是小小夏利车，红遍全中国，是人们最喜爱的小轿车，且早在 1994 年就实现了 5 万台的生产能力。1996 年，全国出租车有 80% 以上使用夏利，2000 年，夏利仍然占有全国出租车 30% 以上的市场份额。

夏利对汽车的定位是生产的是让百姓买得起、用得起的车，夏利以油耗低、价格适中、经济、耐用，受到全国出租车用户的青睐，被公认为"国情车"。此时夏利的市场定位以适合中国家庭消费者的入门级轿车和出租车运营车辆为主。夏利成功地抓住了中国轿车开始普及化的契机，抓住了中国普通用户的消费心态和价值取向，在于清晰的自我定位和自身优势的充分发挥。夏利作为民族轿车品牌形成的示范效应和对车市所产生的深远影响将不言而喻。

在这一阶段，夏利以车辆价格、油耗等诸多优势入选我国出租车运营车辆采购名单，依靠国家产业支持及与各地政府的合作，获得了大量订单。

2000 年，中国加入 WTO，这是夏利发展的拐点。自 2000 年起，夏利的年产量维持在 1994 年 5 万台的水平上，曾经的国民车之梦不再。自加入 WTO 之后，国内汽车厂向市场推出了数十种车型，国外车企纷纷加入国内汽车市场抢占市场，夏利曾经的竞争优势一去不复返，国人的事业被市场上推陈出新的车型打开，夏利不再是国民梦想车型，这对当时的夏利造成了毁灭性的打击。至今，夏利仍未重现当时的汽车霸主地位。

二、失落的年代（2000~2010 年）

2000 年后，除西藏外，几乎每个省市区都在生产汽车。新车、中高档车层出不穷，令人眼花缭乱。许多刚刚建立不久的汽车生产厂在很短时间就推出十几款车型，国外汽车品牌也纷纷加入国内市场。初期，经济型轿车市场价格和利润相对较低，市场份额较少，一直是大公司避之不及的对象。因此我国经济型轿车市场的主角以自主品牌为主，夏利、吉利、奇瑞、比亚迪、长城、力帆等多家企业集中在这一竞争区间。

但随着国家产业政策的积极调整，1.6升排量以下小型车购置税优惠、燃油税实施等多项政策引导经济型轿车加速发展，合资品牌闻风而动引入小排量增加产品竞争力，在国内车市争相展开圈地大战。以现代、通用、丰田等为代表的国际轿车生产巨头，凭借自身产品优势大举进攻经济型轿车领域，成为当今我国汽车消费的主流产品。

合资品牌在经济型轿车市场的强硬态度也为夏利带来了前所未有的压力，以前虽然经济型轿车市场的竞争主要以自主品牌为主，但由于买方市场的逐渐强化，各个企业之间价格战和产品战的贴身肉搏已经难解难分，如今随着合资品牌的大举进攻，对自主品牌轿车生产企业的考验更加艰巨。合资品牌的冲击使自主品牌在高端经济型轿车领域的竞争面临更加严峻的考验。

营销方式也产生了巨大的变化，夏利几乎是在2000年后突然"玩"不转市场了，而后就再也没有爬起来过。特别是2009年以来，各个经济型轿车生产企业为了进一步刺激市场，陆续进行了减免购置税、免利息分期付款、二手车置换等促销措施，全面激发了消费者的购买热情。性能品质的全面升级和价格让利现今成为我国经济型轿车的主要竞争趋势，经济型轿车市场的蛋糕越做越大，生产企业乐于进一步提高车型的性价比，而消费者也在货比数家后获得了更多的实惠。

总结来看，夏利在2000年后的10余年中，一直未能够适应市场。主要原因如下：

第一，早期夏利汽车的销售依靠与政府之间的采购和合作而拿下出租车市场，属于卖方市场，转变为买方市场后夏利的产品未能够迅速适应市场竞争。

第二，夏利在辉煌时期未能够建立市场化的营销渠道，在后续竞争中立刻被其他车企击中软肋。

第三，车型的改进和研发未能够跟进市场，当其他自主品牌和国外品牌加入市场竞争后，汽车市场的产品需求立刻转变，而夏利仍旧以其原有产品参与竞争，必然处于弱势。

三、自我救赎（2010 年至今）

此时我们看到夏利终于有了市场化的参与思路，痛定思痛，开始进行产品研发设计及运营改造。2010 年，夏利汽车销售状况有所回暖，自此之后，夏利坚持推陈出新，一直在更新车型，至 2011 年扩充到 11 款车型，并且主要攻占三、四线城市市场，在此夏利让人们看到了其清晰的市场占领。

此外，夏利在海外市场也有动作，一汽夏利与墨西哥萨利纳斯集团签署战略合作协议，共同投 1.5 亿美元在墨西哥建设整车厂，双方持股比例为 50∶50，生产天津一汽的经济型轿车，年生产规模将达到 10 万辆，并于 2010 年建成投产，产品在墨西哥及拉美国家销售。[①] 但是未来夏利能否重新夺回我国汽车市场份额，或者在国外开拓出一个新的市场，我们不得而知。

四、法商分析

从夏利汽车的发展阶段来看，初期除了自身市场定位精准以外，非常重要的一个因素是国内汽车市场竞争极少，且夏利与国内政府之间的合作关系使夏利可以获得丰富的出租车订单。但是我国加入 WTO 以后，市场规则急剧转变——法律规则由原来的国内规则体系瞬间变为国内外综合体系，市场行业规则也加入了大量的外来因素，而夏利汽车并没有及时针对规则变化做出反应策略，最终自然败于国际汽车品牌专业、完善的服务前。因而可见，能够长远生存的企业不仅需要时刻学习规则、掌握规则，并针对规则制定既定策略，在新的规则变化面前稳固自己的一席之地，顺应时代大规则的转变，也要发展和改善自身周边的环境，利用自身优势、利用身边资源，建设自我体系。否则很容易在激烈的市场竞争中失去持续发展的优势。

企业在自我成长、自我迭代的过程中，不仅要有公司的一号引擎，也要有公司的二号引擎。所谓一号引擎，就是公司当前最具市场、最接地气的核心业务要发展过硬，而二号引擎，指的是不仅要研发当下的产业，也要着眼于未来，对企业的未来增长点投入更多的关注。公司的一号引擎和二号引擎，共同构成了公司

---

① 天津一汽签订最大订单 2500 辆威志夏利启运墨西哥 ［J］. 中国经贸，2008（1）.

的战略安排，在公司的这种战略结构成熟之时，可以大大为公司发展助力。

参考文献

［1］吴开诚．汽车营销革命［M］.北京：机械工业出版社，2008.

［2］刘彬．中国自主品牌汽车市场营销策略研究［D］.厦门：厦门大学硕士学位论文，2009.

从中诚信托事件看信托行业刚性兑付

我国信托行业近几年由井喷式增长进入平稳发展期，但是关于信托刚性兑付是否打破的讨论已经持续了数年。

那么，何为信托刚性兑付？

信托产品"刚性兑付"是指即使信托产品出现投资失策、实体违约等信托财产损失的情形，受托人仍然要履行承诺。多年来，我国多数投资人认为信托产品和银行理财一样，不会亏本、保证收益。按照我国《信托法》规定：禁止信托公司承诺收益，更不能为信托产品"兜底"，也就是即使投资产品出现问题也不应该由信托公司兑付。

2013年，中诚信托的诚至金开1号将信托产品刚性兑付的讨论和思考推至顶峰，但最终仍未打破我国信托业刚性兑付的潜规则。

一、中诚信托事件始末

中诚信托2010年推出的诚至金开1号产品，用于对山西振富能源集团有限公司进行股权投资，信托期间为2011年2月1日至2014年1月31日，投资者预期收益率为9.5%~11%。

然而，2010年几乎是我国信托产品发行最为密集的期间，也是煤炭行业最后的盛宴，2010年后期我国经济增速开始放缓，产能过剩行业开始调整，煤炭行业成为风险最为集中的行业之一，诚至金开1号产品的标的公司山西振富能源集团也随之出了问题。

诚至金开1号的还款来源主要是山西振富能源集团在整合后拥有的四座煤矿及一个洗煤厂，分别是：山西三兴焦煤有限公司，预计年产达120万吨；准格尔旗杨家渠煤炭有限责任公司，预计年产达60万吨；山西吕梁交城黄草沟煤业有限公司，预计年产达90万吨；吕梁交城神宇煤业有限公司，预计年产达90万吨。这些煤矿的销售收入收回现金流作为信托计划本金与利息的来源。

2012 年 5 月 11 日，振富集团控制人王平彦因涉嫌非法吸收公众存款罪，被山西柳林县警方移送检察机关审查起诉。当地公安机关认定的情形是，王平彦私下以月息 5 分、年收益 60% 吸收 31 名债权人的 4.3 亿元资金。中诚信托发布临时报告承认振富集团及其关联公司均因账外民间融资而涉及多起诉讼案件后，外界对其信托产品风险警惕度有所提高。2012 年下半年，市场媒体就发现，振富集团核心资产白家峁煤矿的采矿权属存在重大纠纷，公司下属矿产只有内蒙古准格尔旗杨家渠煤矿已办理股权过户及质押手续。此时，诚至金开信托计划的信用风险已初现端倪，但由于 2012 年底第二期信托净收益如期分配，且离本金兑付期限尚远，至此并未引发市场的普遍担忧。①

2013 年 12 月 30 日，由于信托专户余额不足，该计划第三次付息金额比前两次大大缩水，年化收益率仅为 2.85%，且临近兑付期限，振富集团股东并未履行回购义务，信托专户时点余额无法实现全额兑付。至此关于该信托计划无法全额兑付的悲观情绪在市场蔓延，甚至有人士断言这将成为金融市场系统性风险爆发的导火索。

信托公司将该信托计划自动延期三年，投资者可在 2014 年 1 月 29 日前签署一份收益权转让授权委托书，按照信托资金本金的价格向意向投资者转让持有的优先受益权，不签署则被视为继续持有信托计划的优先受益权；但是只兑付投资者本金和第三年 2.8% 的利息，剩余 7.2% 的利息不兑付。因此，该事件最终还是采取刚性兑付，但在一定程度上也打破刚性兑付，因为只还本与部分还息。

二、行业刚性兑付潜规则为何与《信托法》
背道而驰

在诚至金开 1 号事件中，兑付危机爆发后，中诚信托四方奔走，积极与工商银行、监管方、投资者等沟通协商。对信托公司来说，信誉与声誉是其发展的重要保障，若中诚信托不采用刚性兑付措施解决兑付危机，则将面临社会的信任危机。首先，投资者聚众围堵在信托公司的营业地点，对其正常经营产生不利影

---

① 饶婵. 我国信托业刚性兑付问题研究——基于中诚信托·诚至金开 1 号的案例分析 [D]. 广州：暨南大学硕士学位论文，2015.

响；其次，不兑付会使自有投资者及潜在投资者转向声誉较好的信托公司，从而导致中诚信托以后的业务难以开展。所以出于对自身声誉维护的考虑，中诚信托最终选择刚性兑付解决危机。

这也反映出我国信托行业的尴尬境地，虽然是风险自负的投资产品，但大部分投资者对该信托计划的风险不清楚，且投资者是在工商银行购买该信托产品。出于对银行的盲目信任，投资者听信信托投资安全保障，绝不亏本一类具有误导性的说辞；而且该信托产品的收益率约为 10%，从而在不了解投资风险的情况下及在高收益的诱惑下投资者就购买了诚至金开 1 号。"投资理财"这一概念普遍为民众所知不过 10 年左右的时间，在早期阶段，老百姓甚至不知信托为何物。在中国人传统储蓄习惯下，多余的资金一般只会存进银行，存款不仅可以保证本金安全，又可以收取利息，所以人们心中就固化了这一思维，认为投资到期时不管你是否成功都应该偿本付息，投资风险应该完全由金融机构来承担。所以投资者在购买信托产品时抱着这种观念，认为信托公司与银行类似，都应对自己投入的资金负责。

从《信托法》的规定来看，信托公司只是一个中间人角色，帮助委托人理财，收取佣金和管理费用；对于信托财产的亏损或盈利并不存在直接义务，只有在未尽职的情况下才以信托财产为限负担责任。[①] 但是，在实际运行中，信托公司却承担了大部分风险，违背了"买者自负，卖者尽责"的原则。信托公司为什么愿意承担原本不属于自身的风险呢？主要是为了维护自身的社会信誉。一个公司良好的业绩声誉会给其带来稳定的客户群，在理财市场如此激烈的竞争环境之中，想要吸引投资者，就必须赢得投资者的信任。对于出现兑付风险的信托计划，信托公司就不得不采取刚性兑付来稳定投资者的信心。

信托法规之间还存在着矛盾与冲突。在 2007 年修订的两个管理办法中明确规定了禁止保底承诺，但是监管部门在实际监管过程中，为了维护信托投资者的利益，维护信托行业的稳定，又将信托公司是否如期兑付作为监管评价的重要指标，从而"刚性兑付"成为监管的隐性要求。尤其在诚至金开 1 号事件中，其涉及投资金额高达 30.3 亿元，相关投资者有 700 多位，若是投资者引发群体性事件，后果将不可设想。

---

① 康锐. 信托业发展困境的法律对策研究 [M]. 厦门：厦门大学出版社，2010.

三、刚性兑付背后的法律思考

刚性兑付从短期看来存在一定有利之处，但是从信托业的长远利益出发却存在严重的弊端。首先从法律上来说，刚性兑付就站不住脚，根据《信托公司管理办法》规定，"信托公司开展信托业务不得承诺信托财产不受损失或者保证最低收益"[①]；同样在《信托公司集合资金信托计划管理办法》中也明确表示，"信托公司不得以任何方式承诺信托资金不受损失，或者以任何方式承诺信托资金的最低收益"[②]。因此在本案例中，中诚信托与工商银行在最初时表态不会对投资者的损失进行兑付；但由于多种原因，刚性兑付虽明显与法律相触，却仍被普遍采用，这导致了信托法律法规的效力被极大地削弱，弱化了信托公司及投资者的法律意识。刚性兑付违背了信托的相关法律法规，打破信托的风险隔离机制，使交易对手和信托项目的风险传导至信托公司，对信托公司的经营产生威胁；刚性兑付最大的负面效应则是扭曲了市场定价机制，违背风险收益平衡的基本原则，使信托行业市场化进程受阻，进而又制约信托产品在二级市场的流动性。同时，刚性兑付造成信托业出现格雷欣法则，信托公司偏向于寻找一些风险较大的项目，这使信托业的风险不断积累，最终有可能引发系统性风险。从这一系列的危害来看，刚性兑付已经严重影响了信托业的发展，必须要打破刚性兑付。

打破刚性兑付需要付出相应的努力和代价，对信托公司来说，由于其打破刚性兑付的成本大于维持兑付的成本，所以信托公司很难打破；从投资者角度来看，投资者当然希望刚性兑付一直存在，既能获取高收益，又不用承担风险。所以，其实市场主体最有可能做出的选择是依效率而为，这就要求监管方应有所作为，应为刚性兑付的打破建立一定的制度环境，不能让信托业陷入有法可依但在执行层面却有法不依的境地，应当引导信托参与主体逐步打破刚性兑付，将信托行业的合理有益规则进一步落实到位，利用市场化方式来解决信托危机，为中国信托业的发展保驾护航。不合理的制度和规则设计，带来的只会是投资者和信托公司的双输，只会使行业畸形发展，为了维护自身信誉和行业名声，信托公司为

---

① 中国银行业监督管理委员会. 信托公司管理办法［Z］. 2016.
② 中国银行业监督管理委员会. 信托公司集合资金信托计划管理办法［Z］. 2016.

了迎合对信托知之甚少的客户一再做出这样的退让，我们可以预见到最终这会带来大量的争议和不确定性，这明显不利于总体稳定。故而，应当通过规则引导，进一步加强信托立法建设，完善信托公示和登记制度，细化和区分信托相关人责任和严格受托人忠实义务。通过这几方面的建议以达到对信托"刚性兑付"的法律规制。这样的规则引导，能够使市场上的权益主体提升财产管理和风险防范意识，防止和缓释因受托人的经营不善等原因造成的违约风险，优化自身投资结构，对市场风险做出更好的预先防范，从而最终实现最优的权益安排。

参考文献

[1] 康锐. 信托业发展困境的法律对策研究［M］. 厦门：厦门大学出版社，2010.

[2] 葛丰. 信托业"刚性兑付"不可持续［J］. 中国经济周刊，2014（7）.

[3] 中国银行业监督管理委员会. 信托公司管理办法［Z］. 2016.

[4] 中国银行业监督管理委员会. 信托公司集合资金信托计划管理办法［Z］. 2016.

[5] 饶婵. 我国信托业刚性兑付问题研究——基于中诚信托·诚至金开1号的案例分析［D］. 广州：暨南大学硕士学位论文，2015.

第五章 人力资源

富士康

虽然富士康在我国各地区拥有 30 多个生产基地，但其实是中国台湾地区的企业。富士康总裁郭台铭，在军队退役后开始创业，父亲曾为军人，后举家迁往中国台湾后职业为警察。许多军事化管理风格的企业，都拥有一个曾有过从军经历的领导人，如王健林。郭台铭和父亲背景当中的从军经历奠定了富士康的军事化企业文化风格。

富士康主要从事精密电子产品的生产和制造，1988 年在深圳地区投资建厂，在中国从珠三角、长三角到环渤海，从西南、中南到东北，建立了 30 余个科技工业园区、在亚洲、美洲、欧洲等地拥有 200 余家子公司和派驻机构，现拥有 120 余万名员工及全球顶尖客户群。①

2010 年，富士康因连续发生的 14 起员工自杀事件被推向了风口浪尖，员工接二连三跳楼使社会舆论迅速关注到这个全球最大的苹果公司供应商，群众的质疑和想一探究竟的好奇接踵而至。

事后富士康总裁郭台铭亲自面对公众道歉，表示愿意主动反省事件发生的原因并努力制止事件的再次发生，在他分析原因时把事件归结为冷漠，认为冷漠是导致员工自杀的根本原因，公司的失误是没有预料到如此恶性的结果，没有做好预防。但是富士康公司是一家以生产为目的的企业，不是政府机构，经营管理是公司的本质职能和首要目的，没有社会职能，公司的人文精神构建需要一个长期的过程，扭转这种扭曲的文化氛围也需要很长时间，员工难以承压、抑郁而自杀的文化氛围非一日而形成②，扭转这种文化氛围也不是短期内可以实现的。

因而，富士康并不是企业文化出了问题，也不是人事管理机制运行不畅，其根本问题在于管理当中忽视了人性化空间和人性关怀，内部员工层级过于森严导

---

① 王丽霄．企业物流外包风险的识别与控制研究 [D]．天津：天津大学硕士学位论文，2014．
② 杨猛．企业人力资源管理伦理问题研究——以深圳富士康公司为例 [D]．南京：南京理工大学硕士学位论文，2013．

致人与人之间失去了公平与尊重，也就是冰冷的管理当中没有考虑人伦伦理。从法商角度看，这是权益主体的定位错乱、战略执行环节缺失的问题，甚至更是企业利用法律制度漏洞侵犯员工权利的问题。下面我们详细论述。

一、员工是流水线上的一枚"螺丝钉"

权益主体：富士康的下游客户，低出厂价、高效率、短时间完成订单；富士康的企业发展，低成本、大规模是其主要竞争优势；低人力成本的运营模式，利于建立行业壁垒，确保自身的行业龙头地位。

战略定位：组织大规模、高效率的生产线；军事化管理降低出错环节和概率；成本竞争优势保持领先。

最大受益者：富士康和合作客户。

最大损失者：被压抑人性需求的机械化作业员工。

按时保质保量完成定单是富士康公司的最大卖点，作为一家定单型企业，这是取得竞争优势的关键，但是富士康这种成本优势是通过流水线上员工高强度的流水作业来完成的。富士康对订单质量和工时要求非常高，流水压力和强度非常大，久而久之员工就如同流水线上的一个部件一样，要求每天数千次准确重复完成固定的操作。据悉，富士康公司车间的机器是从不间断运转的，从开始生产，就不会停下机器，流动的是线上的员工不间断重复生产，每名员工每天工作12小时，实行两班倒，工作期间除了正常的生理需要就只有短暂的休息时间，甚至有的员工将休息比喻为监狱放风时间。其余时间员工就必须待在高速运转的生产线上的某一个环节上，进行简单机械的流水作业，直到下一班的员工接替时才能离开岗位。而下班以后，员工吃住都在厂区内，可以说员工的整个生活是泡在富士康的运行体制和文化当中的，制度严格、等级森严。

在这种高强度的工作压力下，富士康公司还为了追求更高的生产效率，给员工提供免费食宿，甚至连洗衣服也由公司负责，员工只要在规定的时间点上按照公司程序化的指令工作，工作和生活完全成了公司程序化了的既定步骤，这种泰勒式管理模式下的人完全被工具化，就犹如公司机器的一个部件，与机器几乎没有什么区别，员工主体心理需求则完全被忽视。

富士康员工的离职率较高，年老员工的离职逐步被新员工填补，而年轻员工的成长环境和视野与老一辈完全不同，可以说年轻员工对精神层次的需求更加强烈，劳动者主体意识非常强，而富士康的只见事不见人的模式下，忽视人的主体心理需求的人力资源管理模式会越来越不能适应新的形势，而且这种管理方式也有悖于现代管理思想发展的趋势。在这种忽视人性的管理模式和生产模式下，员工选择极端的方式进行反抗，社会对富士康的人力资源管理模式的谴责，就是管理中缺乏伦理带来的严重后果。

二、提供低收入，也不留消费空间

权益主体：富士康的下游客户，低出厂价、高效率、短时间完成订单；富士康的企业发展，低成本、大规模是其主要竞争优势；相对稳定的人力资源，通过低收入、高强度和延迟付薪等办法使员工离职难度增加，确保生产线人员供应的稳定性；富士康的利息收入，延迟发放的员工工资可以补充公司现金流，也可以用于短期投资赚取利息。

战略定位：组织大规模、高效率的生产线；军事化管理降低了出错环节和概率；成本竞争优势保持领先。

最大受益者：富士康。

最大损失者：被压缩人性需求的机械化作业员工。

一些国际知名电子品牌公司选择富士康公司作为代加工企业，看重的是富士康的低成本、高质量和交货速度。而作为富士康考虑的角度则是如何吸引定单同时控制低成本，它的经营模式遵循一个规则，先由客户提供定单，如果富士康能接受报价就把定单接下，然后通过成本倒逼法进行再报价，这个报价是减去利润，其他的都作为成本。众所周知，现在的代工合同一般都会对自己的品牌需要的材料和具体要求进行严格说明，承接代工的企业在原材料上几乎没有可以节约成本的可能，人力成本则成为贡献利润的可控因素，员工效率越高产品耗用工时越少，人工成本也就越低。所以富士康一贯中意劳动力价格，压缩人工成本开支，大量依赖廉价劳动力是富士康公司现行的主要人力资源模式，富士康大量招收廉价的暑期学生工是其招工环节的一大特色，正符合了公司的经营管理模式。为了维持员工的稳定性，富士康还会压缩员工工资的发放时间，由于提供食宿，富士康只给员工发放每月最低基本生活费，用于厂区内的日常起居消费，员工工资低，同时全部时间被工作挤占，每月的消费就成为排解压力的途径。尽管这种模式为公司带来了更大的利润空间，但从某种程度上说，富士康赚的就是廉价劳动力的价值。

三、文化歧视盛行

权益主体：富士康中国台湾地区员工，强化中国台湾管理者地位；相对稳定的人力资源，通过打压、压迫的方式给员工增加反抗的压力。

战略定位：组织大规模、高效率的生产线；通过集体主义降低员工的人性化需求；通过企业内的阶级差异压迫底层员工。

最大受益者：富士康的中国台湾地区员工。

最大损失者：最底层被压迫的员工。

富士康集团公司是台资企业，受中国台湾海岛文化影响很大，虽然属中华文化体系，但是由于中国台湾的特殊历史背景，其文化与大陆文化有很多差异性。中国台湾文化受日本文化的影响比较大，因此富士康公司里中国台湾员工的集体主义倾向比较明显，相比较而言，"80 后"、"90 后"的新一代大陆员工个人主义倾向比较明显，一旦自身利益得不到保障或者不能满足自身要求时，他们会直接选择离职。① 另外，中国台湾员工的上下等级观念比较强，管理职位在富士康这个社会圈内的阶级要远高于生产线员工，而大陆员工则认为不同等级之间仍然应当存在尊重和平等沟通。此外，大陆员工却普遍认为上下级薪酬待遇差别不能太大，对富士康的现行薪酬模式表现出比较大的不满。在富士康内部还有一个明显的特点，就是中国台湾本地区的管理干部处于绝对强势，而大陆管理干部处于弱势，公司的中高层管理人员大部分是来自中国台湾本地区的，鲜有大陆的高级管理人员。而中国台湾管理干部的薪酬待遇远高于大陆管理干部。这种金字塔式的人才管理模式体现的是一种不公平，越是处于底层的普工承受的压力越大，而中国台湾管理干部处于塔端却享受着更优厚的待遇。中国台湾文化与大陆文化及其现实发生冲突时，就会表现出跨文化冲突的后果，不满情绪就会生长，富士康大陆员工对这种不公平的薪酬制度和晋升限制表现出来的不满是长期的，积压久了自然会带来严重的后果。

四、员工法律保护缺失

"富士康员工跳楼事件"反映的是人力资源管理伦理问题中常见的严重超时

---

① 刘闻佳. 由富士康事件透视中国新生代农民工的心理特征及对策 [J]. 学理论，2010 (24).

加班问题。我国《劳动法》明文规定："用人单位由于生产经营需要，劳动者加班一般每日不超过 1 小时；因特殊原因需要延长工作时间的，每天不得超过 3 小时，但是每月不得超过 36 小时。"而富士康公司 75% 以上员工被要求超时加班。超时加班给员工带来的直接后果就是健康得不到保障，身体和心理压力增加。生产线上的一线员工由于重复着机械枯燥的流水作业，使他们面临着巨大的工作和身体压力。超强度的工作压力和缺乏人性关怀的管理模式、青年员工承受能力欠佳综合在一起时，就非常容易使这些在家里没有吃过什么苦的青年员工产生心理压力和厌烦情绪，心理得不到排解的情况下就容易选择极端的方式进行反抗。

五、法商剖析

富士康的流水线模式，完全背离了法商权益思维。这种模式真的只是把人看成一种资源，甚至可以套用学术上的一个词，"物化"了的人，这种模式完全是和权益思维背道而驰的，无怪乎受到社会各界的一致谴责。这样的企业模式难以为企业塑造良好的社会形象，也必然会侵损企业的社会绩效，对企业自身的权益也是一种伤害。真正的法商管理者，会将人看成是权益主体，看成是目的，而不是手段，真正去关心每一个员工、每一个人的权益。

富士康的用人之道，还严重背离了法商规则意识。它严重压榨员工的工作权益，让底层员工背负非常沉重的负担，典型的"金字塔"形管理结构，让富士康的整体管理体系体现出严重的不公平性，管理规则畸形。更为甚者，富士康的很多行为已经和现行法律相抵触，这种严重违反规则，蔑视规则的思维，只看到"商经"中对效率的追求，完全无视了"法镜"对公平的期待。法与商、公平与效率，就像人之两足，废其一端则不能自立。富士康的经营管理策略，需要以法商思维进行整体改进，才能实现健康持续创富的现代化发展。

参考文献

[1] 刘艳艳. 从富士康事件看新生代农民工的劳动权益保护 [J]. 上海青年管理干部学院学报，2010（3）.

[2] 李洪梅. 从"富士康事件"看新生代农民工被边缘化——兼谈解决新生代农民工问题的紧迫性 [J]. 中国集体经济，2010（22）.

[3] 刘闻佳. 由富士康事件透视中国新生代农民工的心理特征及对策 [J]. 学理论，

2010 (24).

［4］王丽霄. 企业物流外包风险的识别与控制研究 ［D］. 天津：天津大学硕士学位论文，2014.

［5］杨猛. 企业人力资源管理伦理问题研究——以深圳富士康公司为例 ［D］. 南京：南京理工大学硕士学位论文，2013.

华为的人力资源管理实践

一、构建适应知识经济的人力资源管理模式

我们知道，农业经济社会财富增值主要来自对土地的控制（土地雇佣劳动），工业经济社会财富增值主要来自对资本的支配和资本的积累（资本雇佣劳动），而知识经济社会财富主要来自取得知识的人的自愿合作，使各人的知识在共享、分享中产生知识创造（知识雇佣资本）。

在知识经济中，人力资源是企业价值增重的重要源泉，事实上，人力资本投资和研究开发投资是回报率最高的投资，使这两项投资产生高回报的关键是管理，而其关键的关键就是人力资源管理。

二、华为公司人力资源管理理念

我们知道人力资源管理有几个基本目的：建立一支宏大的高素质、高境界和高度团结的队伍，创造并营造一种自我激励、自我约束和促进优秀人才脱颖而出的机制。在华为公司的人力资源管理理念中，最重要的是三个原则：公正原则、公平原则、公开原则。

从公正原则来说，共同的价值观是公正评价员工的准则，挑战性的指标与任务是公正评价绩效的依据，本职工作中表现出的能力和潜力是公正评价能力的标准。[1]

从公平原则来说，奉行效率优先兼顾公平的原则，鼓励员工在真诚合作与责任承诺的基础上展开竞争，从根本上否定短视、攀比和平均主义。

---

[1] 尹学文. 任职资格管理在 ZY 公司的应用研究 ［D］. 长沙：中南大学硕士学位论文，2009.

从公开原则来说，抑侥幸，明褒贬，提高制度执行上的透明度，从根本上否定无政府、无组织、无纪律的个人主义行为。

为什么我们说华为是一家"法商型"的组织，因为法商管理注重"公平"与"效率"的协调，而从华为公司的人力资源管理体制中，可以发现他们既注重激发员工的效率，也注重以公平的制度保证效率的发挥。华为公司曾经表示过："我们不搞终生雇佣制，但这不等于不能终生在华为工作；我们主张自由雇佣制，但不脱离中国的实际。通过建立内部劳动力市场，在人力资源管理中引入竞争和选择机制；通过内部劳动力市场和外部劳动力市场的置换，促进优秀人才的脱颖而出，实现人力资源的合理配置和激活沉淀层，使人与职位有更好的匹配组合。"

与所有公司的人力资源管理体系一样，人力资源管理的基础是职位与任职资格，招聘管理解决的是选人问题①，要找到合适的人到合适的岗位，培训与开发解决的是育人的问题，要帮助人力资源增值，绩效管理解决的是人员激励的问题。在华为公司中，各级人力资源管理者还承担了不同的责任与角色，高层领导是设计师，制定人力资本增值目标、政策和法规，设计人力资源管理理念、组织文化导向和组织结构；中基层管理者起督导与执行的作用，既要记录人力资源的运行情况，还要给予指导和支持，帮助下属人员成长，激励与合理评价下属的工作，营造良好的组织氛围。

华为公司在评估一个员工是否符合这个职位的时候，采用的是 Hey Group 公司为其提供的一套模型，即职位评估得分等于知能得分加解决问题得分加应负责任得分。知能是一个人的投入，包括一个人的技术知识、管理范围和人际关系技巧，解决问题的能力是一种过程，包括思考的环境和思考的挑战，而应负责任是产出的结果，包括采取行动的自由和一个人的影响范围和影响性质。

在公司做出人力资源管理的时候，需要对每位员工的素质有所了解，在理论上有一个素质的冰山模型，如图 1 所示。

技能是指一个人将事情做好所需要掌握的东西，知识是指一个人对一个特定领域的了解，通常技能和知识可以从一个人的行为中观测到，因此它处于冰山水面的上方；处在冰山水面下方的是社会角色、价值观、自我形象、品质和动机，社会角色指的是一个人在社会群体中被赋予的身份，价值观反映的是一个人坚信的价值取向，自我形象是一个人对自己的看法，即内在自己认同的本我，品质是指一个人

---

① 张黎青. 企业任职资格管理体系构建［D］. 北京：华北电力大学硕士学位论文，2009.

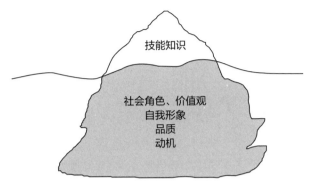

图1 冰山模型

持续而稳定的行为特性，动机指在一个特定领域内的自然而持续的想法和偏好。

通过素质模型全面了解一个人后，公司就可以了解到这名员工是否符合该岗位的任职资格，在华为公司中，存在着三个阶段的任职资格演变过程：1998 年到 1999 年 6 月，华为只关注员工行为的规范化，在部分职位上试行了行为认证；1999 年 6 月到 2001 年，华为开始关注职位胜任能力及认证结果的应用尝试，建立全面资格标准并进行认证；2001 年到现在，华为又优化了资格管理，将任职资格与职位管理、绩效管理相结合，优化标准和认证方法，明确上岗认证与例行认证。其实华为建立这样一个任职资格管理体系的目的就是规范人才的培养和选拔，激励员工不断提高其职位胜任能力，以职业化的员工队伍参与华为的国际竞争，树立有效培训和自我学习的标杆，以资格标准牵引员工不断学习、不断改进，保持持续性发展。

要想给员工提供固定的激励，薪酬管理是很重要的一项内容。员工必须了解什么样的行为可以得到自己期望的报酬，而且必须了解现有的报酬制度并感到有吸引力。最重要的是，员工必须看到行为与报酬之间有直接的关系，薪酬制度必须完善，要让员工看到自己的表现能够得到准确、公平的评价。在华为公司，薪酬制度有三个宗旨：对外公平，要符合劳动力市场的界定、市场的调查和薪资水平的政策，这样能保证制度符合政策法规的规定；对内公平，为员工分配薪酬的时候，要依据工作分析、工作描述和工作评价，根据岗位应得为员工合理分配薪酬；员工公平，员工所获得的薪酬应与其绩效考核直接挂钩，根据任职资格认证和薪酬政策，按照所劳给予所获。这三方面的公平最终是为了增进工作效益与效率，这又一次印证了我们为什么说华为是一家"法商型"组织，因为它时时刻刻都在执行着"公平"与"效率"的原则，而这也是法商管理最重要的两大精神。

在对员工的培训方面，华为也有一套非常完善的体制。华为的培训主要分为三类：一是上岗培训，由营销干部培训中心组织各业务部门进行开发，主要从各岗位的任职资格和岗位职责出发，进行开发与授课。二是提高培训，起步从外部资源开始，各层的培训都筛选一些好的课程和专家来进行，逐步过渡到内部讲师来进行。三是专项业务培训，由各业务部门牵头，营销干部培训中心配合开发，针对本业务部门的专项业务培训。培训讲师主要由各业务部门的业务主管担任。

在前面的内容中，我们看到了华为在选人和用人制度上的精心设计，在向世界级企业迈进的过程中，卓有成效的人力资源管理体系，是缔造华为一个个神话最有利的发动机和保障器。尤其是作为人力资源管理体系三大基石之一的绩效考核（另外两个是任职资格和股权激励），更为企业的发展注入了强大动力。总裁任正非一再强调要创造高绩效的企业文化，将绩效文化视为企业生存之本、发展之源，并上升为战略高度加以实施。绩效考核的根本目的不是裁员，而是通过考核把大家放在适合的岗位上，保证每个人的能力都是能够实现绩效目标的，然后通过个人绩效目标的实现来完成公司的总体战略目标。绩效考核机制有三个方面：一是责任结果导向、关键事件个人行为的结果评价考核；二是基于公司战略分层分级述职，即PBC（个人绩效承诺）承诺和期望绩效的完成程度；三是基于各级职位按任职资格标准，考核员工实际能力是否达到任职要求。此外，华为还特别注重以价值链循环为主题的绩效考核系统，注重员工价值的发挥①，如图2所示。

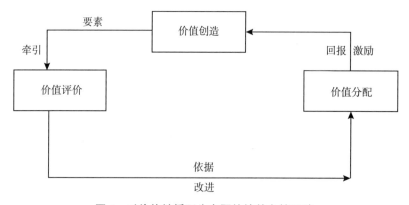

图2 以价值链循环为主题的绩效考核系统

---

① 郭丽娟. 华为公司人力资源战略研究——基于"微笑曲线"视角 [D]. 北京：对外经济贸易大学硕士学位论文，2014.

（一）价值创造体系

第一，以价值观统一价值创造活动，以价值观创造价值，具体要做到培育与弘扬企业文化，建设良好的组织氛围，使员工感觉到自己的工作有价值；第二，在这个体系中，需要对一些价值创造的要素做出明确的界定，要明白劳动、知识、资本与企业家共同创造了公司的全部价值，缺少任何一个环节都不能完成，要尊重知识、尊重个性、集体奋斗，不迁就有功的员工，不能因为做出了贡献就特殊化对待，让有水平的员工做实，让做实的员工提高水平，反对不思进取的幼稚，鼓励员工立足本职岗位做贡献；第三，通过培训，发掘和提高员工的价值创造能力，把人力真正变为资源；第四，通过照片，吸纳那些认同公司事业且高素质的员工；第五，通过无依赖的市场压力传递，使内部机制永远处于激活状态，使干部和员工永不懈怠。要明白，竞争是活力之源，国际竞争力实际是在国内培养出来的，市场竞争实际是在企业内部培养出来的。

（二）价值评价体系

价值评价体系是一个重要的传导媒介，在业务管理中起着关键作用，并且它是一种重要的牵引、激励和约束力量。要建立一套适应高科技企业发展的价值评价体系，对员工的价值创造过程和价值创造结果进行评价，为价值分配提供客观公正的依据。确立全公司及各部门的KPI指标（关键业绩指标），处理好扩张与控制的关系，保证公司均衡、快速和可持续地发展。以业绩考核为主导，实行全方位的考核与评价制度，对员工的工作过程和工作结果进行系统的制度评价，并将考核评价结果与报酬待遇紧密挂钩，进一步激发员工持续的创业与创新精神。将绩效考核与评价作为载体，各级管理者承担起人力资源开发和管理的责任。

（三）价值分配体系

价值分配体系既是价值链循环的终点，又是新的价值链循环的起点，要通过价值创造要素、过程和结果的激励与回报，将价值循环链进一步扩大。价值分配的依据是员工的责任、绩效（可持续性贡献）、任职状况（能力、工作态度），价值分配的原则是从根本上否定平均主义，提倡效率优先，而且还要按劳分配与按资分配相结合。价值分配的对象包括机会、职权、工资、奖金、股票期权、养老、医疗、工商等社会与公司保险和其他人事待遇。在价值分配过程中，华为还特别注重按劳分配要充分拉开差距，分配曲线要保持连续并且不出现拐点，股权分配向核心层和中间层倾斜，提倡可持续贡献。

华为从 1997 年开始，就致力于建立这样一套全力创造价值、科学评价价值、合理分配价值的良性价值体系，就是说企业所有的分配要素都必须通过评价体系为依据。1997 年，华为对整个人力资源的价值管理做了一个顶层设计，一个企业的价值是由谁来创造？任正非提出劳动知识和企业家资本、知识创新者和企业家是华为价值创造的主导因素，这就意味着核心的待遇体系要向企业家和知识创新者倾斜。企业人力资源管理最核心的不是将蛋糕如何分配，而是要研究如何把蛋糕做大，明确谁能把蛋糕做大，价值评价体系解决了蛋糕的切法问题，明确蛋糕分配的依据，建立科学、全面、系统的价值评价体系，使人力资源管理有法可依。

在人员解聘方面，华为也特别有自己的特色。华为的竞争机制——保持 10%~15% 的人才流动率，华为坚持干部末位淘汰制度，建立良性的新陈代谢机制，坚持引进一批批优秀员工，形成源源不断的干部后备资源；开放中高层岗位，引进具有国际化运作经验的高级人才，加快干部队伍国际化进程。"大凡公司之间的较量，都是人才的较量。它不是人员多少或人才本身优劣的较量，而是管理者对人才的管理和开发能力的较量。"华为推行的一套独特的人才机制，正是公司得以持续、高速发展的法宝。李一男，15 岁考入华中理工大学少年班，23 岁硕士毕业进入华为，26 岁就做了公司副总裁、总工程师，这在论资排辈的传统体制下，几乎是无法想象的，但华为的人才竞争机制使这成为一种可能。

没有人才竞争机制，按照学历、资历论资排辈，是对人才个性的抹杀，有了竞争机制，华为才能够不断发掘出"千里马"，让"最有责任心的明白人"走上重要的岗位。华为对中高级主管实行职务轮换制，规定公司内部流动率要达到 10%~15%，他们每年要保持一定的人员淘汰率。

新员工说，进入华为就意味着学历的消失，大家是在同一条起跑线上。进入华为，高学历的人下到一线生产车间、售后服务系统不是件稀罕事，要迅速浮出水面，靠的不是学历，而是对知识的灵活运用能力。学历是如此，资历更是无法让人"吃老本"。

1996 年初，迫于公司发展的需要，市场部全体正职干部向公司同时提交了两份报告，一份述职，一份辞职，由公司根据个人发展潜力及公司发展需要批准其中的一份。结果相当一部分干部被调整了下去，连市场部总裁也被降了职。这一"壮士断腕"之举，无疑向全体员工宣布：在华为，没有"铁交椅"，大浪淘沙，能者上，相形见绌者下。

于是，在华为，公司副总当办事处主任、普通员工擢升为部门副经理都被视为正常变动。提升和降级之前无须反复"做工作"，而是靠全体员工认同的竞争机制。华为公司还建有一个内部劳动力市场。走进公司行政大楼，只见大堂内有一台多媒体电脑，每个部门在此上网发布内部招聘信息，既有基层岗位，也有管理岗位。员工们可以从中搜索内部"跳槽"机会，然后向新岗位所在部门负责人发电子邮件。① 通过双向选择，竞争上岗。这样，人才竞争、人才流动的一盘棋全活了。

从华为的人力资源体系制度中我们可以认定，随着社会环境和内部环境的变化，行业利润率普遍下降，即使华为不可能继续在业内维持远高出竞争对手的薪资水平，并且接班人问题的存在使人们对精神教育能否在后任正非时代继续发挥作用产生了疑问。那么，华为这面在商场上叱咤风云的大旗能否继续飘扬呢？华为仍然坚持着它的人力资源管理体系，并努力与国际接轨。即使旗帜被冬天的寒风压倒，只要稳固的基座还在，只要优秀的旗手能够接班，相信华为能书写新的传奇。

参考文献

［1］尹学文. 任职资格管理在 ZY 公司的应用研究［D］. 长沙：中南大学硕士学位论文，2009.

［2］张黎青. 企业任职资格管理体系构建［D］. 北京：华北电力大学硕士学位论文，2009.

［3］郭丽娟. 华为公司人力资源战略研究——基于"微笑曲线"视角［D］. 北京：对外经济贸易大学硕士学位论文，2014.

［4］王冬梅. 高新技术企业的人才流动分析［D］. 合肥：中国科学技术大学硕士学位论文，2001.

---

① 王冬梅. 高新技术企业的人才流动分析［D］. 合肥：中国科学技术大学硕士学位论文，2001.

第六章　知识产权

滴滴的法律责任承担与应对

网约车领域的硝烟终于散去，最终滴滴与快的、优步三家合并，国内的网约车领域最终只剩下滴滴这一最大的平台。网约车的出现虽然为人们出行提供了极大的便利，却也为曾经违法的黑车提供了生存空间，无论是私家车、出租车还是黑车，在运营过程中难免产生道路交通问题和意外状况，如乘客在车上遗失物品滴滴是否担责？乘客被滴滴专车撞伤致残、乘客乘坐专车遇车祸致残，这些情况滴滴应当承担怎样的责任呢？

于是，滴滴在站稳市场后遇到的一个个问题接踵而至，滴滴在网约车过程中承担信息提供者角色，相关责任划分也成为复杂的问题。我们今天试从法商思维，借助相关法律规定试做分析。

一、滴滴的角色定位

滴滴当前主要业务分为出租车、顺风车、快车和专车，每一项业务当中，滴滴都作为中介角色，为客户提供匹配车辆，为车主提供客户订单，滴滴在中间收取中介佣金，只不过这个中介不再是传统意义上的人，而是滴滴的专业数据信息服务系统。

但是这个中介角色却又不完整。站在法律角度来看，无论是在顺风车、快车和出租车模式，还是滴滴专车模式，滴滴打车平台既不是乘客的代理人，也不是司机的代理人，因为滴滴平台是以自己的名义为乘客和司机双方提供信息撮合服务，乘客或司机也不会对滴滴打车平台的行为负法律责任。此外，滴滴打车平台也不是真正法律意义上的中介人，因为中介人的特点是需要合同报酬，而滴滴在专车模式下，滴滴打车公司是滴滴专车运营的牵头方，起关键和主导作用，是与劳务派遣公司、汽车租赁公司共同参与车辆营运的一方，而不是受乘客或司机委托的中介人；滴滴专车平台获取的利润为车辆运营收益，而不是为委托代寻找订单所付出劳务的对价。

由此看来，滴滴的权益主体定位是多方的，除了乘客之外，还包括私家车主、出租车公司、汽车租赁公司等，而不是传统意义上的单方中介，倒更像是一个技术服务提供者，因而滴滴的法律角色定位也是复杂难定的。因而，滴滴的法律责任也需要根据不同情况具体而定。

二、滴滴的法律责任界定

经过查阅《合同法》等相关法律法规，整理出滴滴的责任认定可按如下分类进行。

（一）契约责任

在出租车模式下，出租车司机代表出租车公司与乘客订立客运服务合同，费用由出租车公司收取，相应的违约责任也应由出租车公司来承担。出租车司机虽然通过滴滴打车平台接了订单，但仍为公共运输承运人，对乘客通常、合理的要求不得拒绝，有强制缔约义务。[①]

在快车模式下，私家车主与乘客为运输服务合同的相对方，私家车主违反运输合同约定时应由其个人承担违约责任，与滴滴打车平台无关。

在顺风车模式下，私家车主与搭乘者之间是好意施惠关系，好意施惠侧重于提供帮助，系助人为乐行为，当事人之间并无契约上约束之意思表示，为法外空间，私家车主与搭乘者之间没有形成运输合同关系，不存在违约责任。

在专车模式下，专车平台和汽车租赁公司、劳务派遣公司为车辆运营的共同经营者，在服务质量、乘客安全、服务价格等方面对乘客违约的，由三者连带承担违约责任；三者的内部责任分担关系，有约定的服从约定，没有约定的根据过错程度按比例分担。如果约定显失公平，法院也可根据公平正义原则进行调整。

（二）侵权责任

在出租车模式下，出租车公司与乘客订立客运服务合同，根据合同相对性原

---

① 林巧莺. 强制缔约制度研究——以上海出租车拒载案为例［D］. 兰州：兰州大学硕士学位论文，2011.

理，出租车公司承担对乘客的安全保障义务。司机对乘客受伤有过错的，由出租车公司承担侵权损害赔偿责任。

在快车模式下，运输服务合同中乘客的相对方为私家车主，私家车主获取运营收入相应承担运营风险，应由私家车主承担对乘客的损害赔偿责任。

在顺风车模式下，私家车主与搭车者是好意施惠关系，在欠缺合同性质的前提下，受惠者的人身权利与财产权利为绝对权利，受到法律的保护，且施惠者基于好意施惠关系对受惠者负有一定的保护义务，当施惠者不履行或不适当履行该保护义务，致使受惠者的绝对权利遭受损害的，主要保护公民绝对权利的侵权法便应予以调整，故应认定施惠者对其承担侵权责任。

在专车模式下，对乘客的侵权损害赔偿责任主体包括滴滴专车平台、劳务派遣公司和汽车租赁公司。滴滴专车平台应当对乘客在交通事故中遭受的损失承担连带责任，专车平台和汽车租赁公司、劳务派遣公司、司机间的内部关系不能成为滴滴免责的抗辩理由。乘客作为一名普通的用户，通常不具备专业的行业知识和法律知识，用户在常理上会认为专车平台是该专车的管理者。

三、滴滴对法律责任的处理与应对

滴滴在法律责任界定方面的处理思路是非常值得我们借鉴的，在国内相关法律尚不健全的背景下，滴滴首先对自身角色做出清晰认定，其次根据四大运营模式的不同特点，清楚界定了自身的法律责任。紧随其后，滴滴通过实施安全保障标准、收取风险准备金等一系列措施来保障用户群体的利益，而今我们也看到滴滴运营的安全性大大提高，事故纠纷问题也少有发生，滴滴的做法可谓法律与商业的一次完美结合，通过商业服务确立自身独特的市场价值，又通过法律途径清晰界定用户和滴滴的责任，保护双方权益。

第一，滴滴平台于 2015 年发布《互联网专车服务管理及乘客安全保障标准》，对成为专车有严格的准入标准要求：驾驶员具备 3 年以上驾龄并通过驾驶技术考核，车辆产权证、行驶证、交强保险单等合法证明。同时对司机和用户双方的个人信息保护较好，双方联系时仅提供虚拟电话号码，不会留下直接联系方式，彻底降低了骚扰情况的发生。

第二，滴滴平台主动承担了违法运营的管理责任。由于运营模式多达四种，每种模式的法律责任都需要进行清晰界定，不同情形下也有可能面对不同的责任认定。滴滴通过出台平台标准并配合国家相关管理规定，对不同类型的司机及运营行为进行管理，打击违法运营。例如，滴滴认为由于专车司机并非滴滴专车公司的员工，车辆属于专车司机，专车司机对外以滴滴专车公司名义经营，实际利润归专车司机，滴滴专车收取一定管理费，应承担一个善良管理人应负有的管理责任。除了专车模式之外，快车和顺风车使用的也是非营运车辆，但在这两种模式下，滴滴打车平台界定了不同的管理责任，实施迥然不同的管理办法。快车模式下，私家车主驾驶非营运车辆进行盈利性载客服务，该行为加大了道路安全风险，应受行政处罚。滴滴打车平台并不参与实际的车辆营运，不向车主和司机收取任何费用，即私家车主的行政违法行为不可归因于滴滴打车平台，相应的行政法律责任由私家车主承担。顺风车则是私家车主和搭车者以节约双方的出行成本为目的，经由私家车主同意，搭车者顺路搭车的一种民事行为。顺风车的费用很低，只是用于分担私家车主部分油费、过路费、汽车维修费，不以盈利为目的，也不以此为职业，并有利于缓解城市交通拥堵和空气污染问题，不属于行政许可法调整范围，不应受行政处罚。

第三，配合国家相关规定，促进出租车服务质量提升。出租车模式下，由于车辆所有权属于出租车公司，出租车公司是拥有经审核颁发运营许可证的企业，因此不存在无运营资质应受行政处罚的情形。但是服务质量却一直得不到监管，滴滴在自有平台上引入了司机评价系统，对出租车司机每一单的服务进行评价统计，这种方法将会极大地帮助出租车司机规范个人行为，提升服务质量。

四、法商剖析

传统出租汽车行业相对封闭、利益相对固化，滴滴的出现虽然给社会交通带来了极大的便利，提高了人们出行的效率，滴滴出行下设出租车、顺风车、快车和专车四种模式，每一种模式特点各不相同，可以说是一种新的创新，提高了市场效率，但是由于其模式的多样，法律责任的划分也应当区别对待，任何的市场经营决策既要追求效率的目标又要维护公平的关系，这样的资源配置、权益安排和经营模式才是最为安全并能持续发展的。无论法律责任如何划分，滴滴更应当主动承担运营业务的法律责任和自身社会责任，尊重法律、提升服务，将事故出行的可能性降至最低，这样才能实现可持续发展。

参考文献

［1］张越. 法律责任设计原理［M］. 北京：中国法制出版社，2010.

［2］朱虎. 法律关系与私法体系：以萨维尼为中心的研究［M］. 北京：中国法制出版社，2010.

［3］单平基. 从强制缔约看"打车软件"的法律规制［J］. 法学，2014（8）.

［4］林巧莺. 强制缔约制度研究——以上海出租车拒载案为例［D］. 兰州：兰州大学硕士学位论文，2011.

魅族的"好运气"与"坏运气"

也就是近几年时间，手机行业经历了一个时代的动乱更迭，国际上昔日的王者诺基亚和黑莓从神坛跌落，手机的发明公司摩托罗拉曾一度焕发生机但是如今被联想所收购，而凭借着 iPhone，苹果已经跻身为全球最赚钱的手机公司，而中国台湾宏达（HTC）的销售业绩却一落千丈不再是安卓手机之王。当前，智能手机单纯靠硬件的发展趋势正在消散，手机行业迈入了新时代。

而魅族正是在这个手机行业巨震中搭上了智能手机的东风，由过去的一个经营 MP3 的科技公司一跃成为当前市场份额前列的手机厂商。

一、魅族的"好运气"

魅族 2009 年推出第一款智能手机，自此开始加入了我国智能手机市场的争夺战。2012 年魅族 M9 在国内市场中小有起色，自此开始每年推出数款手机的速度，在手机市场上的地位逐渐攀升。

魅族由一个 MP3 厂商成功转型到手机厂商，是离不开国内市场环境的，可以说魅族的好运气刚好始于国内手机市场的崛起。在诺基亚时代，国内手机市场开始出现增长，到了安卓时代，国内手机市场容量几乎到了人手一台的水平，传统的固话业务在缩水，人们越来越倾向于拥有一部个人手机。中国人口基数庞大，原有的手机供应商无法满足国内市场对手机的需求，或者仅凭苹果、三星、HTC 几个品牌是不足以分割国内手机市场的。正是赶上了这个手机市场大变局的时代，魅族的好运气接踵而至。

2013 年 1 月，魅族与中国联通运营商达成战略联盟。

2014 年 2 月，乌班图宣布与魅族合作推出乌班图版 MX3。

2014 年 5 月，魅族与苏宁电商宣布双方成为核心合作伙伴，并达成战略合作协议，一年内苏宁投建 300 家魅族体验店，完成 20 亿元魅族产品销售额。

2014 年 6 月，魅族完成了首轮融资，融资金额超过 20 亿元人民币，整个公司的估值已经超过 200 亿元（约合 32.2 亿美元），这是魅族成立以来完成的首次大规模融资。

2014 年 9 月，魅族发布魅族 MX4 手机，高配置配合 1799 元低价位迅速引爆了市场。

2014 年 10 月，魅族宣布与阿里巴巴集团达成战略合作。

至今日，魅族在国内手机市场上虽然尚未实现巨大的市场份额，但完全在众多手机品牌中独树一帜，分得一杯羹。

二、魅族的"坏运气"

加入手机行业的前两年，魅族在市场竞争中并未取得优势。先是 2009 年推出的第一款手机因侵权被苹果公司诉讼，败诉后不得不撤出市场。而后在潜心研发的几年中市场失利，被华为和小米等国产品牌占据了大块市场，去年又因侵权问题与高通对簿公堂，虽然双方最终和解，但是对魅族的海内外市场均造成了一定的负面影响。

魅族自开始转型做手机起，坏运气似乎始终与专利侵权有关。

我国国产手机品牌喜欢使用高通处理器作为手机组件，早期往往直接奉行"拿来主义"并未有需求签订专利授权协议的意识，但自中国发改委就高通在中国市场的专利垄断（包括所谓的专利授权费率）达成和解并确立了合理的专利授权费率和方法之后，包括华为、oppo、vivo、联想、小米等诸多主流的中国手机及相关 110 余家企业与高通签订了专利授权协议，这其中不包含魅族。

魅族在高通与其屡次沟通后，始终未与高通签订专利授权协议，尽管在高通起诉魅族之后，其在官方回应中承认自己确实在使用与高通相关的专利。2016年，魅族先后发布了 10 余款机型，但由于未与高通签订专利授权协议而无法"名正言顺"地在手机中使用高通芯片，导致其尽管发布的新机型硬件水平在国产手机厂商中名列前茅，但从市场表现看实际效果并不理想。更为关键的是，由于缺少了高通的芯片，魅族手机给市场和用户留下的中低端品牌形象始终挥之不去，同时也让市场和用户失去了更多的选择，尤其是在智能手机产业遭遇创新瓶颈，迫切需要来自底层芯片创新驱动（如被业内看好的 AR/VR、AI 等最终决定其实际表现和体验的是核心底层芯片的创新和支持）的当下，缺乏高通芯片的支持和助力，始终是阻碍魅族手机进一步发展和前行的"痛"，也是为何业内一直呼吁魅族应尽快与高通签约的主要原因。①

尽管如此，魅族迟迟未动，最终引来高通在多国起诉魅族。

继高通在中国起诉国产手机厂商魅族专利侵权之后，高通在美国、德国和法国也采取法律手段保护自身专利权，包括向美国国际贸易委员会投诉、向慕尼黑地方法院起诉魅族侵犯公司专利，在法国倡导侵权扣押行动，收集魅族在法国可能出现的侵权行为的证据。魅族被"坏运气"敲响警钟。在科技领域，知识产权的保护相对而言较为完善，而魅族仍然不经过授权使用对方的核心技术，可谓"知法犯法"，最终引来国际官司。

直到 2016 年末，魅族与高通签订专利授权协议，双方和解，魅族的官司才被撤销。

三、魅族营销还需加力

早期国内手机行业营销手段被人津津乐道的是小米和华为，而近几年后起之秀 oppo 和 vivo 成为营销热点，荣登热销手机的榜单。相比来看，魅族尚未真正找到自己的营销点，销售方面还需要深耕细作加把力气，因为我们愿意看到国产手机厂商在本土市场的成长与强大。

魅族当前的主要营销渠道为电商平台和实体店，然而由于魅族手机产量有限，与京东合作签订的 8 亿元销售额已然很多，再考虑到官网商城的供货量不断增加，对实体专卖店来说，也需要承受一定的压力，随着互联网平台不断成熟发展，这对魅族企业与实体专卖店来说，其矛盾与冲突也在不断加深。

实际上，网络营销是魅族手机销售的主要渠道，微博营销、论坛、专业评测、平台宣传等都是魅族的主要引流渠道。魅族产品在开展网络销售时，对传统销售模式不够重视，相对来说，传统营销是网络营销的发展基础，两者的根本理念是一样的。对传统销售来说，它没有对魅族产品进行宣传，相对来说，一些互联网平台及电视多媒体平台能够更好地吸引消费者的关注，也赢得了不错的成绩。但是目前，互联网的发展还不够成熟，覆盖面还没那么广，公司管理者仅考虑利用互联网进行宣传推广，却忽视了传统销售模式的重要性。魅族企业也应该

---

① 魅族高通达成协议：手机创新驱动再启新篇 [EB/OL]. http://tieba.baidu.com/p/4929040896.

利用传统销售模式，与网络销售模式统一起来，更好地增强产品的销售量。而微博销售模式毕竟单一，仅通过有奖转发的模式开展活动，这种方法极易影响用户的情绪，从而造成一定的疲怠感。销售效果不佳，产品缺少一定的市场针对性，产品的市场宣传效果也会因此受到影响，同时对企业的微博推广效果来说，也没有更好地发挥出来。

由此看来，魅族手机在营销方面侧重饥饿营销配合口碑营销，主要渠道倚重互联网。而前几年，魅族手机的营销策略过于低调，影响了品牌知名度和用户的社会需求感。品牌的知名度不够时，一是销售量首先受影响，二是已购买者也会觉得自己所认可的精挑细选的手机，周围人竟然不认识，内心有挫折感，"社会认同感"没有被满足。可近两年，擅长饥饿加口碑营销的小米正在转换营销思路，套路也已经被消费者看透，甚至进入疲怠期，魅族手机需要在销售方面再创新意。

四、法商剖析

法商管理认为，企业经营应当同时注重"商业之道"与"规则之道"，如今许多企业在"精商"方面可谓出类拔萃，在追求市场份额的同时忽略了相关规则和法律的规范。从魅族的案例看，其在法和商两个维度都存在缺陷，法律意识薄弱引来高通技术授权争议，而经营方面相比国内智能手机后起之秀的营销策略也被拉开差距。目前魅族手机在国内手机市场上的竞争略显弱势，需要其从根本上改变过去某些无视规则的所谓精商秘籍，而是用"精商明法"的新商业智慧引领企业家和经营者把控好"敏思善行"的创富新商道。期望未来魅族将法商两个维度的短板补齐，并取得不俗的市场成绩。

参考文献

[1] 逯云凤. 国产手机企业竞争环境的 SWOT 分析 [J]. 太原理工大学学报（社会科学版），2012（4）.

[2] 翟维佳. 魅族手机营销困境及其解决对策 [J]. 才智，2013（23）.

[3] 张冲. 一片云彩两片天空 飞利浦极光 i966 & 魅族 MX4 [J]. 移动信息，2014（11）.

王老吉与加多宝之争

五年前，王老吉与加多宝的商标纠纷开始出现在人们的视野当中，二者官司打了好多年，如今基本算是尘埃落定——王老吉赢了官司，加多宝赢了市场。

一、"红罐凉茶之争"始末

王老吉凉茶发明于清朝道光年间，至今已有 185 年的历史，20 世纪 50 年代，王老吉凉茶铺分为两支：一支公有化改造完成后发展为广州王老吉药业有限公司，另一支由王氏后人带到了香港。因此，在中国内地，王老吉品牌归广州王老吉药业有限公司所有，而在内地以外的其他地区和国家，王老吉品牌为王氏后人所注册。①

市场上王老吉和加多宝原本是一家，或者说只有王老吉。1997 年，鸿道集团向广州医药租赁使用"王老吉"商标。2000 年，广药集团作为王老吉商标的持有者，与加多宝母公司鸿道集团签署合同，约定其对"王老吉"商标的租赁期限至 2010 年 5 月 3 日。

其间，鸿道集团经过市场运营使市场对此商标广泛接受认可，大获成功。2010 年王老吉商标租赁到期，广药集团试图收回商标，自此二者纠纷开始。由于 2002~2003 年，鸿道集团又与广药集团签订了两个补充协议，将租赁期限分别延长至 2013 年和 2020 年，而协议的签订是由于鸿道集团向广药集团总经理李益民行贿而促成的，后来时任广药集团总经理李益民"落马"，协议才浮出水面。二者纠纷曝出，鸿道集团认为协议有效，广药集团认定协议无效，自此双方正式对簿公堂走向了漫漫商标权争夺之路。

---

① 何轩，马骏，李胜文．企业竞合关系中企业家精神配置的双重均衡——基于广药与加多宝"王老吉"之争的案例研究［J］．管理学报，2014（7）．

2012 年 5 月 9 日，中国国际经济贸易仲裁委员会做出裁决，加多宝禁用"王老吉"商标，王老吉商标案件以广药集团的完胜而正式终结，广药集团收回鸿道集团的红色罐装及红色瓶装王老吉凉茶的生产经营权。此后，广药集团又对鸿道集团提起多次诉讼，其中包括"不上火""罐身装潢案""连续七年领先"以及"凉茶品牌领导者"等多场诉讼，鸿道集团均以败诉收场。

然而市场并不一定会与法庭持有相同的裁决。从法律的角度看，王老吉品牌从未易主，一直由广药集团所有。但鸿道集团毕竟是把王老吉经营得有声有色的运营方，尽管后来鸿道集团自创加多宝品牌，但其运营团队和销售渠道却仍属中国香港鸿道集团所有，从后来的市场销售状况也可以发现，加多宝更以高达 70.6% 的销售市场份额位居中国罐装凉茶行业市场第一名。①

二、商标增值部分如何判定归属

广药集团与鸿道集团之间的纠纷不只是租赁有效期的问题，其本质应当是品牌增值部分归属的问题。

广药集团拥有王老吉的商标权，而鸿道集团将王老吉的品牌价值经营增值，增值部分到底应当归属于谁？根据法院的判决，我们可以看出法院支持商誉跟着商标走，因而鸿道集团在商标权归属中败诉。但是，根据商标许可合同的内容看，双方当事人可以在合同中对商誉、广告用语及商品装潢的归属或者分配方式进行提前约定，从而避免对企业造成的损失。因此，如果是通过商标许可使用合同使用他人商标时，一定要对合同的内容进行仔细的思考，对各种分配的内容及方式进行规定，从而避免鸿道集团出现的问题。

因而，从法商角度看，今后企业在通过许可使用协议使用他人商标时，一定要明确约定商标商誉的归属，以及承载不同商誉的商标载体的归属，从而避免企业在合同到期后出现两难的境地。商标许可使用合同是获得他人商标使用权的前提，因此在制定企业战略时，必须要非常重视，在制定商标许可协议时，必须要对商标许可使用费、商标使用期限等重要内容做出具体规定，从而保证企业短期发展与长期发展相结合。

今天有很多企业经营者在"精商"方面堪称出类拔萃，不可否认他们的经

① 阿茹汗. 终端不见踪影 同仁堂高价凉茶难打开市场 [J]. 中国食品，2016（16）.

营知识和实践经验练就了"精商"的智慧，特别是在市场秩序和管理规范还不完善的时候。但是，在今天新的经营环境或"新常态"的建立过程中，这样的"精商"智慧就显得乏力了，中国必将越来越重视相关规则和法律的规范，从王老吉和加多宝之战中就能看出这一点，这必然会从根本上改变过去某些无视规则的所谓经商秘籍，而是用"精商明法"的新商业智慧引领企业家和经营者把控好"敏思善行"的创富新商道。因此，法商管理的思维要求：既要精通商业运作的技巧，还要明晰和掌握相关的行为规则；既具有敏捷思维的经营头脑，还善于把握机遇和风险并适时开拓及拥有市场。

三、加多宝为何输了官司却赢了市场

鸿道集团败诉之后，立即推出了新的凉茶品牌加多宝。对鸿道集团而言，新品牌自出世之后需要快速培育市场，否则在失去王老吉商标权的弱势期，很容易立刻连市场也一道被夺走。因而加多宝在宣传上使用误导消费者的策略，采用近似策略，商品包装与王老吉类似，字体与王老吉类似，广告语也沾带着王老吉的光——如"王老吉改名为加多宝""全国销量领先的红罐凉茶改名为加多宝""中国每卖 10 罐凉茶，7 罐加多宝，配方正宗，当然更多人喝。怕上火，喝加多宝"。

这种带有市场误导性的广告用语也引发广药集团与鸿道集团再次对簿公堂，后面多出的 10 多起诉讼均是针对加多宝的误导性宣传。尽管从理性角度看，加多宝的广告用语确实缺少正人君子的胸怀，但却借着二者之间的纠纷一直站上媒体头条，加多宝这个新的凉茶品牌迅速被人们接受。

相比之下，王老吉的发展似乎没有加多宝那样顺利。在近几年的广告领域中，王老吉相对于加多宝一直处于弱势状态，除了靠与加多宝"马拉松式"的诉讼新闻获得的关注外，并未有任何其他大的动作。王老吉一直以来打出的"历史品牌"也在加多宝强烈的冲击下淡出人们的视野，更在 2015 年 5 月爆出投毒事件的新闻，造成了一系列的负面影响。对王老吉来说，似乎保住自己公司的正版商标才是重点，然而却忽略了市场和消费者的需求，错过了重树品牌形象的良机，以致如今提起凉茶品牌人们多会想到加多宝而不是王老吉。

毕竟曾经把王老吉凉茶做到了市场第一，鸿运集团虽然丢了王老吉商标的使用权，但是原有的营销渠道却稳稳地握在手中。加多宝在市场营销方面毫不手软，2012 年《中国好声音》第一季开始，加多宝与好声音就成了"捆绑式"的合作伙伴。加多宝与浙江卫视"正宗+正版"的合作，缔造了娱乐界的传奇，同时也缔造了营销史上的一个奇迹，加多宝凭借《中国好声音》的完美营销，顺利实现了品牌的转换。《中国好声音》模式新颖，节目定位各个层面的观众，开播后关注度必然很高；而加多宝正处于"去王老吉"后的特殊时期，需要高曝光率增加品牌认知度，强化"加多宝就是原来的王老吉"这一印象。因此加多宝选择了"好声音"。诚然，无论加多宝是否能通过法律渠道拿到"正宗凉茶"的版权，它都已经成为了消费者心中凉茶饮品的代表。广药赢得了商标案之后，在品牌方面自然更胜一筹，但加多宝通过赞助《中国好声音》，已经达到了在消费者心中提升品牌认可度的目的。

无论是王老吉拿回商标版权，还是加多宝连输多场官司支付巨额赔偿，都无法掩盖加多宝公司在营销方面完胜王老吉的事实。加多宝团队始终利用诸多宣传渠道向大众证明自己品牌的正宗和十几年来为凉茶产业做出的努力，而舆论也确实越来越倾向于加多宝。而前期加多宝更是做出了将红罐凉茶改为金罐的决定，彻底脱离了大家对王老吉的印象，完成了"去王老吉"过程中至为关键的一步。

四、法商剖析

加多宝与王老吉案件，引发了很多关于商标制度方面的思考，二者的商标权之争不仅涉及后发商誉的归属等方面的问题，更给企业敲响一个商标运用战略的警钟，这同时也是一个提示企业要提前观察市场风险的警钟，法商管理告诉我们，在精通商业运营的过程中，也一定要把握行为规则。王老吉离开了鸿运集团至今尚未看到新的发展，而鸿运集团离开王老吉后却成功运作了一个新的加多宝，市场动荡不迭，我们也应当看到，无论是商标权还是运营能力，企业的软实力需要一系列资源组合和碰撞才能够激起火花。

（此文完成于最高法对此案最终判决之前，其分析思路仍有参考价值——作者注）

参考文献

[1] 郑成思. 知识产权论 [M]. 北京：法律出版社，2007.

　　［2］袁真富，苏和秦．商标战略管理：公司品牌的法务支持［M］．北京：知识产权出版社，2007．

　　［3］何轩，马骏，李胜文．企业竞合关系中企业家精神配置的双重均衡——基于广药与加多宝"王老吉"之争的案例研究［J］．管理学报，2014（7）．

　　［4］阿茹汗．终端不见踪影　同仁堂高价凉茶难打开市场［J］．中国食品，2016（16）．

第七章　创新创业

难以复制的 LinkedIn（领英）模式

LinkedIn 与 Facebook、Twitter 并称为美国三大社交网络，但相比其他两者的强社交关系属性，LinkedIn 更专注于商务领域，因此是个极为低调、用户群却丝毫不小的社交网站。LinkedIn 中文译为领英，从成立至今，成长之路看起来非常顺利：

LinkedIn（领英）成立于 2002 年，创始人先前为 PayPal 的执行副总裁。

2010 年用户突破 8000 万，企业数量超过 500 个。

2011 年用户突破 9000 万，覆盖全球 200 多个国家，并在 5 月于美国纳斯达克上市。

2016 年 LinkedIn（领英）以 262 亿美元被微软收购。

一、领英模式

LinkedIn（领英）到底是什么呢？根据其自身定位，其主要为商务人士提供职业身份、知识洞察、商业机会，具体而言，也就是商务人士在 LinkedIn（领英）完善资料信息作为简历，企业会在 LinkedIn（领英）发布需求，二者之间实现信息对接。听起来似乎与国内的智联招聘、58 同城等较为相似，其实不然，LinkedIn（领英）核心是为用户提供人脉功能，而人与人之间的人际关系被分为层级，LinkedIn（领英）只对每位用户开放三层以内的联系人资料，三层以外为付费服务。例如，A 认识 B，B 认识 C，C 又认识 D，这四个人就构成了三层关系网。尽管 A 不认识 C 或 D，但是他可以通过 LinkedIn（领英）查到这两个人的经历和联系方式，随时与 C 和 D 直接联系。但是 A 无法找到在三层以外的人，如 D 认识 E，LinkedIn（领英）则不对 A 开放 E 及更外层人的资料。①

---

① 杨扬. 第三代互联网盈利模式研究［D］. 长沙：湖南大学硕士学位论文，2008.

因此，LinkedIn（领英）实际上是以高端招聘为主营模式，拥有数百万个公司页面，七成以上财富 100 强公司入驻 LinkedIn（领英），世界 500 强也全数成为它的会员，搜索各种人士达到每年 20 亿次的规模。

从某种程度而言，LinkedIn（领英）的成功，尤其是高端招聘业务的快速发展，为国内职业社交网站的发展提供了很多启示。相比于传统社交网站，职业社交网站所需要的是首页简洁、不花哨，没有任何干扰职场因素的娱乐元素存在；以国内最大的职业社交网站天际网为例，其内页也与传统的娱乐社交网络完全不同，不含有各种娱乐与游戏类第三方应用，不会与工作、职场相冲突，取而代之的是一些工具性的组件，如活动、职场、群组等。

换言之，一个成功的职业社交网站需要的是"有用"，这是区别于普通社交网站的本质区别，也就是职业社交网站并不是用来打发闲暇时光的，人们只有在需要找工作、关注猎头的时候才会打开 LinkedIn（领英），而这也正是其关键价值所在。在 LinkedIn（领英），用户的使用时间长短意义并不大，能更好地达到用户使用的初衷，帮助用户求职、拓宽人脉等，才是职业社交网站的根本。这种职业化的网络，其设计令商界人士感觉很安全，而且将社交网络的概念最小化、精确化。就 LinkedIn（领英）而言，其实是通过职业社交网站针对个人品牌独家搭建三维坐标——经历、关系与技能，为用户提供最精准的职业对接服务。

二、LinkedIn（领英）模式在中国难以复制

尽管 LinkedIn（领英）在国外多个国家运营成功，但是到目前为止，LinkedIn（领英）进入中国尚不足 3 年，且在此之前，已有类似网站出现，如天际网、联络家和大街网等，但均未获得成功，其中最典型的莫过于美国土生土长的优士网。

早年，优士网希望率先将 LinkedIn（领英）模式带到中国的商务社交网站中，按照创始人的想法，在这个平台上，用户可以借助人脉找到自己想找的人，也能被别人找到，但不足两年便以失败告终。

与包括 LinkedIn（领英）在内的诸多商务社交网站一样，优士网等国内社交网站在架构人脉关系网络时采用的是六度人脉的社交理论，这个在 1960 年由美国心理学家 Stanley Milgram 提出的六度人脉理论认为，人与任何一个陌生人之间所间隔的人不会超过六个，只要愿意，最多通过六个人就能够认识世界上任何一

个陌生人。然而，LinkedIn（领英）所推行的那一套思路并不符合中国商务社交传统，也不能迎合中国用户的习惯。LinkedIn（领英）的用户群跟中国的用户是有差别的，统计显示，中国用户以18~35岁的年轻人为主，占总体用户的80%以上，用户的学历较高，大专以上学历的用户占总体用户的45%。这批人的人脉拓展意识和商务社交意识还没有形成。

在我国国内的大环境更像是"熟人社交"，也就是靠熟人办事，但国外并不如此。西方行业者线下商务网络活跃，由于不需要通过个人交情做生意，线下接触反而变得尤其重要，而且后续沟通中的电子邮件、语音留言是一种很符合商业礼节的沟通方式，LinkedIn（领英）恰恰让这个网络更活跃、更高效了，人脉层级的搭建让人们直接跨越了线下接触。中国用户则会把语音、电邮视为不够重要的商务接触，其本质在于对无论线上线下，直接找过来的商务合作内心缺乏信任与好感，更倾向于选择"靠谱"的朋友与同事介绍的关系。[1]

除了用户的差别，中国互联网的环境与国外不同。中国互联网很活跃，变化非常快，可能其他国家四五年才会发生的变化，在中国两年就会发生。两年的时间可以让很多公司失败，但是也能成就很多像小米和微信这样棒的公司和产品。同时中国互联网多少会有娱乐化的氛围，腾讯也成功地将娱乐和商务同时融进了各类产品中，很多小企业已经习惯用QQ来办公。如果硬搬LinkedIn（领英）的严肃、乏味的商务模式，本土的模仿者难免水土不服。

显然在中国这个市场，LinkedIn（领英）的经验不能完全照搬，LinkedIn（领英）强调商务人士之间的沟通与交流，而不强调求职的概念，这让更多的商务人士没有太多的顾忌去填写真实信息。而在国内，商务人士更需要的是职业相关服务而非社交，这也就是为何国内职业社交网站把重点定位于招聘而非商务社交的原因所在。

另外，对更多新生代求职者来说，他们也更青睐社交网络的求职方式。跑招聘会太累，在传统招聘网站广撒网，效果不明显。于是，微博求职、人脉推荐等网络招聘方法被他们接受。而且，确实有不少毕业生的工作是通过微博、社交网络平台找到的，校友、老乡、师兄师姐的推荐成为求职的利器。同时，越来越多的求职者表示，在多家国内传统招聘网站上求职的过程中，都遭遇过"虚假信

---

[1] LinkedIn 的招聘网站模式，中国是否可行？［EB/OL］.新浪网，http://tech.sina.com.cn/i/csj/2013-02-07/08528053624.shtml.

息"的轰炸，用户体验也日益变差。可以预见，中国的职业社交市场领域还在等待开发。包括优士网在内的众多社交招聘网站已经意识到了这些。优士网真正的问题是没有挖掘并且满足本土用户的需求，不管是从商务社交角度还是职业招聘角度——人脉和招聘往往是商务社交网站具备的两大并行元素。

事实上，LinkedIn（领英）在国外是一个整合资源的平台，每个人都可以通过商务社交来寻找自己想要的资源，正因为 LinkedIn（领英）率先发现了职业社交这一新兴市场，打造了以高端招聘为主的模式，也奠定了其在商务社交领域的地位，制定了规则使资源更好地进行配置。这种发展模式与法商管理的思想不谋而合，法商管理超越传统管理的新发现和新理念，从根本上来说，就是认为经济活动的价值不只是追求资源的有效配置，更关键的是基于什么样的"规则"进行资源配置。通俗地说，传统管理更善于在"整合资源"层面进行资源配置，而法商管理将其提升为"驾驭规则"层面的资源运筹。

当然，在中国想引入这种模式时，绝不能生搬硬套，因中国的社交环境和互联网环境与国外大不一样，要想将 LinkedIn（领英）模式成功引入中国，需要在模式的设计上更多地考虑"中国特色"，在"整合资源"的同时"驾驭规则"。

参考文献

［1］黄锴 . LinkedIn：用大数据颠覆招聘［J］. 21 世纪经济报道，2014（8）.

［2］冷明 . 雇主品牌时代来临［J］. 中国人力资源开发，2015（12）.

［3］彭剑锋 . 互联网时代的人力资源管理新思维［J］. 中国人力资源开发，2014（16）.

［4］孙泠 . LinkedIn 数据淘金［J］. IT 经理世界，2014（24）.

［5］杨扬 . 第三代互联网盈利模式研究［D］. 长沙：湖南大学硕士学位论文，2008.

天堂伞的成功与挑战

杭州有四大特产，西湖藕粉、杭州丝绸、西湖龙井、西湖绸伞。不过知道绸伞的人不多，而天堂伞却早已是无人不知、无人不晓。曾经在普通雨伞2块钱一把的时代，天堂伞就已经可以卖到7块钱一把，而人们当时的月收入不过50元左右，相当于现在3000元月薪的人心甘情愿地花400元买一把伞。

在我国，三折伞、防紫外线伞都是由天堂伞开发并推向市场的，自1980年创立至今，天堂伞可谓30年稳坐我国晴雨伞业老大地位，小小一把伞持有专利数超过200个，天堂伞是行业公认的技术权威和优秀领导者。如今，天堂伞出产的晴雨伞产量超过1亿把，销售总收入高达20亿元，销售收入连续23年保持行业首位，是当之无愧的行业龙头。

成功并不会无缘无故地降临，尤其是在竞争激烈的开放性市场，天堂伞是如何从地摊主成长为当今的伞业国王呢？在时代瞬息万变的背景下又是如何持续赢得市场地位的呢？我们借助法商思维来详细分析。

一、主动细分市场

市场具有多种需求主体，每个人都需要至少一把伞，但是不同的人偏好不同、使用场景不同，因而需要不同的伞来满足不同的用途和用户。因此，天堂伞丰富了晴雨伞的外形、种类、颜色、用途，使不同需求的人都可以找到符合需要的伞。

天堂伞在晴雨伞领域的市场细分策略是非常明显的，也可以说是第一个对国内伞产品进行多元化市场布局的企业。粗略统计，目前天堂伞推出的产品有直骨伞、折骨伞两大系列，直骨伞按照伞柄长短的不同共分为17个品种，折骨伞又从两折到五折共有220个品种[①]，每个品种又具有不同花色、不同风格、不同功

---

① 董莹. 杭州天堂伞线上线下整合营销策略研究 [D]. 杭州：浙江工业大学硕士学位论文，2015.

能，几乎完全覆盖了整个晴雨伞市场中所有消费群体，为这一人们生活中的必备品一下子增添了审美属性。

表 1 为天堂伞的主要产品。

表 1　天堂伞的主要产品

年龄	需求	产品开发策略
12 岁以下儿童	使用安全性、便捷性要求较高	直骨伞架，碰击布转印或丝印卡通图案配色：红色系的暖色调为主
12～25 岁女性	丰富多样，色彩各异，面料简洁大方，价位适中	55～57cm 缩折伞架，胶类
25～45 岁女性	有较强消费能力，个性化需求较高，强调产品档次，对面料装饰、纹面料绣花或中高档提花布绣花工艺、外包装有较高要求	52～59cm 缩折伞架，胶类、平纹绣花工艺，铅笔伞纤细，绣花伞精致
45 岁以上女性	色彩大方，面料装饰品质高，注重性价比	53～55cm 超轻缩折伞架，高档提花布绣花，手柄开发采用 UV 镶嵌配色工艺
25～45 岁男性	轻巧方便，商务型、休闲型产品，注重功能性开发	57～70cm 钢或超轻缩折/直骨伞架，碰击布、色织格等作伞面
45 岁以上男性	注重产品牢固、实用性及性价比	57～70cm 钢或超轻缩折/直骨伞架，伞面以碰击布、隐格为主

资料来源：根据天堂伞产品线整理。①

天堂伞的晴雨伞在初期物资匮乏的年代，仅有基本款式，改革开放后，依托杭州当地纺织业的行业基础，创新性地将花色丰富美丽的防水布料用于晴雨伞，一时间轰动市场，获得巨大成功。

后来，天堂伞改良伞的结构和造型，推出折叠伞，10 多年前折叠伞刚刚问世的时候市场售价几乎就与现今的雨伞价格相当，可见市场之火爆程度。

经历过技术创新后，天堂伞继续深度研发，从晴雨伞产品的用途和适用人群进行分割市场，针对商务人士推出商务用伞，针对年轻人推出轻快、活泼风格的晴雨伞，针对中年女性推出富丽华贵外形的阳伞，每一种需求、每一个年龄层次都能在天堂伞中找到对应的产品。

---

①　董莹. 杭州天堂伞线上线下整合营销策略研究 ［D］. 杭州：浙江工业大学硕士学位论文，2015.

二、差异化价格策略

上文提到，市场具有多种需求主体，除了对样式的需求多样化之外，对商品的档次也因人而异：有的人追求性价比高的商品，有的人追求质量好、耐用，而有的人比较注重品牌有档次、款式新颖、售后服务完善。针对市场这一需求，天堂伞的战略定位是多元化价格策略：分别针对不同价格敏感程度的消费群体设计高中低端价格的商品。[①]

产品多元化配合价格差异化，这个晴雨伞王国内的产品才算得上布局完整。天堂伞在针对不同类型顾客群体推出不同需求产品的基础上，差异化定价，不同产品对应消费群体的敏感程度不同，价格也不同，价格范围从低至高覆盖了绝大多数消费群体。

天堂伞的价格区间如表2所示。

表 2　天堂伞的价格区间

定价	目标群体	价格
乡镇配送	乡镇、农村	20 元以下
百姓人家	普通大众	20~30 元
缤纷校园	学生	20~30 元
轻巧迷你	年轻一族	25~50 元
都市淑女	20~30 岁都市女性	25~50 元
绿色科技	追求健康环保理念消费者	50~100 元
强力抗水	25 岁以上男性	30~100 元
知性典雅	35~45 岁白领	100~150 元
雍容华贵	35~45 岁高端女性	200 元以上

三、主动开拓线上业务

随着互联网时代的到来，许多实体店受到了冲击，也改变了市场中消费者与

[①] 邝志敏. 如何理解信息类商品的价格敏感？——浅谈差异化定价策略 [J]. 中国科技博览，2010（24）.

商家的互动规则，天堂伞也把握住了这一时代背景，将喜欢网购的线上消费群体也囊括进来，这一部分群体偏好同质量低价格、便利购物，因此天堂伞开始发展供应渠道内的线上代理商。具体而言，天堂伞的战略定位是：线上线下区别化策略，定制线上产品，主推主流产品。

天堂伞传统营销策略是以线下推广为主，走实体店路线，中低端产品进驻商超，高端优质产品开设实体店营销，时至今日，天堂伞几乎以每年 50 家经销商、100 家专卖店的速度进行扩张，实体店增速较快，而且在这一过程中销售渠道的铺设也在加速。这些分布在全国各地的专卖店均具备良好的线下销售能力，为天堂伞带来不可估量的线下销售收入，更为重要的是他们也为维护天堂品牌形象做出了较大贡献，使天堂产品形象更加深入人心。

线下扩张的同时，天堂伞将店铺开到了线上，进军电子商务，而线上店铺和线下店铺结合到一起，数量众多的实体店面作为公司线上销售的线下体验店，线上店铺则以推广销售为主。在线上店铺和营销网络设计中，天堂伞按照稳定的供应量、产品重要程度、技术进步能力、年度考评结果等综合评价因素，将各类供应商分为战略供应商、主要供应商和一般供应商。目前已与数家供应商建立了战略合作关系，同时公司拥有 30 家重点经销商。这些供应商、经销商与集团公司组成了稳定的供应链渠道，其稳定的来料供货质量、规模产能下的高品质产品及稳定的销售渠道，在如今假货横飞的电子商务领域中，为公司的线上平台建设打下了坚实基础。

针对线上线下产品可能产生冲突的问题，天堂伞采取差异化销售策略，使天堂伞避免线上平台与线下平台的交锋。天堂伞实体店主要经营高端产品，而线上平台定位于低价和潮流。

天堂伞的专卖店可以提供更全面的服务，以销售高端产品为基础，将实体店作为消费者体验的场所，从消费者处获得体验后的反馈。而在线上平台，推出针对年轻人购物特点的产品。具体措施包括：第一，不同渠道分品牌，即在实体店和网店提供不同品牌的产品，特别是打造一些网络专供品牌；第二，不同渠道分型号，即在线上和线下提供的产品型号不一致，从这一点出发，打造产品的差异化；第三，限时特卖，这在网上商城中是很多企业惯用的促销方法，也是吸引消费者进行网购的重要手段之一，线上卖过季商品，这个办法可以有效地帮助企业清理库存等；第四，根据产品档次和生命周期来区分销售渠道，高端耐用产品在实体店销售，低端产品在网上销售。

最终，天堂伞成功稳定了线上销售业务，其电子商务领域的销售业绩在主营业务收入中越来越高，晴雨伞市场地位依旧稳固。企业在做决策的时候，要进行理性的思考和分析，在互联网大趋势已来临的情况下，天堂伞临危不乱，改变自己的战略、重新整合资源去适应时代规则，法商管理的要求是既要学会整合资源，也要学会驾驭规则，从天堂伞的实践中我们可以看到，它利用互联网规则制定了"线上+线下"的战略，同时根据自身的情况对线上和线下商铺的销售重点进行区分，可以说是一次成功的法商管理思维的实践。

尽管如此，天堂伞仍要居安思危应对新的市场竞争。前两年突然火了一把的"小黑伞"成为晴雨伞领域的一匹黑马，一年销售1亿元，从天堂伞这个市场老大跟前虎口夺食，争夺年轻群体市场。实际上，在年轻女性群体市场中，天堂伞的表现尤为糟糕，不仅可供挑选的款式少，潜在客户对天堂伞的了解也大大缺乏，在该领域市场上销售额低、市场份额不足，这已经是一个非常严峻的警示，失去现在的青年市场意味着失去未来的中年市场，这是天堂伞发展至今最大的危机。天堂伞还需继续对市场进行观察，把控市场风险，识别竞争对手，才能使自己的市场领先地位持续下去。

参考文献

［1］虞镇国，何敏．创新、品牌和销售网络——杭州天堂伞业集团成长的案例研究［J］．科研管理，2005（1）.

［2］董莹．杭州天堂伞线上线下整合营销策略研究［D］．杭州：浙江工业大学硕士学位论文，2015.

［3］邝志敏．如何理解信息类商品的价格敏感？——浅谈差异化定价策略［J］．中国科技博览，2010（24）.

生鲜电商的营销创新

  很多年前我国就出现了一批用互联网思维来做生鲜的试水者，可是这么多年过去了，生鲜电商也不再是什么新鲜词汇，用电商模式来卖生鲜的成功案例却寥寥无几，一个个创业者加入生鲜电商这片红海中，却接连被巨浪拍死在沙滩上，没有一个弄潮儿真正颠覆了生鲜行业，甚至连能够对市场产生一定影响力的企业都尚未出现，探其根本，是没有把握住生鲜电商市场的规则。理论上，一切生鲜农产品都可以做电商，但实际上只有附加值相对较高的产品才会受欢迎，如进口产品、高端蔬果，或者大众粮油商品中地域特色较强的土特产，如高邮咸鸭蛋、五常大米等。普通的大众商品如果做网络零售，溢价空间较差，可替代性强，利润驱动能力较弱。比如在淘宝平台上，普通大米的经营户销量有限且难以为继，只有五常大米、泰国香米的溢价空间才足以支撑起网店。① 道理是通行的，在生鲜电商领域也是有效的，而当下，我们看到的生鲜电商成功案例往往是一些小而美的区域性品牌，大规模、大市场份额的生鲜电商企业还未出现，或许当前生鲜电商领域市场还未统一，未来的竞争格局还会有大变化。

  作为新兴行业，生鲜电商在品牌营销策略方面拥有非常明显的典型特征，这些特征既包含传统的成熟生鲜行业所有的特点，同时又因电商运营而区别于传统的生鲜零售。尽管供应链管理、产品标准化、信任危机、冷链物流等因素时时挑战着生鲜电商行业的发展，但适合的品牌营销策略能在之中起到相当重要的化解与推动作用，作为行业先行者的易果生鲜、多利农庄、田头批和本来生活等，他们的初期努力无疑是对行业发展的有益探索，对本行业的发展乃至其他行业都有宝贵的参考价值。

---

① 金薇薇.试析生鲜电商的品牌营销策略——以"多利农庄"等为例 [J]. 南京艺术学院学报（美术与设计版），2015（3）.

一、生鲜电商的发展阶段

第一阶段：2005~2012 年——崭露头角

2005 年，易果生鲜成立，在生鲜电商领域开始了第一波发力。2008 年，乐康问世，其主营业务集中于有机生鲜，瞄准小众目标消费者。与此同时，国内媒体对多件食品安全事件进行报道，使人们开始注重食品健康与安全，高质量的有机食品的市场需求份额开始快速上升。2009 年，锁定外籍消费者的上海莆田网、菜管家正式成立。2010 年，沱沱工社和优菜网开始运营。随着生鲜电商的不断发展，生鲜产品供给逐渐超过市场真实需求，在 2012 年初，生鲜电商开始放慢扩张步伐。①

第二阶段：2012~2013 年——规模化发展

受到早期涌入生鲜电商行业资本的影响，行业泡沫也在不断积聚，不少网站在这次泡沫浪潮中陷入了经营困境，电商大头开始进行一系列的扩张和并购。2012 年 5 月，顺丰速运旗下食品电商"顺丰优选"正式上线；6 月初，全球 B2C 电商巨头亚马逊中国公司引入一家在传统海鲜领域有 20 年大酒店供应经验的公司"鲜码头"，开始售卖海鲜产品；6 月，阿里巴巴旗下淘宝网生态农业频道上线；7 月，京东商城宣布推出食品生鲜频道。与此同时，2012 年底本来生活网因为"褚橙进京"及"京城荔战"事件成功的营销效果，博得了诸多眼球，大火一时。

第三阶段：2013 年至今——全新转变

目前，国内主流生鲜电商行业基本由生鲜大头占领，中粮我买网、一米鲜、爱鲜蜂、天天果园在发展速度上遥遥领先，原有的生鲜大头如沱沱工社、本来生活网等也在保持匀速增长，易果生鲜正在跨越式赶超。伴随互联网营销技术、大数据分析能力的不断提升，生鲜电商行业将能从根植的沃土中挖掘更多利好。

二、生鲜电商营销模式探寻

（一）概念营销

"生鲜+互联网"一结合，就出来了生鲜电商这一概念，追求这一消费的客

---

① 赵冕.生鲜产品电子商务模式研究［D］.青岛：中国海洋大学硕士学位论文，2015.

241

户群往往追求商品品质，对价格不敏感，面对这部分客户群的战略定位就应当是：差异化营销，精准定位客户群，质量领先战略。

概念营销是生鲜电商市场策略的集中体现，概念营销并不能简单地移植，永辉超市的失利便是一个教训。2013 年永辉超市推出"半边天"生鲜电商，在当时因其丰富的线下销售经验被看好，从行业背景上看，永辉超市是中国第一家将生鲜产品引入现代超市的流通企业，在 16 个省市已经建立有超过 300 家大中型超市，具备一整套的全国性生鲜产品采购与配送体系。永辉计划利用线下经营生鲜产品的经验和供应链体系移植于电子商务，然而线下运营模式的成功经验并不能完全复制于线上，因为生鲜电商要面对的顾客、产品、诉求、消费体验已大不相同，果然仅仅数月"半边天"便宣布下线。"半边天"失败的原因就是没有区分超市顾客和电商消费群体的差异性和诉求，将线下的运营规则生搬硬套到线上，而不是去探寻线上运营的真正规则到底是什么，不能提供比超市更好的购物体验，其模式也难以支撑高昂的物流费用。其实永辉超市并不是第一个尝试电商的传统零售商，在更早之前的华润万家、美廉美和卜蜂莲花等都先后尝试过线上业务，但都落败而归。[①]

这里不得不谈到两个小而美的案例。一是源自上海金山地区的生鲜电商——田头批，其创始人高明倡导的营销概念是"缩短田头与餐桌的'特供'距离，为市场提供新型、安心、健康、养生的农产品"，这无疑点中了当前食品安全的要害：以特供概念明示产品供应体系的可靠性和安全性，拉开来自普通渠道的产品的质量差距；同时特供产品也意味着从田头到家门口的物流宅配系统的支持；而田头批主推的新型、养生、功能型的稀有蔬菜品种，也只有通过其特供渠道才能使消费者享用到，满足了中国消费者崇尚尊贵专享的消费心理，可谓"一语三关"。

二是从北京起家的本来生活网，其所倡导的"让生活原汁原味"的营销概念将自己定位于中国家庭的优质生鲜购物平台，售卖的生鲜产品也以优质、高端、纯粹的质量特点，区别于线上的农贸市场。为了保证货源的质量，本来生活网的买手团队精选优质供应基地，剔除中间环节，实现基地直供。围绕生活方式的定位，本来生活网推出了食物故事，以媒体人的思路述说食物的前世今生；同

① 金薇薇. 试析生鲜电商的品牌营销策略——以"多利农庄"等为例 [J]. 南京艺术学院学报（美术与设计版），2015（3）.

242

时完善服务体系，在部分地区推出"每日鲜"计划，挑战生鲜电商的新鲜极限；在炎热的夏季，将一天送一次货改为一天两次，尽量减少食品在运输途中的时间，给予用户更好的体验。①

（二）体验营销

在上面我们可以知道，通常使用生鲜电商的客户群是追求生活品质、产品质量的有闲阶级，对价格不敏感，生活品质要求高。在平时我们挑选生鲜产品的时候，往往希望眼见为实，亲手触摸到生鲜产品来挑选到自己满意的，但是在电商商城中，消费者无法亲眼看到生鲜产品，针对这一需求，不少生鲜电商推出了体验式营销，使客户眼见为实，从而对产品质量和价格产生信任。

除此之外，生鲜领域消费者已经被线下渠道产品的不良"展示"手段所绑架，如橙子要打蜡"品相"才好，生姜只有浸泡了硫磺后才显得鲜嫩透亮，黄瓜要顶花带刺、要颜色浅且鲜艳等。而原生态的橙子反而因为"品相"不好而受冷遇，因此如何打破原有的消费理念是生鲜电商面临的首要难题。

因此，如何完善消费者的体验及诉求，体验营销被推到了核心位置。在这方面以多利农庄、田头批、沱沱工社为代表的基地型生鲜电商占尽优势，以"多利农庄"为例，其强大的营销团队常态性地组织一些主题活动，如学校第二课堂、养身健康讲座、新品发布和品鉴会等，邀请客户到农场参观、了解生产流程、体验种菜过程、尝试新品，在建立信任感的同时体验感也得到了满足。用其市场总监茅亮的话来说，很多到多利农庄体验过的人会立马掏钱订菜，成为会员。同样是体验营销，立足上海金山的田头批在初创阶段便提出了积极打造"低碳农业观光示范体验"及"都市休闲农业采摘示范基地"的概念，建立起从农业专家顾问、休闲农庄、生产过程、观光采摘、合作门店与酒店直至售后跟踪的客户体验链和营销支持体系，一体化运作，弥补电子商务体验面的欠缺，建立客户的信任感，以力图彻底解决"信任危机"。同时作为消费品，普通与高端之间还有一项重要的差异，即普通菜品满足的是基本生活需求，而高端售卖的则是一种生活方式，尤其对一些喜欢追求品质或小资情调的消费者来说则更乐于去尝试，体验营销在其中的价值不言而喻。

① 金薇薇.试析生鲜电商的品牌营销策略——以"多利农庄"等为例 [J].南京艺术学院学报（美术与设计版），2015（3）.

事实上，在法商管理中，这样的体验营销其实就是一种权益营销。从管理学的思维看，追求资源配置效率最大化是管理工作的根本；而从法律的思维看，一切活动的基本前提和价值在于能否保证公平的权益安排及分享。但从法商管理思维看，任何的管理决策既要追求效率的目标又要维护公平的关系，这样的资源配置、权益安排和经营模式才是最为安全并能够持续发展的。生鲜电商若能充分考虑到消费者的权益，以消费者的权益为先，为消费者考虑，采取权益营销的方式建立与消费者的联系，增强消费者对自身的信任感，那么生鲜电商才有可能持续经营下去。

参考文献

［1］肖芳. 解析生鲜电商四种模式［J］. 互联网周刊，2013（9）.

［2］钟国东. 生鲜电子商务流通中存在的问题及对策研究［J］. 农村经济与科技，2017（5）.

［3］储萌，张宝明. 我国生鲜电商发展现状以及趋势［J］. 电子商务，2015（12）.

［4］金薇薇. 试析生鲜电商的品牌营销策略——以"多利农庄"等为例［J］. 南京艺术学院学报（美术与设计版），2015（3）.

［5］赵冕. 生鲜产品电子商务模式研究［D］. 青岛：中国海洋大学硕士学位论文，2015.

演唱会与资本也玩跨界思维

——演唱会私募产品的风险与收益思考

一、事件

2017 年 2 月 17 日，一篇名为《张学友演唱会 100 万起投，你敢买吗?》的自媒体文章在网上疯传，竟然有金融机构将歌神张学友的演唱会做成了私募基金拿出来卖! 投资标的主要是张学友演唱会的三场: 贵阳站两场、大连站一场。

据了解，张学友演唱会的私募基金名为"中融汇兴——悦融乐享 8 号私募基金"，募集基金总额为 1840 万元，基金期限（12+6）个月，投资起点为 100 万元，以 10 万元整数倍的幅度递增。文章资料显示，中融信托此次融资的 1840 万元占整个项目投资的 30%，另外的 70% 属于北京动起来传媒，也就是说整个项目的融资额大约在 6133 万元。并且，该基金产品没有明确收益，属于浮动盈利基金，具体的收益分配情况如表 1 所示。

表 1　基金的收益分配情况

年化收益率	收益归属
8%	100%归基金份额持有人
8%~20%	70%归基金份额持有人，30%归基金管理人
>20%	50%归基金份额持有人，50%归基金管理人

该文宣称，张学友贵阳的两场演唱会分别定在了 2017 年 6 月 3 日和 4 日，现场有 4.6 万个座位，而大连场则定在了 2017 年 7 月 8 日，现场有 4.8 万个座位。还表示只要这三场演唱会的上座率超过 55%，该基金就会盈利，否则就会亏本。上座率 100%，该基金盈利率为 49%，如果上座率在 80%，盈利率则为

34%。言下之意，每场演唱会要至少 26000 人买票才不会亏本。

然而，私募本身的性质决定了这只基金不能面向普通民众发售，也不能进行大规模公开宣传。发行方"聪明"的地方在于，搭上了张学友本人知名度的顺风车，加上"演唱会私募产品"这样的新型产品的噱头，尚未成立便已经着实火了一把。尽管 100 万元的起投金额将绝大部分歌手粉丝拒之门外，但这的确是一款建立在"粉丝经济"基础上的产品，因为其唯一的收益就来源于演唱会门票。如果真的发行成功，那么投资人所押注的一定是歌手本身的强大号召力和粉丝的消费能力。

二、风险漫谈

张学友演唱会私募基金的消息传出后很快引起了圈内的极大关注，都对"演唱会理财产品"这种新鲜的投资模式感到好奇。但中融信托相关负责人在接受媒体采访时表示，此只基金准确地说还并没有发行，只是在筹备当中。不过中融汇兴此前的确也发行过相关基金项目，该公司副总裁胡娟红透露，目前已发行的有悦融乐享系列产品，全部投向音乐和现场演出。其中 2015 年，该基金还投资了韩国团体 Big Bang 的演唱会，并最终实现了较高收益。据胡娟红透露，悦融乐享 2 号产品存续期 6 个月，为投资人创造了年化 10% 的非浮动收益，其后发行的悦融乐享系列项目均为浮动收益，给投资人创造了很大的获益空间。

此次作为投资标的的三场演唱会分别是贵阳的两场和大连的一场，这两个城市的消费能力不及东南沿海地区，也不是明星举办演唱会最常去的目标城市，跟北上广深相比，票房的不确定性更大。因此，投资方是处于资金筹集压力过大而选择发行私募基金的情况，还是为了最大限度地分散票房风险，我们不得而知。但是就目前演唱会市场和资本市场看来，至少具有以下风险。

从资金筹集的规模和效率来说，私募是否是演唱会资金筹集的最佳形式，还有待市场检验。演唱会私募基金实际上是一种债权投资，它不像是股权一环扣一环，演出市场各个环节没有形成闭环，所以各个环节很容易出现风险点，就算直到演唱会当晚，中间都会存在变数。在中国众多的演出商中，还存在不少骗子，因为一开始一场演唱会几家演出商都给经纪公司交定金，这些演出商一旦交了定金他们就要对外发声说自己拿到了承办权，这时候他们就开始往下分包，最后只有一家能拿到承办权，有的讲信誉的演出商会把钱退回去，但是有的演出商就直接卷钱跑路了。除此之外，目前的演唱会市场鱼龙混杂，将其打造成金融产品时，能否满足相应的信息披露条件与监管规定，对于基金发行方来说也是一种挑战。

从演唱会的盈利能力来说，演唱会是否能赚钱是未知，投资演唱会的风险很大。事实上，真正能够赚钱的演唱会凤毛麟角，极其考验歌手的市场号召力，除非是顶级大腕儿，其他都是靠赞助，为了冠名宣传企业，相当于做了一回广告。毕竟演唱会市场的不可控因素太多，例如，演出艺人自身的曝光量、宣传的配合度、演唱会的场次、艺人本身在演唱会区域的影响力、市场化运营水平等，很多时候只有到演唱会的最后阶段才知道是赔是赚。汪峰前两年在重庆奥体开过个人演唱会，场地能容纳三四万人，开票后前期一直卖不动，主办方愁得不行，没想到最后一个月票全部卖光；几年前刚录完《我是歌手》的 A-lin 也是，当时的人气相当不错，但是在重庆站演出的票房很尴尬。业内人士透露，要做一场能够成功盈利的演唱会，必须做到两点：一是艺人要靠谱，二是要有极其严格的成本控制。而现在国内演出市场主要集中在 40 岁以下的人群，演出市场并不景气。

从演唱会的投入与收入来说，投入已知收入却是未知。演唱会的收入结构存在太多不可控的因素，如演出票房、广告赞助等，但是前期投入的钱却是实打实的，这是关系不对等。演出行业是一种个性化、非产业化的行业，有的赞助是拿资源换来的，有时候场馆可能也是资源换的，举个例子，一场演唱会中要跟当地的安全和消防部门打通关系，否则演唱会的场地就会申请不下来。而打通当地关系，演出公司有时候只能去找当地的"地头蛇"，不仅效率高而且变数也少。所以很多时候，即便某一家演出商拿到主办权，但是真正落地到一个城市的时候还要跟当地演出商合作，因为当地演出商能够把当地的各种关系摆平。对"演唱会项目"来说，投资前一定要了解项目本身的风险，特别是在账面上表现不出来的，而且很多资金出口也不明确。

除了这些之外，演唱会市场还有一些不可控因素：一是演出商能否约到场馆，要了解场馆费用是否付完；二是票务情况，要知道多少票通过票务平台售出，多少票通过黄牛售出；三是清楚结算周期是怎么样的，结算的时候二道贩子的钱如何控制；四是演唱会赞助的费用到底是多少等。因此，除了演唱会是谁来唱，规避风险是很多基金最终能否收回成本乃至盈利的很重要的操作，这其中的招数说白了就是控制钱的进口和出口。

三、法商管理中的跨界思维

文化产业已经成为众多资本竞相投资的领域，当很多人持续关注票房不断高涨的电影领域的同时，还有部分资本将目光瞄向了演唱会市场，推出了信托、基金等金融产品，同样获得不小的收益。这其实就是文化市场与资本市场跨界交叉融合的结果，其是法商管理正式跨界思维下得出的硕果，它将商业中注重"收益""效率"与法律中注重"规则""公平"结合起来，正是商科和法学相互交融的复合型思想。从上文的分析看，投资演唱会具有种种的风险，因此要从法商管理的角度来分析对演唱会市场的投资，一是要保证收益性，二是要做到安全性。

现在在演唱会市场的投资方向大致可分为两部分：一是演唱会项目，由联合体共同投资，以演出公司的名义作为主办方，负责演唱会全流程运营。① 二是票务总代理项目，同样由联合体共同投资，演出公司作为主体承接各种演出或体育赛事的票务总代理，按所销售门票的收入收取一定比例的票务代理费用。

在业内人士看来，尽管目前文化产业投资分外火爆，但对投资机构的专业能力和风险控制能力要求也比较高。众多金融产品在介入演唱会领域时尽管较多关注一线知名艺人的演唱会，从而保证票房收入，但在投资前也要考虑到演唱会潜在的突发情况所带来的投资风险。具体到操作层面，需要进行全面的尽职调查，包括合作方的操作能力、过往业绩、业内资源、可控性等。

投资者在筛选投向演唱会的金融产品时，选择有相关投资经验的大型金融机构所运作的产品，在安全性和收益性上更有优势。

法商管理认为的未来企业要发展，跨界经营将成为一种常态，跨界竞争势必会让原有的商业秩序进行重新洗牌，掀起一场卡位战。跨界的原因一方面基于自身主营业务发展需求，扩容产业生态圈，丰富产业链条，使盈利保持稳定发展；另一方面，随着行业竞争日益激烈，进入一个新领域可以促进企业转型升级，开辟新的利润增长点。

从企业层面看，企业主要借助已经形成的规模优势，依托技术、平台或逐步

---

① 这些年错过好几亿？演唱会投资这样赚钱［EB/OL］. 信和财富，http：//www.023touzi.com/3502.html.

积累的资本、品牌等资源，多元领域中寻求新的成长空间，争取新一轮跨越发展。从个人层面讲，跨界思维涉及多行业、多领域、多文化，所以更具有综合性，需要实现由多到一的融合创新。在这个前提下，对跨界思维者的要求就会更高，他们必须具备多行业、多文化、多领域的营销策划能力，能够将各个市场的规则熟练运用，这样才既能做到高收益，又能保证财富安全持续地增长。

　　事实上，对跨界的企业来说，多元经营并不是什么难事，只要下定决心就能做到，真正的难点在于，进入新领域后如何持续地赚到钱，法商管理的思维要求在转型过程中应当注意把控市场的风险，不能一味地跟风进入一些陌生的领域，而应在熟悉原本领域和新领域的市场规则后，充分考虑如何将新版块与旧业并驾齐驱，用"两条腿"走路的方式规避不同板块业务中的风险。

参考文献

张宏伟. 房企分化将上演"龙争虎斗"［J］. 中国房地产（市场版），2014（2）.

"三只松鼠" 畅销的秘籍

电商为我国创业者带来了一种新的淘金方式，10 年电商的高速发展期培育了诸多本土电商品牌。没有电商以前，人们似乎只有在过年的时候才去农贸市场大规模采购坚果，商超里的坚果在平时很少有人问津。而有了电商以后，时不时想吃坚果的人似乎变多了，平时购买坚果的频率也大幅增高。电商的出现带来我国坚果行业的一个快速成长期，这一阶段，出现了三只松鼠、百草味、楼兰蜜语、西域美农等优秀的营销案例。今天我们单独列出三只松鼠来做剖析。

三只松鼠为安徽三只松鼠电子商务有限公司的品牌店铺，店铺于 2012 年在淘宝开业，2013 年销售额达到 3 亿元，2014 年销售额突破了 10 亿元。"三只松鼠"运用互联网思维经营食品品牌，打造了一种全新的坚果销售方式，并取得了全网坚果销量第一的销售成绩[①]，至 2016 年销售额达到 55 亿元，客单价 80 元，毛利率高达 41%，用互联网思维方式做坚果，可谓是非常成功的案例。

三只松鼠的创始人章燎原曾经通过电商卖山核桃，小小的山核桃一年达到 2000 万元的营业收入，非常了不起。正是因为有了之前山核桃的成功经验，章燎原才萌生了通过电商做坚果的念头，于是经过一系列策划，有了后来的三只松鼠。在规划中，三只松鼠不再只卖山核桃，而是主打非过度加工的坚果、花茶、干果、粗粮等品类，章燎原要做的实际上是产业链条的疏通，通过寻找最优质的产品产地，经过包装策划，在互联网上进行销售，三只松鼠的商业模式因此创立。三只松鼠凭借模式创新、产品创新和服务创新成功开拓了一片新的市场，可谓创新创业领域的优秀案例。

一、新颖的品牌形象

三只松鼠的品牌形象可以说是做得非常到位。通过三只松鼠的卡通人物来赋

---

① 汤飚. "三只松鼠" 萌营销探究 [J]. 新余学院学报，2016 (1).

予企业文化形象,让人们很快就会记住这个卡通标志。松鼠老爹章燎原以三只各具风格的松鼠:鼠小贱、鼠小酷和鼠小美代言不同种类的零食,每只松鼠代言不同种类的产品,而且每只松鼠都有自己可爱萌动的名字、星座和鲜明的性格①。以浓郁的动漫系风格装扮网站界面,处处充满森林的气息,给客户难忘的视觉体验。三只松鼠还将卡通形象印在包装盒、产品包装袋、附赠品、宣传单等上面,加深顾客对三只松鼠的印象,让品牌形象深入人心(三只松鼠品牌形象具体见表1)。②

表1　三只松鼠的品牌形象

鼠名	代表产品	星座	个性
鼠小贱	坚果类	处女座	喜欢唱歌街舞混搭风;吃得了美食也吃得了苦,耍得了贱也耍得了深沉
鼠小美	花茶类	双鱼座	温柔娴静、美丽大方、喜欢甜食
鼠小酷	干果类	天蝎座	拥有知性气息的新一代男神;带给你知性问候和贴心关怀的暖男

二、"森林食品"——概念创新

"三只松鼠"定位于森林食品,率先提出了森林食品这一概念,建立起消费过程的情感体验。在三只松鼠店铺,消费者下单购买产品被叫做"领养一只鼠小箱"。三只松鼠的包装箱也与众不同,动漫色彩,双层包装,突出松鼠形象,专门为顾客"主人"递送一种叫做"鼠小箱"的包裹。在电商领域,包裹贴有验收提醒、为顾客发送短信早已不是什么新鲜的服务方式,但是三只松鼠结合自身的形象,设计出一些别出心裁的提示语,如包装箱外面写着"主人,开启包装前仔细检查噢""超级感谢为松鼠星球运送美食的快递哥哥们,你们辛苦了,如果您也想尝尝美食,就快快来松鼠家吧",在包裹递出时会发信息给顾客,如"主人,鼠小箱已穿戴整齐,快马加鞭向您狂奔而来哦,耐心等下哟"。这种品牌形象的素质和强化在前几年实属服务创新,初期极大地增加了企业的亲和力。

---

① 金玉环.坚果电商三只松鼠崛起之浅析[J].内蒙古科技与经济,2013(23).
② 汤飚."三只松鼠"萌营销探究[J].新余学院学报,2016(1).

三、包装创新

"三只松鼠"的包装箱以原木色为主色调，并印有松鼠的笑脸，箱子下角还配有"主人，快抱我回家"的对话框，给人一种大自然寄来的包裹的感觉。打开包装箱，里面每一袋食品都用牛皮纸袋独立包装，而且不同的食品，包装袋上的松鼠漫画形象也不同。不仅如此，包装箱内还配有服务卡、果壳袋、湿巾、食品夹，基于用户体验至上的所有配备一应俱全。①

同时，三只松鼠的包装改变以往坚果类按市斤买卖的方式，以往人们去买坚果都是称出需要的分类，而三只松鼠在网上营销，不在用称的方式，而是直接卖成品包装的分量，每包 200g 左右，刚好是一次吃完的分量，用一包一包按分量卖，不仅便利，而且非常具有新意，吸引顾客。

四、物流创新

三只松鼠并非自产自销，其本质应当归属于商贸销售，三只松鼠在全国有百余家原产地供应商，主要通过全国各地采购成品，通过包装销售来支持店铺业务。三只松鼠目前在国内已开通广州、芜湖、北京、成都四大仓库，是全国首家提供当日发，分仓地当日达、周边省市次日达的极速物流体验食品电商。发货、到货速度的快慢是用户进行网上购物满意度的重要因素，因此强大的物流体系使三只松鼠更具人气。在云数据和物联网成熟后，三只松鼠打通了一条产品与客户间的链条，让客户能够轻松了解产品在生长、生产、销售运输的每一个环节。消费者在购买了三只松鼠的产品后，只要用手机扫描二维码或可追溯码，即可获得两条链条的信息，一是食品安全，二是用户体验。用户通过下载三只松鼠的可追溯系统 APP"松鼠星球"，也可查明产品的来源、加工过程、质量检测情况和订单信息的实时追踪。

五、服务创新

电子商务服务质量近几年有了非常大的突破，优秀的电商在运营和服务各个

---

① 刘美玲. 互联网思维下的电商营销策略分析——以"三只松鼠"为例 [J]. 新闻研究导刊, 2016 (11).

环节一直在创新。在这方面，三只松鼠也为服务创新做出了推进。电商当中，网上客服人员的在线时间、服务态度和问题的解决能力都会影响顾客的满意度，因而三只松鼠为每一位客服人员都以"鼠"字开头的名字，塑造更为生动活泼的松鼠文化形象。同时根据不同时间段的客流量安排需要的人员数量，保证 24 小时在线服务。客服沟通过程中卖萌、亲热，有问速答，充分体现了其以客户为中心的经营理念。此外，三只松鼠的包装服务也是细致入微，不仅会提供开果器，还会考虑到产品的不同特点提供湿巾、纸质垃圾袋、封口夹、开口器等确保食用方便，在刚刚推出之时，这种贴心设计国内零食零售领域也可称作创新之举。此外还有试吃包让客户体验产品，提供松鼠形象的精美钥匙扣赠品，带给消费者附加价值的同时还进行了宣传。

六、"三只松鼠"案例法商分析

2017 年 4 月，休闲零食品牌"三只松鼠"正式提交上市招股说明书（以下简称"招股书"），拟登陆创业板。至此，天猫第一零食品牌正式准备上市。

总结来看，三只松鼠案例是一个有策划、有预谋的成功，三只松鼠实际上承担的是一个集中采购和销售的角色，市场上的坚果供应商千千万，坚果销售商更是数不胜数，为何只有三只松鼠成功了呢？想必这不是偶然的。

三只松鼠在战略定位方面极具创新性，虽然同样是做坚果商贸，粗线条的业务流程仍然是坚果的采购和分销，但是其中每一个环节都在寻求差异化，从品牌形象的塑造、产品客户群的建立和产品包装及服务，处处别出心裁，单从差异化战略角度，三只松鼠就极具市场借鉴价值。通过前期大量的广告宣传造势和品牌形象的深化，加上自身拥有性价比很高的产品，凭借独特的贴心化服务，突出与竞争对手的差异化，来创造良好的口碑，再利用网络上的回单好评来进行二次宣传。如此循环反复来达到井喷式的营销效果。差异化的东西更容易打出一片天地，三只松鼠正是凭借对口的创新，正中目标市场人群的下怀，在对的时间、利用对的方式做出对的事情。在互联网尤其是移动互联网不断普及、网络购物迅速发展的背景下，公司紧紧抓住电商行业的增长机遇，并结合休闲食品行业的发展特点，对业务模式及产品组合进行积极的探索和创新，建立了重度垂直的休闲食品研发、采购、检测、分装及以互联网渠道为核心的经营模式。凭借深入人心的品牌形象和品牌文化、多元化的优质产品组合、快捷高效的线上销售模式、细致贴心的服务体验及贯穿产业链各环节的信息系统，三只松鼠已经发展成为休闲食品领域内最具竞争力和影响力的企业之一。

从权益主体来看，公司自创立之初即定位于通过互联网渠道为消费者提供健康优质的休闲食品，坚持"以客户为主人"的企业价值观，从品牌、品质、服务、速度等方面着力提升消费体验。三只松鼠的精准定位不仅实现了客户群体的精准对接，准确找到了坚果消费者的消费需求，还做到了内外部权益的统一。三只松鼠营销链条上的每一个环节、每一个参与者无不受益，从前方的供应商到中间的包装与物流单位，以及后方的服务方在每年销售额快速增长中，均实现了非常高的收益。公司基于自身出色的产品创新能力及对消费者需求的把握能力，不断完善产品布局，形成了覆盖坚果、干果、果干、花茶及零食五大主要门类的休闲食品组合，并在各个细分门类奠定了领先优势。其中，在坚果产品方面，"三只松鼠"已经成为行业旗舰品牌，公司推出的自有品牌碧根果、夏威夷果、山核桃等是消费者选购坚果炒货类产品的首选。在干果、果干及花茶类产品领域，公司围绕消费者的健康生活主旨，推出多款果干及茶叶冲饮产品，获得消费者青睐，成为推动公司销售增长的重要品类。此外，公司充分挖掘市场需求及消费者喜好，凭借对消费者口味的准确把握，于 2014 年从坚果等优势领域拓展至更广阔的零食市场，并取得了良好的业绩表现。截至 2017 年 3 月，公司自有品牌产品的单品数量已达约 200 款。

同时，从公平思维来看，公司始终将食品质量安全视为业务运营的重中之重，从制度、硬件及人员等各方面建立了全面的质量控制体系，包括制定严格的供应商开发管理流程、原料入厂检验制度及驻厂质控人员制度等，并专门成立了专业质量检测机构对原料及产品实行全方位检验，保障出厂产品质量安全。公司还通过云质量信息化平台，对原料入厂检测、仓储、生产、物流、消费者反馈等环节进行全过程追溯，对潜在薄弱环节进行追踪和改善。

2015 年 7 月，三只松鼠上线自营手机 APP。截至 2016 年 12 月 31 日，按用户 ID 计算，三只松鼠于第三方在线商城、自营手机 APP 等渠道合计的累计购买用户数已超过 3800 万人，其中购买两次及以上的用户超过 1350 万人。重复购买率超过 35%。显示了公司通过各途径向消费者提供优质休闲食品的渠道优势和突出的客户黏性。同时显示了客户对三只松鼠兼顾效率和公平的认可度。

从更深远的角度来看，三只松鼠创新的营销案例实际上是推进了我国电商行业的发展，当人们在分析三只松鼠成功的原因的时候，实际上是在进行一场头脑风暴，每一个电商参与者都可以从三只松鼠身上看到各个环节的创新和实践效果，这也是为何后来电商领域又出现了诸多个优秀的坚果销售店铺，以及后续层出不穷的电商创新营销案例。

参考文献

［1］中国注册会计师协会．公司战略与风险管理［M］.北京：经济科学出版社，2016.

［2］金玉环．坚果电商三只松鼠崛起之浅析［J］.内蒙古科技与经济，2013（23）.

［3］汤飚．"三只松鼠"萌营销探究［J］.新余学院学报，2016（1）.

［4］刘美玲．互联网思维下的电商营销策略分析——以"三只松鼠"为例［J］.新闻研究导刊，2016（11）.

Netflix：勇敢的颠覆者

　　政治大剧《纸牌屋》再过几个月就会回归，这一极具创新性的美剧自第一季开始便火爆开播。《纸牌屋》片头短暂的一秒钟会闪过 Netflix 的 logo 画面，除此之外欧美热播剧《西部世界》等也会在片头出现同一个 logo 画面。如果不了解 Netflix，很容易会认为画面 logo 是剧集的出品方，而实际上 Netflix 是个发行方，而且是个成功借助大数据掘金的发行方。或许很多人以为 Netflix 是美国传统传媒公司，其实不然，Netflix 是一家非常具有颠覆性的创新媒体公司。

　　Netflix 成立至今，发展模式当中从不缺少创新，可谓是一个一直以用户需求与体验为中心的模式颠覆者，Netflix 的出现使很多传统行业遭受重创。可以说，Netflix 的成功要点在于以一种更加高效、便利且低成本的模式为用户提供服务，Netflix 对市场规律和用户心理规律的良好驾驭能力使其成为传媒领域的创新者，未来的发展也广被看好。

一、传统 DVD 租赁行业的颠覆者

　　Netflix 创立于 1997 年，曾经是 DVD 租赁行业的巨头。在从事 DVD 行业时期，Netflix 发现传统的 DVD 租赁有非常多的不便之处，用户需要在众多碟片中选片，看完还需要归还，如若不还则要支付罚金，在当时罚金收入占据 DVD 行业的收入的 1/5。因此，Netflix 看到行业瓶颈，开始寻求解决方案，最终借助互联网提供了一种线上搜索碟片、线下邮寄租赁的方案，顾客在 Netflix 网站上搜索选择 DVD 碟片，下单后 Netflix 将碟片邮寄到用户家中，租期也改为月租，便利性大大提高。[①]

　　基于传统实体 DVD 租赁的痛点，Netflix 碟租模式一经出现，就带来行业的

---

① 高山冰.大数据背景下 Netflix 的创新与发展研究［J］.新闻界，2014（8）.

巨大颠覆，顾客足不出户便可以更快、更便利地取得影片，享受更加优质的居家观影体验。这一价值主张源于 Netflix 公司对顾客需求的重视和对传统行业惯例的挑战。① 当时 Netflix 的主要竞争者为 DVD 租赁公司百事达，Netflix 将对百事达罚金制度不满的顾客作为目标市场。很多顾客对百事达的高额罚金深感不满，首先，Netflix 以这些顾客作为服务对象，而没有以百事达的主流顾客为目标市场，避免与百事达正面对抗。其次，Netflix 取消罚金，实行会员包月制，并向会员免费快递影片。

但是顾客不归还碟片就无法完成碟片的再次周转。在传统租赁行业促使顾客归还碟片的方式是收取罚金。而 Netflix 模式彻底颠覆了以往按 DVD 租借数量收费的盈利方式，不仅降低了顾客的平均租金，而且有效地保证了 DVD 的及时归还。为了约束顾客的拖延归还碟片行为，Netflix 实行租赁清单连续交付制，会员每月支付 20 美元就可以在影片库中挑选影片组成清单，Netflix 一次向会员邮递 6 部清单中的影片，会员可以自己决定归还时间，但只有在归还后 Netflix 才会立刻按清单顺序将影片邮递给会员，会员一般在第二天就能收到影片。顾客若想再看其他影片，就需要先归还先前的碟片，公司才会按照线上预约清单寄出下一部碟片。与百事达每部影片 4 美元的租赁价格相比，Netflix 的会员即便每月只观看 6 部影片，每部影片的价格也仅为 3.3 美元，随着观看影片数量的增加，平均租赁价格还会不断下降。②

Netflix 的这种碟租模式一经推出就几乎将行业竞争者置于死地。而后，Netflix 重点打造网站社区，线上部分的核心是一个具有海量影片资源的网络社区，顾客可以根据个人爱好和网站的影片推荐系统进行搜索和选片，并在提交订单后，通过网站的实时查询功能确认影片的寄送情况。基于这个搜索和选片的环节，Netflix 在网站上推出了推荐系统，为顾客推荐碟片，而这个推荐系统也是成为 Netflix 今日大数据思路的基础。

二、现有模式的否定者

正所谓水能载舟亦能覆舟，Netflix 依靠互联网起家开展 DVD 租赁业务，而

① 周洁如，范慕晗. Netflix 公司商业模式创新研究——基于价值创造的逻辑［J］. 上海管理科学，2015（6）.
② 钟捷飞. 流媒体内容分发平台研究与实现［D］. 合肥：中国科学技术大学硕士学位论文，2007.

后也第一个感受到了互联网带来的颠覆和变革。以 YouTube 为代表的流媒体逐渐兴起和普及，Netflix 发现用户不再满足于线下租赁 DVD，而更喜欢在互联网站上观看影片，这样连碟片都不需要租了，碟片租赁行业很快面临着整个行业前景危机。因而 Netflix 壮士断腕，开始涉足视频点播业务，一方面将自己的 DVD 业务逼向死路，另一方面开拓了一个全新的利润增长点。

在顾客需求的推动下，Netflix 公司通过流媒体技术的应用，推出了"立即看"服务，仍然依托原有碟租网站，新的在线播放功能突破时间和地点的限制，使顾客可以在自己家里的电脑上通过流媒体服务随时随地观看电影，无须再通过影片预约、邮政寄送等一系列繁杂的手续，用户直接就可以在网站观看视频和影片。也正是这时，Netflix 开始找到自己后来作为发行方的位置。

在这一阶段，Netflix 发现虽然 DVD 租赁业务在下滑，但是从前的系统推荐功能仍然受到用户喜爱，为了建立一个高度智能化的影片推荐体系，Netflix 公司不再利用传统算法改进推荐体系，而是组建了一个囊括各方面专家的大型实验室。该实验室可以模拟人的大脑运作，形成更精确的影片推荐。基于该推荐系统，Netflix 可以跟踪用户的观看习惯和观看行为，并获取用户观看后的一些推荐，从而积累了大规模的数据资源，为大数据分析的应用提供基础。

此外，作为流媒体视频播放平台，Netflix 公司连接了上游的视频内容提供商和下游的设备供应商，建立了企业外部的价值网络。Netflix 通过开放平台的方式与多家视频设备提供商建立了伙伴关系，实现了向产业链下游的延伸。公司将其在线播放服务嵌入电视机、Xbox 等游戏机、蓝光 DVD 播放机及机顶盒等装备中，不仅扩大了流媒体服务的覆盖范围，而且实现了产品功能的相互补充，为用户提供随时随地的观看体验。

三、再次出击，颠覆传统电视媒体

《纸牌屋》正是 Netflix 对传统电视媒体的一次打击。前面提到 Netflix 并不是《纸牌屋》的制作方而是发行方，通过大数据和用户推荐系统找到用户的关注点和喜好选片播放，Netflix 正是用这种思路覆盖传单电视媒体。在美国主流电视播放媒体为 HBO，以高品质节目著称，每个节目每周播出一集，一年播出一季，月收费约为 90 美元。

Netflix 在颠覆传统电视节目播映商中主要策略如下：

首先，针对高价的电视节目播映商，Netflix 推出低价服务，吸引零消费市场顾客，会员每月只需支付 7.99～9.99 美元，远远低于电视节目播映商等传统有线电视。Netflix 的低价策略将不订阅电视节目播映商和虽然订阅但对其价格不满的顾客吸引过来。

其次，针对电视节目播映商定时定点定量播放传统电视媒体，Netflix 推出随时随地随意观看的网络电视，改变产品竞争维度。如《纸牌屋》剧集每一季都是一次性放出资源，用户随意观看不需要等待。[①] 行业形成初期的每周一集的播放方式在 Netflix 出现之前起到了饥饿营销的效果，但是在 Netflix 一次性放出资源的播出方式出现后，传统有线电视的播放方式立刻处于被动位置，变为不再适应受众的需求，反而给 Netflix 等新媒体公司提供了巨大的市场机会。

最后，Netflix 沿产业价值链自下而上，从发行渠道转变为内容生产商，并形成低成本盈利的竞争优势。Netflix 成立之初只出租和传送节目，并不制作内容，在影视产品产业链中处于下游低利润区。美国影视业的利润主要集中在内容生产和发行环节，在发行窗口体系中，产品先在影院上映，然后进入收费电视频道，最后进入免费电视，每个环节都有利润来源，其实质则是每个发行环节重复销售产品，以极低的边际成本获取高额利润。Netflix 在早期作为发行渠道之一，受到包括 HBO 在内的内容生产商的欢迎。Netflix 将观众集聚到自己身边，提升其在发行环节的价值，直接将剧集节目的生产商与受众对接起来，成本低、利润高。

四、Netflix 模式能否在中国复制

看过 Netflix 的案例，我们发现其实它就相当于国内的视频播放网站，如爱奇艺、优酷等。那么 Netflix 模式在我国能否复制呢？

其实从近期这些视频网站的业务模式可以发现，我们已经在学习借鉴 Netflix 了，但是国内版权情况、媒体特点与国外不尽相同，完全复制是不可能的。例如，爱奇艺与各大电视台进行合作，体育赛事、演唱会、综艺节目进行直播，视频剧集节目采取次日凌晨更新的方式，也成功吸引了大批观众。此外，由欢瑞世纪与爱奇艺联合出品的网络电视剧《盗墓笔记》每集投入高达 500 万元，由爱奇艺在该网站首播，可谓完全借鉴 Netflix 签约《纸牌屋》模式，但或许是有碍

① 黎孔静. 由 Netflix 自制剧《纸牌屋》的热播引发的思考 [J]. 电视研究，2013 (9).

于国内电影电视制作水平的限制，该剧尚未取得大规模的成功。

事实上我们可以想到，无论任何行业都不能直接照搬别人的成功经验，不同市场的"游戏规则"不尽相同，若是不加以吸收直接照搬，必会导致企业战略上的失误甚至衰落。但不管怎样，Netflix 作为行业内的颠覆者，一直走在创新的前段，在它身上有诸多值得我国媒体同行学习借鉴之处。

我们可以看到 Netflix 从行业的传统跟随者到领先者的转型过程，其实就是它颠覆行业规则的过程，如果不去颠覆市场规则，那么就要被市场淘汰。当然，在颠覆规则的过程中，是要充分考虑到消费者的需求的，有时候甚至意味着自我否定。

"规则"将改变或决定资源的价值，在现代市场经济发展过程中，由市场形成的价格机制对资源的价值改变起到越来越重要的支配或决定作用，而价格机制来源于一系列规则。例如，当降低或提高拥有某种资源门槛的规则，或者由心理预期带来的对特定产品价值的判断影响，其结果就必然反映到由这些已有资源创造出的产品价格高低，从而改变或决定这些资源带来的价值。Netflix 就是这样，通过挖掘竞争对手的痛点，加以改善，成功地把消费者吸引到自己这边来，成功赢得了竞争。

参考文献

［1］高山冰．大数据背景下 Netflix 的创新与发展研究［J］．新闻界，2014（8）．

［2］王一．浅析 Netflix 的高端自制战略［J］．今传媒，2014（4）．

［3］黎孔静．由 Netflix 自制剧《纸牌屋》的热播引发的思考［J］．电视研究，2013（9）．

［4］周洁如，范慕晗．Netflix 公司商业模式创新研究——基于价值创造的逻辑［J］．上海管理科学，2015（6）．

［5］钟捷飞．流媒体内容分发平台研究与实现［D］．合肥：中国科学技术大学硕士学位论文，2007．

Roseonly：鲜花领域的钻石营销

生命诚可贵，爱情价更高，似乎一切与爱情沾边的浪漫的事物都可以卖出高溢价，如钻石、婚纱……我们常见鲜花伴随着爱情，为恋人感情增色，但是作为最常见也最制胜的小礼物，鲜花市场却一直保持着原有业态，花店从鲜花产地批发花材，在本地销售，就如同农贸市场的生鲜品一样，这种难以保存、生命期短的产品一直未能够实现市场细分，我们在鲜花和生鲜领域一直没有见到具有规模性的品牌。现代人们已经不单纯地满足于寻求物美价廉的产品，已经涌现出一批愿意为更高质量产品付出高价的客户，高端市场已经出现。

近来 Roseonly 这个词却频繁出现在人们视野当中，一时间诸多明星秀出造型新颖独特、以玫瑰为主题的鲜花照片，诸多网红们也在自媒体中晒出 Roseonly 的鲜花照片，杨幂和刘恺威、李小璐和贾乃亮婚礼、林志颖补办婚礼、汪峰求婚都参与了这场华丽的营销。突然间，鲜花市场仿佛降临了一位高贵仙子，以往人们买花只是寻求愉悦，而 Roseonly 这枚仙子的花仿佛还能够给人们带来其他美妙的感受。

一、Roseonly 的创立

2013 年 1 月 4 日，Roseonly 在北京成立，这个日期代表着"爱你一生一世"，从创立日起，Roseonly 注定带有浓郁的浪漫爱情色彩，这也形成了其独特的商业模式。公司成立一年之内已经完成三轮融资，因主打"一生只送一人"的概念迅速走红，成为鲜花市场领域的新标杆。其实在钻石市场中，类似于一生只送一人的概念营销早已经取得非常大的成功，没想到拿到鲜花领域，这个概念一提出来也迅速成为热点。Roseonly 定位高端，它销售的玫瑰也价格不菲，与普通花店销售 5~20 元一朵的玫瑰不同，它能卖到 999 元一朵。

Roseonly 的飞速发展历程：

2013 年 1 月，Roseonly 正式提出，主打"一生只送一人"的理念，3 天后拿到了来自乐百氏创始人何伯权、创业家杂志社社长牛文文、时尚传媒集团总裁刘江、淡马锡和清华同方高管的天使投资。

2013 年 2 月，Roseonly 官网上线。预售 99 盒情人节玫瑰，2 月 10 日销售一空。许多明星和意见领袖在社交网络上热捧 Roseonly。

2013 年 3 月，Roseonly 卖出玫瑰上千盒，销售额跃至百万元，当月获得时尚传媒集团的战略投资。空运厄瓜多尔玫瑰的班机从两周一班，变成了一周两班，再到每天运送，提前预订天数也从 15 天缩短至 5 天、3 天。

2013 年 8 月，七夕节前，预订请求达到数万，花店提前 5 天挂出售罄通告，最后销售玫瑰近 5000 盒。仅 8 月单月，销售额就近 1000 万元——这是 Roseonly 上线之初定下的 2013 全年销售目标。

2013 年 9 月，Roseonly 设立第一家线下花店实体店。

2013 年 10 月，Roseonly 宣布获得腾讯千万美元级别的 B 轮投资。①

二、Roseonly 缘何备受青睐

选择 Roseonly 而不是普通玫瑰花产品的通常为高端用户，对鲜花的品质、艺术审美要求较高，消费能力强，在乎鲜花的附加值意义。要吸引到这一部分客户并增强其黏性，Roseonly 采用了概念营销，占领高端鲜花市场；设计了高级定制路线，借助明显宣传、品牌合作等开拓国内高端花艺定制市场；同时配以口碑营销，依靠粉丝效应带来新订单。

概念营销是 Roseonly 初创期迅速成功的关键，也是未来营销的主要伎俩。为了拓宽产品链条，Roseonly 的销售以"爱"为出发点，不只针对情侣之间的鲜花市场，父母之爱及亲情友情都可以被概念化，灌注在其鲜花产品当中。另外，Roseonly 近期还推出了新的品类——Roseonly 巧克力，一盒 9 颗，售价 999 元。2013 年 9 月，Roseonly 设立了第一家线下花店实体店。

定位高端市场，将玫瑰卖出钻石价格是其根本目的。在国内很多行业，品牌未出现以前，尚未出现成功的鲜花品牌。粗略估算，国内鲜花市场容量有 1200 亿元，但是从来没有品牌出现，这是一个巨大的市场真空。同时，普通花卉市场因为

---

① Roseonly 模式高溢价争议 [EB/OL]. 和讯网，http://news.hexun.com/2013-11-17/159756732.html.

市场成熟竞争越来越激烈，唯有把目光投向具备更高艺术价值的高端花才是新的出路。Roseonly 的商业模式完全借助互联网思维，少开实体店，借助互联网传播和电子商务，将顾客汇集到网站上下单购买，直接销售概念，效果非常好。当前，Roseonly 仅在国内设立为数不多的实体店，实体店主要是作为广告窗口的形象店，成品花束的销售主要在其天猫店铺进行，甚至 2013 年才开设自己的官方网站。

Roseonly 在产品设置上也是处处别出心裁，概念营销运用得炉火纯青。其产品主要以永生花、花束、礼盒等，每一款产品的定价永远围绕着 520 元、999 元、1314 元这样的极具浪漫情怀的价格，产品包装精致、高端，定位中高端客户群体。为了迎合爱情恒久远的主题，Roseonly 还开发了玫瑰里的钻石产品——永生花，搭配星座概念，配合 1314 元的价格，非常容易地吸引了女性群体。近期，Roseonly 还涉足饰品行业，将鲜花与饰品打包销售，又带来了新的业务增长点。此外，Roseonly 为了更贴近中低价格消费者群体，打出了"一生一次"的概念，不仅强化了其一生只送一人的概念，还自圆其说地为自己高价格产品找到了说服卖点，当顾客在犹豫价格的时候听到"一生一次"的概念，潜意识里的消费理念被改变，很可能会为了爱情、亲情或是友情尝试购买。Roseonly 所倡导这一消费理念不仅没有因为促销而降低品牌形象，反而通过植入消费理念扩大了消费群体，非常高明。

在国内市场上，花材仅仅是花材，就像食材一样，但是食材领域会推出绿色食品、有机物添加的概念来增加产品附加值，从而进入高端市场。但是花材不一样，对花材高端市场而言，需要与园艺结合，用过艺术设计和审美来提高花材的艺术价值，插花如此，婚庆鲜花也是如此。但是，国内市场上既没有一个统一的、能将鲜花的附加值展示出来的品牌，也没用一个能将鲜花与婚庆活动结合到一起的鲜花公司。这都为 Roseonly 提供了巨大的发展空间，结合其订单式商业模式，客户直接找到 Roseonly 下单，Roseonly 空运鲜花，要么直接贩售成品，要么直接提供定制服务，收入非常可观。在欧洲，高端鲜花定制市场相对成熟，对国内来说也是一个好的借鉴。高端花涵盖的元素包含了花艺大师、客人的故事及平日里不常见的高档鲜花。其中婚礼定制也是一个巨大的市场，婚礼花卉定制价格不菲，要有设计师根据婚礼现场设计手绘图稿，然后进行花器焊接加工，插花将在婚礼前日或当日完成，花材需要从原产地空运过来。客户要承担的费用有设计费、器材加工费、花朵费用、运输费用、人工费用等，整体费用动辄就可以冲到10 万元级别。

从 Roseonly 的战略实践中我们看到，它为传统鲜花赋予了新的浪漫意义，在概念、包装、宣传上进行了创新，这是鲜花市场中一般的企业没有做到的，Roseonly 在熟谙了传统鲜花市场的规则后，整合互联网资源，创造性地开拓了鲜花的高端市场，可以说是鲜花高端市场的规则"领航者"。事实上，在市场或社会转型期往往会产生许多新需求，原因是过去人们熟悉或行之有效的东西会因为转型的变化而引发相应的改变，因此，如果能够从转型的内在机理或根本转变来发现价值突破口将获得最大的发展机会。

法商管理超越传统管理的新发现和新理念，从根本上来说就是认为经济活动的价值不是仅追求资源的有效配置，更关键是基于什么样的"规则"进行资源配置。通俗地说，传统管理更善于在"整合资源"层面进行资源配置，而法商管理将其提升为"驾驭规则"层面的资源运筹，关键是既要能够驾驭正式规则，也要能够驾驭非正式规则。因此，法商管理的核心价值主张就是"用规则创造价值"。Roseonly 后来还将鲜花与饰品、婚庆市场结合起来，这更需要它深入挖掘不同市场的特点，才能将自己的核心竞争力融入进去，创造更多的价值。

三、Roseonly 进一步发展面临考验

起初 Roseonly 的网站销量并不乐观，而现今 Roseonly 在天猫店的销售记录已有了非常大的突破。我们截取天猫网站上排名第一的产品，发现总销量已经高达6896 件（见图 1），不考虑高端花艺定制服务，天猫店铺的电商销售额将达到 3000万元，客单价和毛利率都极高，Roseonly 在高端鲜花市场上已经取得了初步成功。

¥1314.00
情人节玫瑰花音乐盒进口星座永生花玻璃罩
音乐玫瑰roseonly音乐盒
总销量：**6896** ｜ 评价: 1049

图 1 天猫网站数据

但是也可以发现，当前 Roseonly 的产品中永生花占据很大份额，鲜花业务仍然受制于冷链运输，未能够取得较大突破。目前做鲜花电商的有两种模式：一种是与当地鲜花店合作，当地配送；另一种就是 Roseonly 这类快递配套，但其目前

的冷链宅配并没有做起来。鲜花是生鲜物品，鲜花配送比送一块肉的要求还要高，水分和温度都有很高要求，而有时候包装送货都会按规定时间送达，可能是收货人手机一时打不通，让人代收的，等到收货人手上已经不再是鲜花了。因此，Roseonly 要更进一步做到让消费者满意，还需在运输上做更深入的探索甚至创新。

参考文献

［1］分众传媒. Roseonly：一支玫瑰引领的行业革命［J］. 声屏世界·广告人，2015（4）.

［2］李春晖，史小兵. 把鲜花当作钻石卖［J］. 中国企业家，2013（24）.

［3］李春晖. 谁在买天价玫瑰［J］. 中国企业家，2013（24）.

［4］熊元. Roseonly 的花儿为什么这样红？［J］. 21 世纪商业评论，2013（24）.

Airbnb：当轻资产搭上了共享经济的东风

房屋短租已经伴随人类文明存在了数千年，现代服务业中房屋短租更是已经发展到了专业成熟阶段。但是 Airbnb 出现后，人们发现原来短租换了个玩法，变得更加有趣了。

2008 年，Airbnb 在旧金山成立，主营房屋短租业务，2015 年成为全球第三大创业公司，前两位是 Uber 和小米。Airbnb 意为 Airbed and Breakfast，定位于寻求归属感的旅游租客，希望为旅者提供能够体验当地人的生活，并拥有独特的经历和体验的民宿。[①] Airbnb 业务模式非常清晰，房源持有者将闲置房源信息发布在平台上，房客通过平台查找房屋信息，一旦租赁双方达成一致，房客就可以付费并实地入住。Airbnb 在线短租模式是分享经济的典型代表——房东可以把闲置房源出租，赚取额外的收入，而房客能以与酒店相同甚至更低的价格入住各种特色房源。Airbnb 的最大特色是租客可以在短租中不仅享有居家体验，在短期内体验当地文化，更好地融入当地环境，这与房间布局类似、模式生硬的酒店具有天壤之别。[②]

一、Airbnb 经营模式

Airbnb 市场针对的短租用户是寻求特色房源，追求体验式深度游、希望与当地居民交流，寻求归属感的租客。

在短租领域，Airbnb 模式是一种颠覆专业型酒店的创新之举。而这种模式得以成功的关键在于其抓住了租客租房时的心理规律，当酒店行业在专业化服务阶段停滞多年之后，租客的住宿需求已经容易被满足，而深度体验需求却一直未能被填补。这一阶段的租客一方面在追求安全、专业的服务，另一方面也希望能够

---

① 何程程，Michael J. Shapiro. 会入寻常百姓家——从 Airbnb 看传统会议住宿的改变 [J]. 中国会展，2014（22）.

② 赵春芳. Airbnb 运营模式分析及对中国在线短租行业的启示 [J]. 江苏商论，2016（8）.

更加深入、真实地体验到当地特色文化与生活。因而 Airbnb 的出现直接以精妙的商业模式解决租客的精神层次需求，符合市场规律，必然也就被快速传播。

　　Airbnb 采取轻资产战略，不直接拥有房源，而是担任中介角色，通过网站将房主与房客连接起来。

　　Airbnb 模式的成功是轻资产的又一典型案例。传统租房行业的特点是持有房屋并出租，如个人房东、宾馆酒店、老年地产等，而个人房东的房屋寻求长租，宾馆酒店的风格统一性太强且装修装饰多年不变，老年地产等地产项目的目标群体特征过于明显。此外，房屋交易市场上有雄踞的房地产交易中介品牌，却少有几家知名的短租中介。国内目前发布租房信息主要是 58 同城、赶集网和一些地产中介等平台，且房屋买卖和长租消息居多，国外在短租领域也没有几家像样的中介平台。

　　Airbnb 的出现填补了短租领域的市场空白，它通过向房东和房客分别收取服务费（其中房东服务费为租金的 3%，房客服务费为租金的 6%～12%）及广告费等盈利。得益于其轻资产搭配品牌服务的模式，Airbnb 目前利润率约为 12%。轻资产化使 Airbnb 削减了传统酒店模式中的冗余成本，通过提供差异化的服务获取高溢价，只需追加少量成本投入，如网站平台优化、业务法律责任履行等就能够加强服务质量，边际效益明显。Airbnb 平台的高利润率主要通过以下三种途径实现：一是为屋主提供拍摄服务。高质量的房屋照片能带来 2～3 倍的订单量，同时激励房东为房子注入人文价值和良好的视觉体验来实现高溢价。二是借助高品质、个性化服务实现高溢价。三是扩大延伸服务覆盖面，Airbnb 提倡当地人为租客提供除住宿以外全方位的服务。

　　2016 年，Airbnb 已经实现覆盖了全球 191 个国家，全球房源超过 200 万套。印度在几年内已成为 Airbnb 在亚洲最为成熟的市场，在日本 Airbnb 也取得了较大的成功，而中国大量出境游用户也使中国成为 Airbnb 海外市场用户最大的国家。2017 年 3 月，Airbnb 完成了最新一轮 10 亿美元融资，其估值达到 310 亿美元，在全球未上市企业中排名居前，仅次于 Uber 的 680 亿美元和蚂蚁金服的 600 亿美元估值。Airbnb 已明确表示已经开始为上市做准备了。

二、轻资产与共享效应搭建盈利模式

　　互联网带来的共享案例已经许多，如滴滴打车、饿了么及最近大热的 OFO 单车。从经济学的角度看，共享经济是一种互联网时代的租赁经济模式，即通过互联网第三方平台实现闲置资源使用权的交易，其本质是使用权的暂时转移。它以信息技术为纽带实现产品的所有权和使用权分离，在资源拥有者和资源需求者之间实现使用权共享。其发展理念基于"人们需要的是产品的使用价值，而非产品本身"。

在 Airbnb 模式下，人人既是房东又是租客，这样成本低廉、资本高效、灵活方便。在保证公平的权益安排及分享一切活动的基本前提和价值下，Airbnb 追求资源配置效率最大化。Airbnb 的模式扩大了交易主体的可选择空间和便利性，使房东和租客都能够通过互联网发布自己的分享，增加了可选择交易的对象，并使交易对象掌握更多的交易信息，同时避免欺诈性不公平交易，从根本上提高交易质量，使交易双方提高福利。

另外，通过共享效应，Airbnb 给在城市中生活的陌生人创造了信任和交流的条件，缩短了人和人之间的距离，串起了现代科技社会人与人间、阶层间的隔阂。人们开始越来越注重产品的使用价值和私有价值的共享性而非独占性、持久耐用性。

Airbnb 可以没有房产，但却成为全球拥有数千万的房东和房客，以住宿为核心，房间中的每个部分都可以分享。

三、中国民宿共享的问题

看过 Airbnb 之后，我们回到国内民宿行业的发展上来。我国民宿一直是非常小众的存在，宣传少，相比酒店而言服务的客户群体也很有限。近年来我国民宿开始借鉴台湾经验，由过去的依托旅游资源的漂亮房子转化为个性化的"宾馆"，伴随旅游业的发展，形态万千的民宿业也必将迎来一个好的时代，自媒体的出现使很多小而美的民宿出现在公众视野中。在这个好时代中，Airbnb 能否为我国民宿业的发展提供一个良好的契机呢？

早在 Airbnb 未进入中国时，我国游客因出境游在该网站上的订房次数就已经出现了井喷式的增长，2013 年中国出境游客通过 Airbnb 订房数量增长了700%，成为 Airbnb 增长最为迅速的出境游市场。2014 年 Airbnb 进入中国，当年用户增长 4 倍。但是很快发现，中国游客境外使用 Airbnb 的频率和服务体验远好于境内，似乎中国游客在中国本土并没有那么喜欢 Airbnb。

从法商角度来说，Airbnb 国内市场的经营上缺乏公平思维的注入和权益安排的合理考量，使其国内市场发展在效率至上的道路上走偏。一方面，国内市场的房源情况复杂，诸多经营的房屋装修、装饰雷同，没有个性化，与 Airbnb 既往的定位与核心竞争力有偏差。Airbnb 注重为房客提供多元化的房源，在没有找到合适途径协调国内参差不齐的房源质量，划定国内房源统一标准前，在房东方就失去了公平的考量，优质个性的房源无法突出。另一方面，目前 Airbnb 在中国没有一个完善、成熟的系统，租客无法实地体验真实房源。消费者只能通过房屋评价来判断房屋的质量。然而目前 Airbnb 构建的评价系统似乎不健全，同时可能存在虚假成分，影响租客的判断并产生不信任。

从 Airbnb 在中国的经营来看，其对"规则"的把控和运用尚不到位，经营安全隐患丛生。近年来频频爆出的 Airbnb 租客毁房、盗窃事件，既反映了房东和房客之间缺乏基本的信任关系，也反映了 Airbnb 在此问题上没有足够的规则控制。不仅缺乏前期防范机制，后期对受损方的赔偿服务也不到位，使房东权益受到伤害。作为涉及多方的企业，Airbnb 在中国的规则之路还需走得更谨慎。

2015 年 7 月，国务院提出要放宽在线短租、旅游租车等"互联网+"新业态准入和经营许可，在宏观上，短租行业以"分享经济"之名在受国家鼓励。但从微观来看，国内民宿 C2C 一直存在的个人房东营业资质缺乏，治安、消防、卫生保障不到位等问题始终笼罩在行业发展道路上。

由此看来，我国民宿行业借 Airbnb 的共享思路实现新的业态升级还存在一定障碍，民宿行业时机尚未成熟。

参考文献

[1] 何程程，Michael J. Shapiro. 会入寻常百姓家——从 Airbnb 看传统会议住宿的改变 [J]. 中国会展，2014（22）.

[2] Airbnb. "AboutUs-Airbnb" [EB/OL]. https：//www.airbnb.com/about/about-us，2017.

[3] 凌超，张赞. "共享经济"在中国的发展路径研究：以在线短租为例 [J]. 现代管理科学，2014（10）.

[4] 赵春芳. Airbnb 运营模式分析及对中国在线短租行业的启示 [J]. 江苏商论，2016（8）.

校园贷的真相与风险

一、令人震惊的校园贷

校园贷是 2016 年轰动校园及社会的舆论话题之一，人们对它的关注起于 2016 年 3 月河南某高校的一名在校大学生，用自己的身份及冒用同学的身份，从不同的校园贷平台获取了无抵押信用贷款数十万元，但因自己无力偿还最终跳楼自杀。之后，关于校园贷的新闻频频发出，实在是骇人听闻。

2016 年 5 月 6 日，"不还钱不准走人！"正在学校上课的南昌某高校大学生小谭被三位贷款公司的男子强行带至公司一房间内，遭非法限制人身自由 30 多个小时，这起非法拘禁事件，源于小谭半年前办理的分期贷款业务：期限一年，年利率却高达 36%。

2016 年 12 月，借贷宝"裸贷"事件被曝光，突然被传播开的 10G 照片视频资料令世人震惊，这种在校园肆意开展的校园贷已经达到了失去控制的地步。

2017 年 3 月 29 日，《中国青年报》报道，湖南某大学 22 岁的学生会主席李某，通过使用别人的信息在不同网络贷款平台借贷 100 多万元无力偿还。因涉嫌诈骗罪，李某于 2 月 25 日被衡阳市珠晖区公安分局抓获归案，受骗上当的被害人包括李某所在学校的 27 名学生。

……

针对校园贷这种互联网金融乱象，2015 年 7 月人民银行等 10 部门印发了《关于促进互联网金融健康发展的指导意见》。2016 年 4 月，有关部门进一步制定了《互联网金融风险专项整治工作实施方案》，其中还有专门的《P2P 网络借贷风险专项整治工作实施方案》。银监会明确表示，要将校园网贷作为整治重点，对校园网贷违规行为进行分类处置，对涉嫌暴力催收、发放高利贷等违法违规机构采取暂停校园贷业务、整改存量业务、加强对借款人的资格审核，落实第二还款来源等，依法打击有关校园网贷领域的违法违规行为，防止风险扩散蔓延，促进行业规范有序发展。此外，与教育部等部门建立了校园网贷联合工作机制，防止校园网贷风险进一步扩散和蔓延。[①] 从这么多措施可以看出，有关部门对校园贷曾经使出过"重拳治理"，可是，在集中整顿之后，校园贷现象却一次次避开监管利用法律法规灰色区域，一次又一次"死灰复燃"。一些校园贷在整顿时进行转型，但转型不利时，又把学生作为房贷的主力军，而且在推广时，加入师兄师姐等熟人营销模式，令校园贷的风险进一步蔓延。

那么，到底什么是校园贷？校园贷通常分成三种：第一种是专门针对大学生的分期购物平台，如趣分期、任分期等，部分还提供较低额度的现金提现；第二种是P2P贷款平台，用于大学生助学、创业或消费，如投投贷、名校贷等；第三种是像阿里推出的蚂蚁花呗、京东推出的京东白条这样传统电商平台提供的信贷服务。随着整个社会消费档次的提升，大学生的消费档次和需求也逐步增大，但由于校园信用卡业务在2009年被叫停，大学生消费存在巨大的市场空白，这种供需的不平衡，给了许多平台见缝插针的机会，最初的互联网金融领域并无明确的监管政策，所以互联网金融发展方向较为自由，于是各种P2P平台看中了大学生消费这块蛋糕，开始纷纷布局校园金融，出现了各种形式的校园贷产品，为大学生提供看似"代价低廉"的贷款服务，帮助其提前消费，日后再分期还款，从而获得大量债权，校园贷江湖由此诞生。从这种产品的设计原理来看，校园分期业务无法通过有效的风控手段筛选出符合要求的借款人，给予合适的授信额度，最后只能通过催收手段弥补前端客户准入审核不足的缺陷，这样必然导致风险在日后某一时间点集中爆发，所以产生了暴力催收和一些行业负面的舆论新闻。

二、校园贷的套路

（一）"额度大""利息低""分期还"的骗局

尽管校园贷针对的都是接受过高等教育的大学生，但是有多少大学生能真正

① 消除校园贷危害必须建立长效机制［EB/OL］. 陕西新闻网，http://news.cnwest.com/content/2017-04/03/content_ 14672377. htm.

算得清利息？我们以 2013 年就推出的"名校贷"为例，为大家展现一下校园贷的真实套路。

我们从名校贷的官网上查找到①，"名校贷"成立之初，由于中国几乎没有对学生群体征信数据的支持，无法对违约风险进行数据模型的分析，所以只能采用国际上通用的后置风险定价方法：在每月 0.99% 的息费上，设置了 0~20% 的预收咨询费，若信用记录良好的学生归还借款后，咨询费会全额退还。

这么看来，利息似乎特别低，每月只需支付 0.99%，可事实真是这样吗？假设我们从名校贷贷款 12000 元，以 1 年为期。根据名校贷的还款要求，我们每个月需要还 1118.8 元（12000÷12+12000×0.99%），总的来说，一年就要还13425.6 元，这样算来利息就是 1425.6 元，如图 1 所示。

计算结果

每月本息：¥1118.80 元

期限：12 期

月利率：0.99%

图1　名校贷官网利息计算器计算结果

我们与假设在"蚂蚁借呗"平台同样借款 12000 元相对比：假设在蚂蚁借呗上的日息为 0.04%②（换算成年利率就是 14.4%），还款频率是每月一还，分12 期，并且升级后的蚂蚁借呗是按照等额本息③的方式还款。那么我们一年总共还款 12956.52 元，利息为 956.52 元，如图 2 所示。

我们再假设在中国银行平台上进行短期贷款，同样还是借款 12000 元，0~6个月（含 6 个月）贷款年利率是 4.35%，6 个月~1 年（含 1 年）贷款年利率是

---

① 信息来源：https：//m. nonobank. com/nono-app/#/msg/detail/0/2069。
② 蚂蚁借呗的利息会根据用户的信用度在 0.015%~0.06% 确定，我们按照大部分人能申请到的0.04% 来算。
③ 每月月供额=［贷款本金×月利率×(1+月利率)^还款月数］÷［(1+月利率)^还款月数−1］。

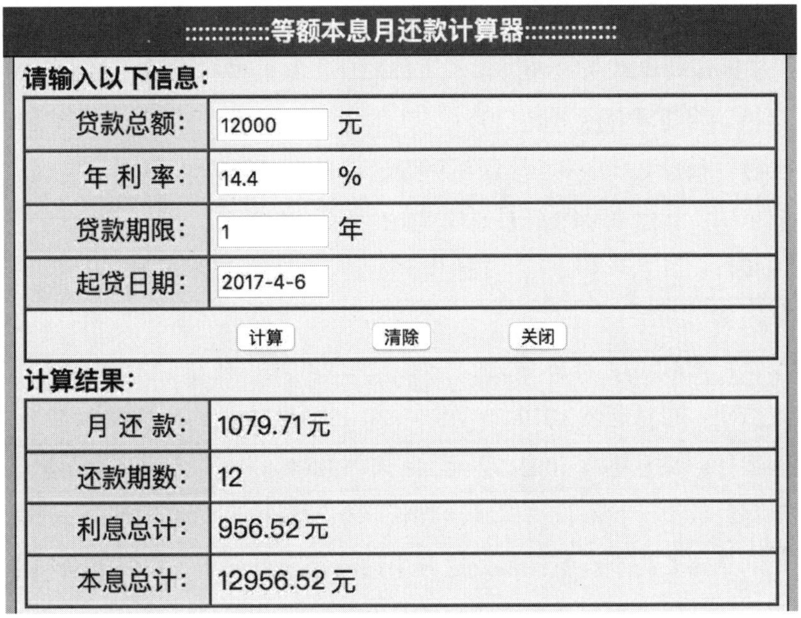

图 2　蚂蚁借呗等额本息还款结果

4.35%，一般银行的还款方式也是等额本息。那么我们一年总共还款 12284.64
元，利息为 284.64 元，如图 3 所示。

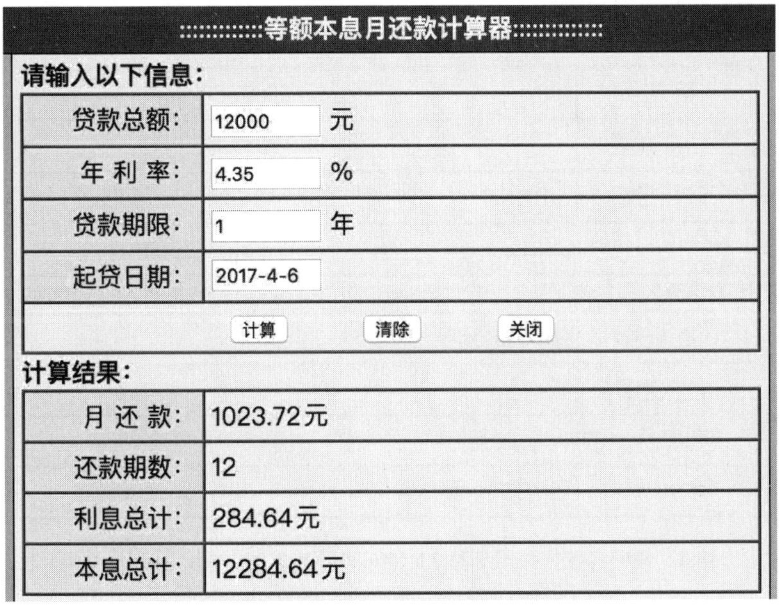

图 3　中国银行短期贷款等额本息还款结果

现在我们来对比三个平台上的利息率：名校贷月息 0.99%，蚂蚁借呗日息 0.04%，中国银行年息 4.35%。为了方便对比，我们换算成统一单位（月息＝年息/12，日息＝年息/360＝月息/30）：

名校贷：日息 0.033%，月息 0.99%，年息 11.88%。

蚂蚁借呗：日息 0.04%，月息 1.2%，年息 14.40%。

中国银行：日息 0.012%，月息 0.362%，年息 4.35%。

实际还款情况是：

名校贷：每月还款 1118.8 元，一年 13425.6 元，利息 1425.6 元。

蚂蚁借呗：每月还款 1079.71 元，一年 12956.52 元，利息 956.52 元。

中国银行：每月还款 1023.72 元，一年 12284.63 元，利息 284.63 元。

对比这些数据，我们就可以看出端倪：名校贷的利息率明明比蚂蚁借呗低，但是最终利息却要高于蚂蚁借呗。这其中的原因就是在于，蚂蚁借呗和中国银行都是按照传统的等额本息还款方式来计算利息，但是名校贷却不是。我们假设名校贷也是按照年息 11.88% 的等额本息方式计算利息，那么按照计算器显示，此种情况下名校贷应该是 12786.14 元，利息是 786.14 元，如图 4 所示。

::::::::::::等额本息月还款计算器::::::::::::		
请输入以下信息：		
贷款总额：	12000	元
年 利 率：	11.88	%
贷款期限：	1	年
起贷日期：	2017-4-6	
	计算　　清除　　关闭	
计算结果：		
月 还 款：	1065.51元	
还款期数：	12	
利息总计：	786.12元	
本息总计：	12786.12元	

图 4　假设名校贷按照年息 11.88% 等额本息的方式计算利息结果

但是现在名校贷一年需要还款13425.6元，按照等额本息的公式进行反推，如果名校贷与市面上其他贷款平台同样使用等额本息的方式的话，它的年息其实是21.15%。也就是说，表面看起来0.99%的月息，但是按照名校贷自己设定的规则，其实是伪造了一个年息为21.25%的骗局，年息甚至是银行的5倍之多，按照最高人民法院发布的《关于审理民间借贷案件适用法律若干问题的规定》，年息超过36%的即为高利贷。在这里名校贷利用大学生们不清楚各种利息的计算方式，设下了这样一个圈套，我们将名校贷的实际还款方式分解来看：

第0个月，我们到手12000元，欠平台12000元本金。

第1个月，我们还款$1000 + 12000 \times 0.99\% = 1118.8$（元），这时其实只剩11000元本金未还。

第2个月，我们还款1118.8元，这时其实只剩10000元本金未还。

第3个月，我们还款1118.8元，这时其实只剩9000元本金未还。

……

最关键的问题出现了，在名校贷制定的还款规则中，本金从来没有递减，自始至终都是12000元。但实际情况是，随着我们每个月不断在还款，每个月欠的本金应当是逐月递减的，因此这其中的秘密也就浮出水面了。我们选择的还是利息较低的名校贷，很多其他校园贷利息远远不止0.99%，对大学生财产的骗取就更大了。

（二）所谓的平台服务费实质是什么

在上面也提到，名校贷会收取0~20%的咨询费（但实际上往往都收取的是20%），许多校园贷平台都会收取这样的咨询费，平台的解释是，这个钱只是押金，只要不逾期还款，最后会退回给贷款人。这看起来合情合理，大学生貌似没吃亏，只是钱晚点到手而已，但其实又是一个巨大的陷阱。以我们贷款10000元为例，假设我们被收取了20%的咨询费，即2000元，拿到手的只有8000元，但是我们依然要按照10000元的本金来支付利息！除了咨询费以外，各贷款平台还能通过各式各样的方式攫取资金：

以物抵钱：有一些平台是不给现金的，而是给我们电脑手机之类的数码产品，假设一台电脑挂牌价5000元，但其实平台进价只花了4000元，平台又能挣取其中的差价。

供应链资金沉淀利差：通常来说，平台与供应商之间的结算肯定不会是实时结算，就算是几个月结算一次也很正常，那么这段时间平台又可以利用大学生们的还款资金去放贷了。

滞纳金突破天际：据了解，"优分期"的滞纳金最高可收取至 50%，让人分不清这是校园贷还是高利贷。同时还可能形成利滚利，压得普通大学生喘不过气来。

平台对于借款收取的费用名目繁多，除了收借款利息，有的还会收取提现费、借款服务费、借款手续费等。如果出现逾期，则会收取逾期罚息和逾期管理费，费率往往要高于借款利率，而还款时还可能涉及充值费，如果综合考虑这些因素，学生需要承受的实际借款利率很可能大大超出平台所公示的利率。

为扩大业务，圈占"地盘"，校园贷平台一般会设校园代理，这些代理人通过为平台争取客户，可以从平台领取提成奖励；如果代理人主动拉生意，成为中介，则还可以同时从借款人手里抽取中介费。

（三）学生还不起怎么办？还有父母

有人可能会疑惑，为什么这些校园贷平台如此放心大胆地给学生借钱，以学生的经济能力，不怕他们还不起吗？当然，与学生相比，这些校园贷平台都是处心积虑，如果把学生骗得团团转，他们心中有数，其实这些平台根本就不指望学生能有多少钱，坑的是他们背后的父母。这些小额贷款对学生个人来说是一笔不小的开支，按照现在校园贷的额度，几万元对于一个普通家庭来说还是能承受得起的，所以，实际上这笔贷款是放给了学生们的家庭。尽管在平台上贷款步骤十分简单，但是需要填写许多十分隐私的信息：父母联系方式、家庭地址、学校地址、身份证信息、证明人联系方式等。

如果有学生想玩消失不还钱怎么办？一些恶意的放贷平台就会直接找到学生学校、上课教室甚至是宿舍，或者是起诉学生威胁他们毕不了业，更有甚者依据身份证信息直接找到学生家里。大学生借了钱无力偿还，可能会影响他们的信用档案或者学籍，因此大部分家长还是会给孩子们还上。所以，也就造成了放贷平台手段一波比一波"高明"，放贷门槛却一次比一次低。

三、云谲波诡校园贷背后的风险分析

在上面探究出校园贷背后的骗人真相后，可以得出其中许多隐藏的风险。

我国企业在发展中注重数量和外延扩张，在企业发展的前期，大部分只注重如何"圈钱"，如何以最快的速度圈到最多的钱，这样做的企业多了，也就带来了行业的扭曲发展。综合企业乃至行业发展的问题，无非来源于三个方面，即：契约精神、风险防控及法律规则。[①]

大学生金融与法律意识淡薄，缺乏契约精神。大学生在贷款时，丝毫没有考虑自己所收获的便利条件背后有着巨大的成本，没有意识到自己一旦违约所要担负的责任。电脑分期、手机分期、培训分期、驾照分期，租车租房分期等分期产品让学生眼花缭乱，许多学生纷纷涉足其中。他们虽不具备独立的经济能力，但或是基于自身的刚性需求，或是基于攀比从众消费的心理，往往愿意超前消费，而一旦这种超前消费衍化为过度消费，资金漏洞往往无法填补，便有可能滋生学生在多平台重复借贷、盗用他人信息骗贷、合伙骗贷等行为。同样是上面提到的《全国大学生信用认知调研报告》显示，近一成大学生选择借新款来偿还旧债务，甚至一些信用意识淡薄的大学生，因无法接受高额服务费等消费本身之外的支出，选择不还款来逃避月付压力。事实上，不论是借新还旧，还是逾期不还，都属于饮鸩止渴之举，一旦巨额还债压力袭来，面对无孔不入的平台催收，借款学生心理脆弱，很容易采取极端方式，以死亡来结束这场滚雪球式的还贷灾难。

同质化竞争提升获客难度，引发平台运营与业务风险。由于行业壁垒不强，校园分期业务需要的核心风控能力也不高，导致校园分期消费市场趋向同质化竞争。激烈的行业竞争导致一部分平台为了扩大业务规模，选择剑走偏锋：一方面，将业务范围从一本、二本扩充向三本、民办、大专学校，业务城市则从一、二线向三、四线延伸，使目标用户整体资质降低，运营风险加大；另一方面，选择放松信审与风控，对信息并不真实或是并不具备还款能力的学生亦发放贷款，滋生业务风险。

金融知识欠缺与信用意识淡薄，引发学生逾期还贷风险。由于平台在开展消费分期业务时，故意隐藏了高利息、高违约金与高服务费的信息，片面地宣传零首付、低利息低门槛的好处，一些金融知识欠缺的学生在选择分期消费时稍不注意，便很容易被平台误导。此外，据2015年中国人民大学信用管理研究中心发布的《全国大学生信用认知调研报告》显示，在有贷款经历的大学生中，四成大学生有过逾期还款经历。

恶意骗贷形成黑色产业链，行业规则缺失。由于校园分期消费类平台普遍对

---

① 观点来源于孙选中教授的一次演讲。

贷款受理的时间很短，很难对贷款者的相关信息进行详尽调查，所以让骗子有了可乘之机。目前的校园贷市场，已经出现专业的诈骗机构，他们漠视 P2P 的行业规则，从信息搜集、平台骗贷到货物销赃，环环相扣，已然形成了统一化的黑色产业链。事实上，在 P2P 行业监管未落地的野蛮生长时期，骗贷行为不只在校园分期消费类平台存在，车贷、房贷、票据贷等不同业务类型的平台也都存在，整个 P2P 行业，缺乏一套成熟的规则体系。

针对这种现象，法商管理创始人孙选中教授提出，企业管理模式的升级主要就是为了规避风险、建立和完善企业信用，提高企业的整体运营效率，但是在传统的管理思想中这二者是相悖的，而法商管理的提出既要让企业规避商业风险还要规避法律风险，即兼顾公平和效率，实现主体权益均衡下的健康持续发展。

火热的消费需求，冰冷的还贷现实；如火如荼的校园分期，如渊如洞的风险。学生贷江湖这种波诡云谲的复杂表象，究竟是因何而生？

原因之一：现时消费需求与未来经济偿还能力的错位结合，使学生贷江湖既有了良性发展的基础，亦存埋下了风险爆发的伏笔。随着时代的发展，大学生的消费观念发生变化，开始由保守走向开放，分期消费的观念被普遍接受，虽然大学生旺盛的消费欲望与现有的经济能力不匹配，但因为具备可期的未来经济偿还能力，所以其旺盛的消费意愿得以尽情释放。这种分期消费由于建立在未来经济偿还能力的基础上，所以从本质上来说是一种超前消费。它在一定程度上方便了借款学生的学习与生活，满足了其短期资金需求，有一定的积极作用。随着行业竞争加剧，一些校园分期类平台为了追求规模而盲目扩张，不再根据学生的还款能力设置合理的授信额度，不仅风险提示不足，甚至开展恶性竞争，诱导学生重贷多贷，而学生一旦逾期，便将背上沉重的还债负担，个人信用记录中可能产生污点，影响到日后的贷款信用记录。这种由恶性竞争引发的恶果，为学生贷江湖的风险爆发埋下了伏笔。

原因之二：国家监管与行业信息共享机制的缺乏，使学生贷江湖存在特殊的正反两面情况，具体表现为分期商品有好有差，学生还款意愿有强有弱，平台业务有真有假。首先，国家层面上对细分的校园分期消费市场业务并无明确的法律规范相约束，市场监管职责因此并不明确，监管效果也难以保证，这使一些与 P2P 平台合作的渠道商企图浑水摸鱼，在销售分期商品时以次充好；其次，由于缺乏明确的监管主体，校园分期业务发展方向极为自由，业务形态在不违法的前提下可以自由拓展，约束很少，即使违法违约，违约成本也极低，部分学生因此还款意愿很差，最终引发暴力催收等不良现象；最后，行业信息共享机制的缺乏，使恶意骗贷行为屡禁不止，平台接触到的业务也因此有真有假。事实上，行业信息不共享一直是平台风控面临的主要问题。平台之间由于无法共享借贷者信息，恶意骗贷行为即使在一个平台被揭穿，换个时间地点又可以重新进行。而正是这一点，使得学生贷江湖的局势更加动荡。

四、如何引导校园贷的发展——法商之道

依据法商管理之道提出的"公平与效率均衡""实现主体权益""安全持续发展"等内在要求，要想将校园贷市场引向健康发展的正轨，做到既能方便学生提前消费，又要做到还款风险的把控，不损害学生和平台的权益，同样要解决"规则缺失、风险把控、契约精神"这三大问题。

最重要的首先还是政府出台相关的法律法规，明确校园分期消费市场的法律边界，完善和规范校园分期消费市场的运营与发展，同时加强市场监管，进一步完善诚信机制；要加大打击力度，遏制校园分期消费市场上的种种不法行为；也要普及金融知识的宣传与加强金融消费理念的教育，让理性消费的观念深入人心。[1]

其次，平台要在法律法规框架内开展业务，禁止与学生合伙骗贷、诱导学生重复借贷等不法行为。具体而言，运营上严格规范借贷审批流程，按规矩办事；技术上严格审查虚假信息，把好风控关口；管理上严格贷后催收管理，文明催收，理性催收。

当然，在校大学生应树立正确的消费观念，提倡理性消费、适度消费，反对冲动消费、从众消费，结合现有经济能力，综合考虑支出与收入的平衡情况消费，即使需要借款，也要清楚其中风险。对于有钱但还款意愿差的学生，应引导其树立正确的诚信观。对于没钱还贷的学生，可以借鉴国外校园分期消费市场的成功经验，转变催收思路，通过为欠款学生提供劳动赚钱的机会，使其消费与劳动收入相挂钩，以工还贷，以收还贷；同时，各高校应强化校园管理，引导、教育学生树立正确的消费观；此外，家长方面也应该及时了解学生的收支情况，树立正确的消费榜样，对学生的不理性消费加以劝诫，恶性消费予以制止。

---

[1]　校园贷为什么从信贷本质来说就不是一个好业务？[EB/OL]. http://www.sohu.com/a/117103571_221696.

第八章　综　合

雀巢如何运用收并购规则

雀巢咖啡只是雀巢集团的一个分支，我们拨开虚掩的纱会发现，雀巢集团这个全球最大的食品公司自20世纪80年代进入中国以来，已经如雀筑巢般在我国构建了一个牢固、庞大的食品帝国。

或许很多人不知道，国内耳熟能详的诸多本土食品企业已经改名换姓，成为雀巢帝国中的一员，如银鹭、徐福记、太太乐鸡精等。由此看来，雀巢的发展策略是通过收购横向扩张，从而登上整个食品领域王者交椅。雀巢旗下品牌众多，仅在中国就通过收购扩张掌握了国内鸡精行业80%的市场份额，是通过收购快速实现资本扩张的典型案例。

雀巢旗下的主要品牌如图1所示。

图1　雀巢旗下的主要品牌

一、天生的并购者

早在 19 世纪，雀巢初创 7 年后就开始了并购之路，进入一个国家或细分领域的每次尝试，雀巢几乎都是通过并购来实现目的。雀巢认为企业如果没有稳定的增长，就意味着衰亡的开始，因而雀巢一直要求企业业务必须保持稳定的增长，然而依靠原有业务迟早会进入发展瓶颈中，成长中的企业离不开扩张，因而雀巢一直走在并购的路上，通过一次次购买相关行业股权构建了当下的雀巢帝国。

然而，雀巢的并购并非盲目购买，相反，每一次并购都具有明确的目标，经过了缜密的思考和计划，选择最佳的并购标的，并购成为雀巢打破不同国家、地区之间经济壁垒及进入门槛，迅速获得市场准入证最有效的方式。

最后看来，雀巢的每一次并购也确实达到了快速扩张的最终目的。

二、成长期的纵向扩张

1876 年，雀巢只是瑞士当地的一个小牛奶厂，成立 7 年之后雀巢便开始了并购之路。雀巢加入牛奶行业的后期发现除了牛奶以外，牛奶制品也存在巨大市场，且这些领域发展不成熟，有着极大的市场空间和占领市场的机会，雀巢希望加入这些领域，并购是实现目的的最快捷手段，1898 年开始，雀巢先后在美国、英国、德国和西班牙等地收购和兼并了一系列牛奶公司。[①] 通过最初的资本运作，雀巢发展得小有规模，在牛奶和奶制品行业有了一定的影响力。

难能可贵的是，后来世界大战爆发，经济受到重创，但雀巢因牛奶价格暴涨而获利丰厚，发展势头丝毫不减，迅速积累了资本为后来的扩张奠定了基础。

1905 年，雀巢育儿奶粉公司与竞争对手英瑞炼乳厂合并为雀巢英瑞炼乳公司，竞争实力大增，联手开拓原有的欧洲市场，而且还向海外市场进军，成为当时世界级食品巨头。

1947 年，雀巢公司与瑞士美极公司（Maggi）合并，公司的销售额从 8.33 亿瑞士法郎提高到 13.4 亿瑞士法郎。

---

① 牛海姣，肖斐. 雀巢一路狂购的制胜逻辑［J］. 经营管理者，2013（12）.

1984 年，以 30 亿美元收购拥有 2.2 万名员的美国三花公司，至今三花淡奶仍然是行业内非常重要的淡奶供应商。

1985 年，雀巢购买了美国卡纳森公司。

1988 年，莫彻尔花费 60 亿美元收购了英国能得利巧克力公司，也就是当前 KitKat 巧克力的生产商。同年，还收购了意大利的意面生产商布笃尼公司。

1992 年，雀巢分别收购了法国的沛绿雅（Perrier）和意大利的圣培露两家矿泉水公司。

2001 年，雀巢收购全球第二大宠物食品制造商普瑞纳，从而掌握了宠物食品领域的市场。

通过一系列收购，雀巢不仅实现了对牛奶、糖果等相关行业的控制，还走向了整个食品行业，占领了食品行业的市场，整合了整个行业甚至整个体系的资源，这一系列的重大举措，推动着雀巢企业自身步入企业成熟稳定期。

三、雀巢食品王国在国内的构建

成熟期的雀巢，权益主体和战略随之做出调整，以适应新阶段的企业发展。在这一时期，雀巢的权益主体扩展到更为庞大的消费群体，因为除了奶制品之外，雀巢还涉足巧克力、意面、麦片、糖果等领域，而每一个人都或多或少地会购买这些产品。同时，这一阶段的市场特点是原来集团的一些产品市场已经饱和，需求增长率不高，且技术成熟，竞争激烈，行业盈利能力下降，利润结构脆化，发展潜力和空间十分有限。雀巢集团在此阶段的并购第一要考虑进入新的行业领域，保证产业的最优盈利组合，寻求新的利润点；第二要拓展市场，寻求原有产品价值链的不足，通过完善细分价值链补足短板，力争实现新市场的飞跃。

（一）鸡精领域掌舵者

我国是全球鸡精消耗量最高的国家，鸡精是我国传统调味品之一，而雀巢通过 1999 年收购太太乐、2001 年购买豪吉集团 60% 股权，两次并购后雀巢成功掌握了国内鸡精领域 80% 的市场。

太太乐和豪吉作为我国调味品行业处于领先位置的企业，在被世界上最大的跨国食品集团雀巢兼并后，一方面保持了原先企业生产管理模式好的地方，另一方面充分吸收了雀巢新的技术和经验，改进落后的地方。与此同时，太太乐和豪吉两家本土企业对国内消费者和饮食习惯有着深刻了解的优势，把我国深层次的文化基因成功地发扬光大，又不断利用雀巢的信息和资源优势来促进自身的发展。这样的强强联合，又进一步稳固了雀巢的市场地位。

（二）牵手银鹭

银鹭是我国最大的罐头食品生产商之一，公司的代表性产品是银鹭花生牛奶及银鹭八宝粥，而这两种产品也是我国本土特色非常强的产品，非常符合国内的饮食文化和口味喜好。

雀巢的主要产品是咖啡、牛奶制品、纯净水、烹饪食品等，而在我国其主推产品是咖啡，但是我国咖啡市场潜力不大并接近于饱和，反而国内数千百种饮料饮品当中存在着一些非常具有本土化特点的传统饮品。果汁、碳酸汽水等饮品市场当前已经饱和，且市场基本已经被几家国际巨头把控，雀巢在全球范围内的业务也并未涉及这种饮品，因而由此进入饮品领域似乎并不明智。更何况，雀巢认为本土化品牌更加符合本土化运营策略，因而收购本土传统饮料，才能够与自身资源形成互补，充分分散风险。在这种情形下，雀巢亟须在我国寻找新的利润增长领域，而由于缺少对我国市场、流通分销体系、地域结构、消费者心理、口味、习惯的了解，所以选择和我国本土企业进行合作，是进入新领域的一种最佳选择。

通过收购银鹭，雀巢可以利用银鹭的销售网络进入中国的二、三线城市，让更多的消费者了解和接受雀巢的产品。同时，这使雀巢开拓了自己在中国传统饮品方面的业务，从而进一步进军细分市场。

（三）收购徐福记

徐福记公司是由徐氏兄弟在 1978 年创办的，公司的主要业务是生产一些休闲糖点，如糖果、沙琪玛、糕点、果冻、巧克力等。现在徐福记已经成长为国内较大的糖点生产企业之一，是国内最具竞争力的中华传统糖果品牌。

徐福记的主营产品也是非常具有中国本土文化特色的，沙琪玛是我国传统小食，徐福记的沙琪玛在国内市场上占有非常大的市场份额。而中国新年和婚庆等都会采购酥糖，徐福记的酥糖也在市场上口碑如潮，徐福记糖果在国内糖果行业占有非常大的市场份额。

经过雀巢的这次并购，国内糖果行业将会产生很大的格局改变。糖果是食品行业中利润较高的业务之一，徐福记被雀巢并购后，可以促进雀巢在中国糖点业务销售额的增长，并能利用徐福记在国内的销售渠道尽快打入我国二、三线的市场，这将给雀巢的利润带来质的飞跃。并购后，雀巢对国内糖果行业影响力和掌控力的提高，不仅会让雀巢在这一领域与玛氏、卡夫、联合利华等公司相比，竞争力显著提高，而且同时还会挤占国内中小糖点企业的生存发展空间，进一步加剧了企业间的激烈竞争程度，在优胜劣汰的竞争中，实力比较薄弱的一些二、三线的小品牌将慢慢被淘汰出局。

四、法商剖析

从雀巢在我国食品领域的收购来看，其目标均是在稳固原有食品业务领域的情况下，占有国内本土文化下特殊的食品细分领域市场，如鸡精、八宝粥、沙琪玛和酥糖，这些都是国内的传统食品和调味品，雀巢选择相关领域的龙头企业进行并购合作，直接达到了对这些本土食品市场的控制。加上雀巢原有的奶制品、西式糖果等行业的份额，雀巢在国内牢牢把握住了国内食品市场。雀巢的成功一方面在于其企业本身的实力雄厚，另一方面在于雀巢非常注重顺应行业规则，它的投资非常有方向性，都是向传统食品和调味品领域进发，这些企业的主营领域，是雀巢十分熟悉的老本行。因此，对这些企业的收购兼并、强强合作，能够带来企业整个产业群的联动协调，这种整合资源并且升级资源带来的红利，远远超过一般的认知。

我们在借鉴学习雀巢并购思路的同时也需要注意到，外资已经逐步垄断掌控了我国的食品领域。当下不论是从上游的种子种植、小麦收购、面粉加工，还是到中游的食品生产，再到最后的流通领域，整个食品业的产业链条中，国外企业的影响力和掌控力都在不断增加。不仅如此，很多在我国的外企还在不停地收购与我国合资公司中的中方股份，虽然引进外资极大地帮助我国本土企业快速成长，但是也留下了非常大的市场隐患，在某个特定领域的市场中，国外资本会完全控制定价权、掌握制定规则的权利，这对我国市场是不利的。因此，我们希望国内的企业能够做出自己的品牌、做出自己的特色，凭借对国内市场对本土环境更加深刻的理解，健康持续发展，做出国人喜爱的阳光食品企业。

参考文献

[1] 戴明阳. 雀巢收购徐福记拉开糖果市场洗牌大幕 [N]. 工人日报，2011（12）.

[2] 孙国辉. 集团公司全球战略 [M]. 北京：清华大学出版社，2005.

[3] 康祥顺. 跨国公司的成功之道 [M]. 北京：经济管理出版社，2005.

[4] 牛海姣，肖斐. 雀巢一路狂购的制胜逻辑 [J]. 经营管理者，2013（12）.

通用电气：法商型企业的典范

从历史经验来看，传统工业企业面临的市场风险波动是巨大的，从工业革命到现代市场经济时期，一代代传统工业企业经历动荡更迭，能够发展壮大辉煌至今的寥寥无几，而这些幸存者，一定在商道上有着极过人之处，同时也是善用规则的时代赢家。通用电气就是这样一个时代赢家。通用电气始于爱迪生创立的电灯公司，是一个始创于1892年的百岁企业，早期因掌握无线电技术，并在战争中销售导弹与核武器闻名世界，后期涉足医疗、金融、汽车、管理咨询等诸多行业，跨越传统工业的单一行业生产局限，通用自成一格构建了一个工业帝国，也是唯一一个自道琼斯工业指数创立至今仍在榜上的公司。

或许通用电气的成功要得益于其最初主动掌控的无线电市场及世界大战带来的特殊发展机遇，但从法商角度分析入手，除此技术上的垄断优势以外，我们仍旧可以从这个工业巨头身上看到诸多过人之处。

一、精商明法的通用电气

通用电气是世界上多元化业务发展最好的公司，各业务集团通过共同的运营模式使整个通用电气的力量远远大于各个业务部门的简单叠加。能够在一个多世界中长久地保持稳定的增长率，通用公司在多元化业务领域拥有多项骄人的业务，其中许多行业已涉足几十年，有的甚至有80年以上的历史。除在各自市场中保持领先外，通用电气精商明法，善用规则，积极布局，将其经验成功复制在诸多领域，在涉足的行业和细分市场中，通用都具备无可比拟的技术基础；直接的客户关系；通过产品、服务和融资实现盈利的多种方式；全球化的规模；较低的资本密度。这些业务之间能够得到互补效应，使通用电气获益匪浅。

何以见得通用公司善于精商？通用公司无论涉足何种行业，目标都要做到行业内数一数二的位置，如果业绩不达标则被整顿或出售，因而通用电气在每一个细分市场都保持研发优势、成本优势，并积极提升自身销售渠道建设，行业地位稳固。多元化的公司不在少数，但是在每一个细分领域都能够做到行业前列的公司却极为少见，而通用电气则极为成功。

同时，在了解法规善用规则方面，通用公司也表现出非常好的实力。通用公司存续百年但并无重大违法违规记录，一直秉持着对法律法规的尊重。但这是善用规则的基础，通用电气不仅公司内部管理制度和内部控制制度健全高效，还非常善于利用市场规则来实现全球化市场扩张，在通用涉足的国家中，法律环节、市场环境不尽相同，然而通用集团却均能够驾驭且运营良好，善用规则创造价值是通用电气实现当今格局的另一途径。

二、资源大整合者

粗略计算，通用电气涉足的细分市场至少高达数十个，然而与众不同的是，通用电气拥有的所有业务之间都能够得到互补效应，是一个非常成功的资源整合者。由于通用电气不同业务间的互补效应，使它能够在一次次的宏观经济危机中化险为夷。如 2001 年全球经济急剧下挫并对照明集团和家电集团造成严重影响，但是通用电气的其他部门却欣欣向荣，持续增长，风险分散效应非常明显。

这得益于通用电气独到的筛选业务方法。首先，对市场进行划分，就其中一个业务平台进行小范围的收购。其次，使用通用电气的战略举措转变其原有的业务模式。最后，利用财务上的优势在该领域投资增长或进一步收购。这样通用电气就能迅速地发展壮大并获得稳定的收益。经过一系列的筛选，通用电气不仅明智地售卖掉前景不佳的业务，同时又高效及时地购进具有前景的业务。在其数一数二的战略下，通用扮演了一个业务贩售者，低买高卖，及时抛弃没有竞争优势的业务，同时又留下并吸纳了一大批在全球都处于领先地位的业务。如通用电气掌门人在 20 世纪 80 年代及时出售空调业务获利 1.35 亿美元，获利资金迅速投资其他业务；而后将盈利能力极强但与公司长期稳定获利目标相悖的犹他国际出售，获利 30 亿美元，继续用于投资高新技术、服务业等能够为公司创造稳定利润的行业。因而通用电气的整合操作不仅在于行业和细分市场的业务整合，更加突出的特点是将集团内的业务低买高卖，赚取高额的资本运作差价，其中的个别企业就像活塞一样，在资本配置小心谨慎的控制下，共同推动引擎运转。企业引擎也用多余的现金发放股利，作为股东的报酬，并作为并购其他事业之用。如此一来，通用电气引擎又变得更为坚强。因此通用电气的每项事业虽然功能不一，相对独立，但是彼此相互支持协助。①

然而，管理这么复杂且庞大的业务并没有成为阻碍通用电气前进的绊脚石。通用电气巧妙地采取了将业务化大为小的管理方式。他们从不把公司当作一个大集团来管理，而是将它们进行小单元分割。例如，他们把其84亿美元的医疗系统集团来进行分割管理——其中有10亿美元的超声波部门及超声波部门下七个规模不等的小部门，由擅长执行增长战略的人来管理，他们通过创造新市场和新技术来实现增长，从而实现整体的增长效应。

三、内部权益均衡分享

通用公司在人才评估与激励制度方面效果非常好，公司由于一直在收购兼并，组织结构变动频繁，人事调动也非常频繁，为了鼓励员工，通用公司设置了特点非常鲜明的人力资源管理体系，并结合员工管理系统完整地记录了每一个员工的资料，这些数据分成两类：一是由员工自己填写的内部简历和自我评估；二是由经理根据员工交流和全面评估结果填写的经理评估。员工管理系统及时地为庞大的集团提供了准确的人力资源决策数据：什么员工需要接受什么培训，什么背景的员工适合怎么样的职业发展规划。每个员工的年度考核数据通过一个转换公式，变成一个具体的数值，并将考核结果分为五类：模范人物、优秀业绩者、具有正确价值观的员工、边缘人物和低效率者。模范人物和优秀业绩者就是通用电气的A类员工，约占员工总数的10%，将得到期权奖励；具有正确价值观的B类员工占员工总数的80%，他们中的50%~60%也会得到期权奖励，是培养的重点；最后10%由边缘人物和低效率者组成，即C类员工，他们如果不能进行自我提升，就只能选择离开，规矩鲜明，严格执行。②

四、长期持续发展

前面所述，通用公司筛选行业企业的时候会认真考核其长期利润的创造能

---

① 高娟妮. 通用电气多元化企业战略成功要素分析 [D]. 北京：北京邮电大学硕士学位论文，2006.

② 孙悦. 赢在管理的三部曲——以通用电气公司管理为例 [J]. 科学之友，2010 (12).

力，通用公司 100 多年的发展中确实将长期的利润创造能力视为根基，长期财富创造和积累实力非常扎实。通用电气的长期财务目标是：销售收入增长达到美国国内生产总值增长的两倍；年利润增长 10% 以上，经营现金流量的增长超过利润增长，总资本收益率超过 20%，以上目标全部超额完成。

通用电气从两个方面衡量业务模式的成功与否：业务集团的财务贡献——通过利润增长超过两位数的集团个数衡量；经营活动的持续改进——通过现金流量的增长和资产负债表来衡量。通用电气的收购集中在具有高利润率和低资本要求的公司，在这些公司，通用电气可以推动业绩增长并增加现金流量。金融服务的收购也集中在一些通用电气能够改善融资成本，提高风险管理，推动业务增长的领域。

通用电气除了在投资方向上对下属企业加以控制以外，还充分利用公司的审计署，通过审计来检查企业的投资效果和经营状况，保证了下属企业的经营活动符合总公司的总体战略目标。通用电气各业务集团在每个地区发展世界级的财务团队，有 500 余名内部审计师每年在各地、各业务集团进行成千上万的财务、诚信和流程改进的审计工作，由审计委员会监管这些检查的范围和结果。通用电气认为，要做好审计工作，有两个关键性的因素必须解决：一个是共同接受的会计标准和原则；另一个是双重报告系统。通用电气的审计人员担负着帮助通用电气决策层和管理层制定战略、改进营销、加强工作效率、最终提高公司整体盈利能力的重任。公司每年从几百个报名者中精心挑选几十名进入审计署，同时从审计署中输送同样数量的人去充实通用电气各业务集团的管理干部队伍。依照通用电气一位副总裁的说法，公司审计署的使命是培养企业家和企业领袖。

五、法商剖析

通用电气是一家优秀的多元化企业，其优秀的战略变革能力和战略执行能力成为世界诸多企业效仿的榜样。

通用电气成功的背后有着诸多的关键因素，无论是在企业文化、经营理念、业务组合、技术实力和财务审计实力上，还是在规划管理、核心管理业务系统、人力资源管理与培训发展、组织管理等方面都做得相当到位，为其战略实施的成功起到了关键性的作用。

但是我们也同时看到，这些成功背后的每一个卓越经验，都蕴含了商道与规则的均衡统一，都蕴含了商经与法镜的优势互补，可以说，通用在长期的历史发展中，始终尊重规则、善用规则，坚持着内外权益的统一，坚持着对内外权益的合理合规安排，实现了权益主体的均衡发展，最终成就了如今的百岁工业帝国。我们可以从中学到，真正稳定的增长是善用规则的增长，真正成功的企业无不利用规则来创造价值，实现资源的整合增值。在互联网联通各个端口，实现信息飞速传递的今天，我们更加需要这样的战略意识、更加需要法商之眼，看到资源流动的大环境，看到资源整合、规则脉络里蕴藏的大商机。

参考文献

［1］刘宇，马卫.通用电气的反向创新［J］.企业管理，2011（10）.

［2］黄林.GE之路：通用电气的服务战略［J］.销售与市场（管理版），2010（4）.

［3］孙悦.赢在管理的三部曲——以通用电气公司管理为例［J］.科学之友，2010（12）.

［4］谭亮，李传昭.美国通用电气公司的企业流程管理演进及其启示［J］.科技管理研究，2010（15）.

善用规则的美国辉瑞

想必每一个医疗领域的人都知晓美国辉瑞是医药领域巨头公司，早在人类医学研究刚刚开始进行商品化生产的时代，辉瑞凭借土霉素、青霉素药品成为最成功的制药公司，而后不断生产和研发新药品，如今已经在肿瘤、内科、疫苗、宠物药品等各个细分领域占有绝对优势的市场地位，是名副其实的世界医药巨头。

辉瑞早在我国改革开放初期进入国内市场，历经30多年仍是国内医药市场上位置最高、份额最大的外资公司，甚至在国内诸多种药品供应中占有市场的绝对把控权，专利技术过硬、研发能力强悍，药品质量好、商业化程度高，辉瑞制药凭借强势的核心竞争力，在华经营绩效持续向好。

制药行业是一个极看重核心竞争力的行业，在辉瑞进入我国初期，国内大部分制药企业规模较小，运作和管理模式也不是很成熟，整体产业集中度不高，技术创新的总体水平低下，更谈不上新药品研发能力，大部分制药企业的资金规模、技术实力仍远远落后于国际水平，人力、财力、物力差距极为明显，仅凭自身的能力在国际市场上打拼，那么将在产品质量、渠道等多个方面遭遇挑战，可以说，当时国内药厂在外资医药行业面前毫无竞争力可言。时至今日，从辉瑞制药的市场业绩来看，无论药品实力还是商业运营，乃至了解规则、驾驭规则的能力，辉瑞制药仍略胜一筹。今日，我们向辉瑞取经，试分析其在华经营的成功之道。

一、辉瑞中国业务发展现状

辉瑞中国在我国投资建设了第一家获得 GMP 认证的生产工厂，如今已有药厂数个，在业界生产工艺水平领先，甚至可以说是国内医药企业的经验传授者，在推动我国制药行业发展方面卓有贡献。此外，辉瑞积极在中国布局研发中心，作为全球最重要的研发中心之一的辉瑞中国研发中心，投资规模已超过数亿美元，现拥有各类研发人员 900 余名，当前，辉瑞公司已成为中国市场上最大的跨国生物制药公司，业务遍布中国 300 多个城市，累计投资额高达 10 亿美元。辉瑞公司已向中国市场引入 50 余种创新药物，其治疗领域涵盖心血管及代谢、抗感染、中枢神经、抗炎镇痛、抗肿瘤、泌尿、血液健康（包括血友病）等，数十种药品在中国的抗感染和心血管药物领域销售份额均排名第一。① 2016 年辉瑞中国区域市场份额一直在稳步增长，年营业收入超过 20 亿美元，是国内医药领域当之无愧的医药巨头。②

二、内外兼顾，惠及利益相关者

药品承担着救死扶伤的大任，制药厂本身就是仁爱与正义的化身，承担着非常大的社会责任，因而成功的制药企业往往具备较高的视角，既能够在团体内部及时分享公司实现的价值和收益，也能够跳出盈利目标，关注药品行业的发展并主动承担社会责任。

辉瑞集团在制药市场上处于领先地位是有所依据的，从其一系列行为和所获得的荣誉来看，辉瑞制药做到了内外部权益的均衡，可以说辉瑞制药既是一个好的雇主，又是一个好的商人。在我国，辉瑞与其他同行业企业竞争的优势体现在报酬、对企业人员的培养、企业内部的管理及人员工作时所处的环境等很多方面，曾多次被评为"中国年度最佳雇主"与"最受大学生关注雇主"。

辉瑞在成为全世界范围内制药企业中的领军企业后，所要思考的问题不仅是如何去争取到最大利益，而上升到更高的境界——除了利益问题还要对制药行业的特殊性，针对自身在社会发展中所处的地位及该承担的责任。在我国进行制药行业性质转型的特殊阶段，辉瑞应该勇于承担起领军企业的责任，通过引进质量更高、品质更好及价格更便宜的药品，让中国人都能够在自己的能力范围内解决自身出现的病症，同时也能最为高效地治好病症。辉瑞应当通过自己对资源的获得及渠道等方面，大力发展国内同行业的经济。使整体上的制药行业能够快速、高效地发展。

此外，辉瑞相比国内药企而言更加"外向"，善用公益推广活动和医药福利

① 魏悦宁. 辉瑞制药技术和营销层面的挑战与对策研究 [J]. 现代经济信息，2011（6）.
② 张聪聪. 跨国制药公司征询型公共关系营销策略研究——以辉瑞公司为例 [D]. 上海：上海外国语大学硕士学位论文，2015.

项目来加强社会大众对药品知识的普及，辉瑞在教育消费者领域的付出和成就是国内药企不可比拟的，这不仅为辉瑞带来了更广阔的知名度和销售业绩，同时推动了药品市场的开拓，使整个行业受益。再如"非典"、汶川大地震及雅安地震发生之后，辉瑞作为制药行业的领军企业首先就将企业的药品与资金等捐助到当地灾区，与此同时，也通过电视渠道去宣传一些药品知识及平时要注意的身体健康方面的问题。

由此可见，辉瑞在国内对自身的角色定位是卓越的药品生产商和行业推动者，不仅是关注收益高低的谋利者。因而辉瑞得到了社会大众的支持，使辉瑞在人们心中的形象越来越好，这就大大促进其企业的发展，为其在同行业的优势更加明显，也创建了一个在人们心中有着很好印象的医药品牌。

三、驾驭运营规则提升效率

辉瑞同时也是一个规则驾驭者，了解规则、善用规则，非常擅长利用规则装帧价值，这是法商案例中的一个非常好的典型。辉瑞内部运营管理中规则清晰，运行流畅，借助一系列全面的管理制度、系统的管理流程及随时可进行运作的员工交流平台等，辉瑞通过规范化的制度运行取得了良好的经营成果。

在公司内部管理方面，辉瑞为了达到以低成本实现高效率运作的目的设立了业务运作效率部门，并逐渐晋级为国内制药行业中科学化运营业务的专家。该部门主要负责为业务部门提供定制化人才培训解决方案，在这一过程中，通过对数据的分析，不断提升其业务洞察力和持续的创新能力，实现低成本实现高效率运作的目的，这在业内尚属创新。

在人才储备扎实的基础上，辉瑞通过更加合理和专业的业务流程，使管理规范化，员工服务更加人性化。在辉瑞公司，为了使管理更加规范化、流程化和系统化，出现了各种各样的辅助系统，公司的员工、客户、生产等方面，都有许多的系统流程来进行管理，这些系统，大大小小的有十几个。同时辉瑞还建立了一个可以通过问答形式来第一时间解决问题的方式来提升工作效率。例如，一个员工对产品有一些更加专业的问题，就可以通过这个平台提问，而公司的相关部门职员，也会第一时间给予这个员工最为专业和细致的回答，这样不仅可以保证工作效率，这样的专业回答也会让一个业务员显得更加的专业化。

四、遵纪守法重视合规

作为具有 160 年历史的辉瑞制药，如今是行业内卓越的领袖企业，短期的发展可以依靠其核心技术和善于经商的卓越能力，而能够跨越世纪发展至今则得益于其对法律法规的尊重，对道德与规则的重视，这是当下企业需要学习的。

医学无国界，辉瑞无论将业务开拓至任何国家，都会认真研究学习当地法律法规，对该国的法律法规严格地执行。针对不同国家法律的不同规定，辉瑞也有针对性的严格要求执行。辉瑞集团引进世界范围内的企业内部管理的优秀之处，再结合自身企业发展特点，创建出最符合自身企业发展的管理制度。对于企业内部人员行为规范，辉瑞集团更为严格，在企业内部建立了专门监督企业内部人员行为规范的部门，通过对企业内部人员相关知识的培训，已达到在企业内部不出现任何问题，从而使辉瑞集团整体在发展中不会有违反法律的事情出现，这也保证了辉瑞集团在同行业的竞争中保持领军地位。

国有国法，家有家规，辉瑞对集团内部员工要求也同样严格，集团内有职业准则和道德准则，是一个非常严格的公司，在平时运作中它对员工的一些违规行为的处理是超级严厉的。辉瑞的员工必须要有严格的自我约束能力，针对员工出现为了眼前的一点小利益而损坏公司利益的行为，惩罚力度是非常大的。辉瑞同时提供渠道来鼓励员工对公司中那些违反纪律的员工进行举报，设置专门的独立部门来处理这些问题，每年都会开始委派合规专员到各地子公司巡查合规执行状况，除此以外也会配合查账并制定相应的措施来降低公司风险。

辉瑞在我国境内实施了一系列的本土化策略，成功拿下了国内医药市场的半壁江山。医药领域，仿制药与其他仿制商品不同，仿制药并非假冒伪劣产品，而是非创新药，因而同样可以拥有很好的口碑和市场，尤其是品牌仿制药品，品质和药效评价较高。由于面临诸多药品专利到期的尴尬，辉瑞在我国成立海正辉瑞公司，向市场推出诸多仿制药品，以此打开药品市场空间。①

---

① 王铁民，周捷. 跨国经营海外子公司业务发展中企业的战略选择——辉瑞制药中国公司在华生产范围发展路径（1993~2002 年）的启示 [J]. 管理世界，2005（10）.

五、建立销售渠道共赢链条

辉瑞在药店渠道方面一直探索开拓方法，寻找战略伙伴来实现互利共赢。辉瑞在零售药品管理中推出分级合作的机制，根据药店级别的不同来制定不同的合作方案。例如，对一级的药店、大药房等采取直接合作，可以利用其渠道资源；对正处在发展期的连锁药店，辉瑞结合客户的需求情况，提供一定的支持和扶植，找到很好的契合点。以多样化的方式来开展合作，如开展的药店大讲堂项目，与国家执业药师协会联合组织执业药师阳光再教育项目，不仅能对公众普及医药基本的知识，也有助于提高药师的职业技能和知识，辉瑞在这件事情上开创先河，也为行业做出了贡献。在渠道选择上，辉瑞中国选择具备专业知识和优秀品牌的渠道供应商和连锁药店成为战略合作伙伴，利用其渠道资源，互利共赢。辉瑞也能提供产品培训、学术支持，而且还拥有庞大的市场销售资源，医学信息资源等可供分享。以辉瑞公司的品牌和文化，吸引优秀的连锁药店共同开展合作，优势互补，资源共享，为今后在零售领域的长远发展打下很好的基础，如果想在行业里保持领先地位，需要与价值链上各个产业伙伴共同解决问题。

六、法商剖析

辉瑞通过并购补充完善产品线，实现资源整合以求降低成本，这种整合资源的方式是企业步入成熟期的标志。辉瑞利用销售优势，发展战略联盟。辉瑞认为，只有充分利用销售优势，才能实现协同效应和规模效应，弥补研发成本上升和风险加剧造成的利润损失。这正是法商决策原点的体现——通过"资源整合+规则创造价值"来实现长期健康稳定创富。2000 年以来，面对新药研发越来越难的窘境，辉瑞通过发展战略联盟，进一步深挖渠道价值，实现了快速发展。辉瑞在发展过程中十分注重"兼顾效率与公平"，十分重视遵守现有规则。这种对法律法规和道德的尊重、对行业规则的尊重，让辉瑞为自己创造势能，让辉瑞为自己减少了大量的风险。将法律人和商人的思维结合，以法商的眼光做好企业的战略选择，往往能让企业走上远离风险的道路，也能让企业在遵守规则中不断减少成本、不断打开市场契合新的增长点、不断地健康持续获益。

参考文献

［1］魏悦宁．辉瑞制药技术和营销层面的挑战与对策研究［J］.现代经济信息，2011（6）.

［2］王铁民，周捷.跨国经营海外子公司业务发展中企业的战略选择——辉瑞制药中国公司在华生产范围发展路径（1993～2002年）的启示［J］.管理世界，2005（10）.

［3］顾磊.浅谈辉瑞（中国）的营销战略［J］.才智，2010（24）.

［4］张聪聪.跨国制药公司征询型公共关系营销策略研究——以辉瑞公司为例［D］.上海：上海外国语大学硕士学位论文，2015.

施耐德

施耐德电气是历史悠久的百岁企业，初创于 1836 年，专注于经营电气元件，如今产品覆盖广阔的电力市场，在欧洲只要可以通电就可以看到施耐德的电气产品。历经一个多世纪，见证了战争、工业革命、经济危机，施耐德持续发展至今，仍然是法国工业先锋之一。

改革开放后，施耐德进入中国市场，在天津设立了第一家合资公司，发展至今施耐德在中国已经拥有 15000 多名员工，4 个分公司，38 个区域性办事处，21 家生产型企业。根据经营产品的类别分属于不同的事业部，在北京、上海、广州、成都建有 4 个物流中心，2 个培训中心和 2 个研发中心，共计研发人员近600 人，500 多家分销商和遍布全国的销售网络。自施耐德电气（中国）公司成立至今，公司的平均增长率高达 35%。公司旗下主要拥有著名品牌：梅兰日兰、莫顿和 TE 电器，为整个亚太及中东地区提供电气产品，出口到 20 个国家，其中母线产品在中国高端市场占有率超过 30%[①]，在国内业界同样拥有较高的知名度和品牌影响力。

想必任何一个跨越世纪的百年企业，能够历经乱世和盛世存续发展，且一直保持着卓越，就不仅再是善于经商、洞悉市场的企业，其企业文化中必然在践行组织和整体利益至上、驾驭规则和整合资源的创新能力中获取安全持续的财富。施耐德就是这样一个企业，历史是漫长的，如果我们缩小焦距仅剖析其在我国境内 30 余年的发展历史和经验，能够发现这是一个精商与精法统一协作的过人企业，也是一个懂得遵守规则驾驭规则，创造价值分享价值的卓越公司。

一、精商明法经验之一：产品和服务双王牌

施耐德电气在进入国内市场前，已经拥有非常成熟的产品体系，质量傲人。

---

① 王瑞斌. 施耐德电气公司品牌战略研究 [J]. 科技资讯，2007（35）.

改革开放初期，施耐德为中国建造了国内第一条高压输电线，而后在电力领域实施了诸多综合项目，大到室外线缆系统和系统自动化服务，小到居民电器元件，施耐德的产品一直以稳定良好的质量著称，可以说从施耐德进入国内市场的一刻起，其产品就是成熟的，具有绝对的质量优势，其断路器在行业内部曾经几乎成为微型断路器的代名词。

但是随着电气产品越来越复杂，消费者对企业的依赖性越来越大。他们购买产品时，不仅购买产品本身，而且希望在购买产品后得到可靠而周到的服务，此时企业的服务承诺、服务态度和服务效率，已成为消费者判定产品质量，决定购买与否的一个重要条件。施耐德电气则以先进的服务体系再次稳固市场。

第一，用户为先，施耐德在国内同行技术水平还未成熟之时，已经在提升服务，让客户满意是所有员工的首要任务，承诺为客户提供与众不同的高级体验。围绕这个战略，又定义了三个服务黄金法则——先解决后讨论、快速反应，客户至上及事先沟通胜于事后补救。[①]

第二，构建了包括专家服务、客户关爱中心和互联网平台的客户支持体系，售前、售中和售后细节丰富，为服务的实施创建了制度平台。[②]

第三，服务信息化和系统化。施耐德电气借助著名的 SAP 企业资源计划管理系统设置客户服务模块，优化客户服务的流程，在国内同行学习借鉴其服务体系时，施耐德已经在服务管理上实现了职业化和专业化。此外，施耐德为客户提供了解产品和反馈意见的平台，帮助客户更好地使用产品和提升品牌影响力，并且通过整理采纳客户合理的反馈意见提升企业的业务流程的效率、产品的适应性和服务的质量。对高端和具有重大行业影响的客户，通过沟通和互动，为其提供量身定做的产品和服务，满足其个性化的需求，既可以获取较大的利润空间又可以增强行业的影响力。

施耐德采取的这一系列战略措施，可以说不仅取得了现阶段的成功，也完成了对未来行业的把握。施耐德通过完整的法商权益安排，很好地利用了自己已经有的产品质量优势，并且进一步精细安排客户主体权益。它没有安于自己已有的优势，将售后服务做到极致，这种看到顾客需求并全力满足需求的举措为施耐德赢得了客户的心。施耐德着眼于权益，在满足客户需求的道路上稳扎稳打，在市场扩大的进程中步步为营。

---

①② 张磊. 施耐德电气（中国）商业模式研究［D］. 北京：华北电力大学硕士学位论文，2011.

二、精商明法经验之二：全方位销售渠道铺设

施耐德在国内销售渠道的铺设是非常具有借鉴意义的。施耐德考虑到国内客户多元化，交易习惯和规则差异化，渠道铺设思路做了诸多改进。

第一，以自有销售加经销商销售构成销售渠道的主干。施耐德以全国性的营销网点和行业性拓展渠道作为自有营销渠道，按照地域将国内市场划分为五个大区，区域内的核心城市设立办事机构来提供产品的销售和相关的服务。除了区域营销机构，施耐德电气还设立了工业与基础设施行业、公共建筑与住宅行业和供用电管理行业的销售团队，分别负责特定行业的市场开拓。授权经销商渠道方面，由于施耐德电气的产品线长、覆盖面广泛、客户结构复杂，不同客户群在市场上需求特点、付款方式、购买行为等存在多方面的差异性，施耐德电气建立了一个由 500 多家经销商构成的强大分销网络，经销商的市场份额占总销量的 8 成以上。

第二，创新地采用设计院合作营销渠道。目前中国电气工程项目采取设计和施工分离的模式，具有资质的设计院独立进行工程设计和产品选型，然后工程承包商或用户根据设计采购相关产品。对厂家来说，设计院虽然不是直接带来利润的用户，但是设计院的工程信息和产品选型设计对企业准确市场情报的获取和最终用户的采购具有关键性的作用，施耐德电气针对中国电气工程的这个规则，开创了设计院合作营销渠道，设立了全国性的设计院销售团队，负责获取项目关键信息和引导设计院在设计中选择施耐德电气。

第三，电子商务填补普通消费者。施耐德的电器元件在针对终端零散消费者环节的销售布局尚存漏洞，且产品长期以来面临着假货的烦恼，而电子商务则刚好可以弥补这一空缺。施耐德电气在行业内采用网上交易的方式，这种营销模式为施耐德及其客户创造了新的价值。首先，由于施耐德低压终端产品在市场上认知度高，仿冒产品比较多，普通消费者难辨真伪，容易买到假货，通过网络直销，保证了产品的质量，提高了消费者的整体满意度。其次，通过网上营销，取消了分销的中间环节，降低了产品的营销成本，让利消费者。最后，通过网上全时段服务，全国范围的交易，最大限度地扩展了营销的时间和空间，增加了销

售额。①

经过全方位销售渠道的布局与铺设，施耐德的业务完整地覆盖了国内各类市场和客户。在这一铺设过程中，我们不仅要看到其渠道铺设思路，重要的是领会其发现规则、利用规则的创新技巧。利用规则思维，进行资源的整合利用，往往能够最大限度地促进体系效率提升。在资源整合过程中，利用规则，驾驭规则的思维，往往又能实现更大限度的公平，为各个主体权益均衡发展打下基础，这种兼顾公平与效率的思维，最具发展力。

三、精商明法经验之三：利用规则创造价值

消费者在选择产品或服务所能给他们提供功能性利益价值的同时，还要取决于他们选择产品或服务前对公司人员的评价，他们的技能、态度、行为、设计、风格、语言、环保意识、是否为他人着想、交流模式和反应速度等。这实际上就是整个企业文化和行为准则。此外国内市场环境是比较特殊的，在施耐德电气加入国内市场初期至今，我国市场经济逐步完善，法律法规逐步健全，施耐德几乎见证了国内环境由粗具雏形到逐步向好的每一步。而施耐德在长期的生产经营活动中形成的企业员工共同遵循的企业个性化的价值标准、行为规范、道德准则，在我国也一直保持严谨、严格的作风，未趁制度不健全之危牟利，可谓企业领袖姿态十足。

不仅如此，施耐德在我国国内一直引领和推动整个电气行业向前发展，竞争的同时促进争优，推动了行业财富积累和创造的持续增长。

目前，施耐德具备长远发展眼光，长期发展中也坚持遵循规则的原则，正在布局国内低碳经济的电气服务。电气行业未来绿色低碳发展是行业趋势，因而施耐德主动为我国能源管理项目提供低碳方案，初期无偿给能耗企业提供最先进的节能产品、技术方案和管理经验，帮助企业实现设备改造和技术升级，分享企业通过节能减排和能源使用效率提高带来的收益。然而免费的永远是最贵的，凭借施耐德的技术优势和服务优势可以预测，未来我国节能高效能源领域市场一定少不了施耐德的身影。施耐德企业定会凭借它的权益思维、兼顾效率与公平的战略，在这个越来越需要精商明法的时代大背景下，不断高歌猛进。

---

① 张磊. 施耐德电气（中国）商业模式研究 [D]. 北京：华北电力大学硕士学位论文，2011.

参考文献

［1］王瑞斌．施耐德电气公司品牌战略研究 ［J］．科技资讯，2007 （35）．

［2］李秀丽．施耐德电气 （中国） 发展战略研究 ［D］．上海：上海交通大学硕士学位论文，2013．

［3］张磊．施耐德电气 （中国） 商业模式研究 ［D］．北京：华北电力大学硕士学位论文，2011．